실습을 통해 배우는
전산회계와 전산세무회계

실습을 통해 배우는
전산회계와 전산세무회계

이장형 지음

머 리 말

현재의 정보화 사회에서는 회계 정보가 가장 중요한 자원이 된다. 정보화 사회는 컴퓨터가 중심이 되어 정보와 지식을 효율적으로 창조, 응용, 배포할 수 있게 되는 사회로서, 지식 산업이 주요한 산업으로서의 위치를 차지하게 된다. 회계 정보도 컴퓨터를 통해 생성되고 정보 이용자들에게 전달되어야 한다.

그래서 기업들은 필연적으로 전산회계와 전산세무회계시스템을 도입하고 이 시스템을 운영할 수 있는 능력을 갖춘 사람이 필요하다.

본 교재는 전산회계와 전산세무회계시스템을 운영할 수 있도록 실무 위주로 만들어진 것이다. 보통 2권 정도 분량의 책을 한 권으로 집내성하였다. 따러서 이 한 권의 책으로 전산회계와 전산세무회계시스템을 전체적으로 이해하고 실습을 할 수 있는 데 초점을 두고 책을 집필하였다.

이렇게 집필한 이유는 대부분 교재는 각론이어서 2개 분야를 전부 포함하는 교재가 필요하고 학생들도 어느 한 부분에 치중하여 학습하면 전산회계와 전산세무회계 전체를 알지 못하는 맹점에 빠질 우려가 있다. 그래서 전산회계와 전산세무회계가 조화를 이루는 교재가 되도록 노력하였고, 이 교재를 이용하는 독자들도 2개 분야의 하모니를 위한 전산회계와 전산세무회계 교재를 잘 활용하길 바란다.

전산회계와 전산세무회계 과목의 학습 목표로 3가지를 들면 다음과 같다.

1. 전산회계와 전산세무회계 관한 기본적인 개념과 원리를 이해하고, 이를 바탕으로 기업에서 필요한 실무를 효과적으로 수행할 수 있다.

2. 전산회계와 전산세무회계와 관련한 최근 환경을 이해하도록 하여, 이를 바탕으로 전산회계와 전산세무회계 실무에 적응할 수 있다.

3. 변화하고 있는 기업의 경영 환경에 적응할 수 있다.

전산회계와 전산세무회계 과목의 학습 내용은 다음과 같다.

영 역	내 용 요 소
회계프로그램	KcLep, Smart A, New sPlus
정보 관리	회사등록, 거래처등록, 계정과목 및 적요등록
거래 처리	일반전표 입력, 매입매출전표입력, 결산
자산 관리	고정자산관리, 자금관리
인사 관리	사원 관리, 급여 관리
세무 관리	부가가치세 신고서, 부가가치세 관리
기출문제	전산회계 1급, 전산세무회계 2급
부록	전산회계 및 전산세무회계 자격

본 교제는 대학 및 고등학교 학생들에게는 취업에 나가는 데 필요한 자격증이 필요한데 한국세무사회가 주관하는 전산회계와 전산세무회계 자격시험에도 대비할 수 있도록 하였고, 대학에서 전반적인 전산회계와 전산세무회계시스템을 이해하고 실습할 수 있도록 저술하였다. 하지만 짧은 시간에 너무나 많은 분량의 교재를 집필하려는 의욕이 앞서 독자인 고객들의 수준에 맞는 교재가 되었는지를 판단하기가 곤란하였다.

항상 이 책이 좋은 책으로 거듭나기 위해서는 독자 여러분들의 관심과 충고를 언제든지 받아들일 각오가 되어있다. 누구든 어디에서든 어느 때든 좋은 의견이 있으면 이메일(goodljh@daegu.ac.kr)로 주면 고맙겠다.

이 책이 나올 수 있도록 항상 곁에서 격려를 해 주시는 학과 교수님들과 저를 아껴주시는 모든 선배와 동료, 후배 교수님들께 감사의 인사를 올린다. 그리고 나의 폭폭 성질에 한 번도 짜증을 내지 않고 묵묵히 옆에서 지팡이가 되어주는 아내 설연화, 재명이, 선영이와 창훈이에게도 고마움을 전하면서 글로벌 출판사 신현훈 사장님과 출판 및 편집직원들의 노고에도 감사를 드린다.

스마일 교수가 진량벌에서

목 차

머리말 ··· 4

제1장 회계프로그램 ··· 9
    제1절 회계 프로그램 ··· 10
    제2절 케이렙(KcLep) 프로그램 개요 ······························· 17
    제3절 회계자료처리 자료 관리 ······································· 22
    제4절 회계자료의 변환 ··· 31
    제5절 회계자료의 체크 및 저장과 압축 ······················· 35

제2장 회사 기초 정보관리 ·· 37
    제1절 회사 등록 ··· 38
    제2절 거래처 등록 ··· 53
    제3절 계정과목 등록 ··· 65
    제4절 환경 등록 ··· 70
    제5절 업무 승용차 등록 ··· 80

제3장 전기분 재무제표 ·· 85
    제1절 전기분 재무상태표 ··· 86
    제2절 전기분 손익계산서 ··· 88
    제3절 전기분 원가명세서 ··· 90
    제4절 전기분 잉여금처분계산서 ··································· 93
    제5절 거래처별 초기이월 ··· 95
    제6절 마감 후 이월 ··· 98

목 차

제4장 일반전표 입력 ··· 101
제1절 일반전표 입력 ··· 102
제2절 일반전표 입력 사례 ·· 106

제5장 매입매출전표 입력1 ·· 139
제1절 매입전표 입력 ··· 140
제2절 매입전표 실습 사례 ·· 145

제6장 매입매출전표 입력2 ·· 173
제1절 매출전표 입력 ··· 174
제2절 매출전표 입력 사례 ·· 180
제3절 전자세금계산서 발행 ·· 199

제7장 고정자산 및 감가상각과 자금관리 ···································· 205
제1절 고정자산 및 감가상각 ·· 206
제2절 자금 관리 ··· 214

제8장 근로소득관리와 원천징수 ··· 217
제1절 사원 등록과 부서 등록 ·· 218
제2절 급여 자료 입력 ··· 226

목 차

제9장 근로소득관리와 연말정산 ·· 235
　　제1절 근로소득관리 ··· 236
　　제2절 연말정산 ··· 241

제10장 부가가치세 신고 ··· 255
　　제1절 부가가치세 ··· 256
　　제2절 부가가치세 신고서 ··· 265
　　제3절 세금계산서 합계표와 계산서 합계표 ··· 269

제11장 부가가치세 관리 ··· 273
　　제1절 부가가치세 수정신고 ··· 274
　　제2절 부가가치세 첨부서류 ··· 277

제12장 장부관리와 결산 / 재무제표 ·· 289
　　제1절 장부관리 ··· 290
　　제2절 결산 / 재무제표 ··· 309

제13장 기출문제 ··· 327
　　전산회계 1급 ··· 328
　　전산회계 2급 ··· 346

부록 ·· 371
　　전산회계와 전산세무회계 자격증 안내 ··· 372

제 1 장

회계프로그램

제1절 회계 프로그램

회계는 정보이다. 자료를 처리하여 정보화를 하려면 프로그램이 필요하다. 우리 나라에도 많은 회계 자료처리 프로그램이 존재한다. 그 중 실무에서 가장 많이 사용하는 프로그램들을 소개하면 한국세무사회의 회계 프로그램(KcLep), 한국공인회계사회의 회계프로그램(Smart A), 대한상공회의소의 회계 프로그램 (New sPLUS)들은 모두 국가공인자격시험을 치는 프로그램이면서 실무에서 많이 사용하는 프로그램들이다.

01 한국세무사회 회계 프로그램

한국세무사회 전산회계 자격시험으로 사용되는 케이렙(KcLep) 프로그램은 국가공인 전산회계 자격시험의 표준 프로그램으로 한국세무사회 소유 실무용 회계 프로그램인 '세무사랑Pro'의 교육용 프로그램이다.

회계관리 메뉴를 살펴보면 다음과 같다. 우선 가장 많이 사용하는 메뉴인 전표입력을 앞에 두어 사용자들이 빠르고 쉽게 접근하도록 한다. 그리고 전자세금계산서 발행 메뉴를 별도로 둠으로서 전자세금계산서를 별도로 작성하는데 도움을 준다.

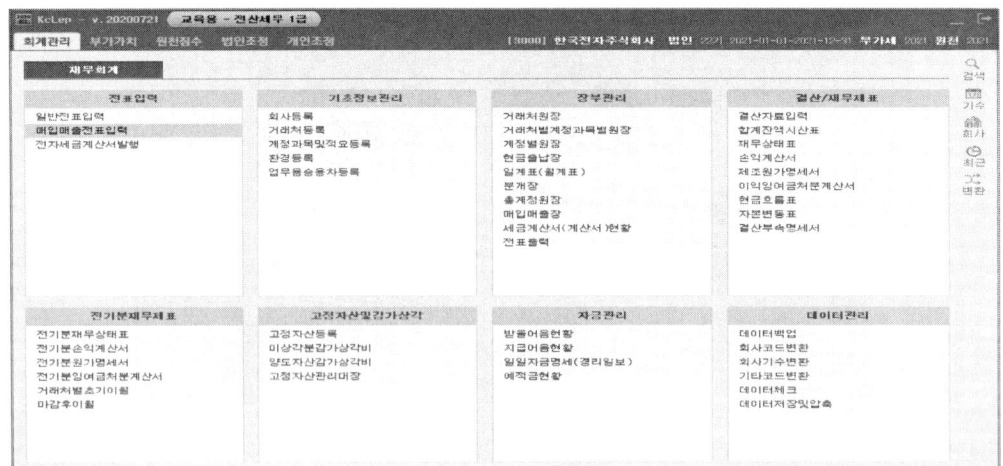

제1장 회계 프로그램

부가가치라는 탭을 별도로 두어 부가가치세 관련 세무처리를 할 수 있도록 하여 부가가치세, 부속명세서와 전자신고를 메뉴로 구성되어 있다.

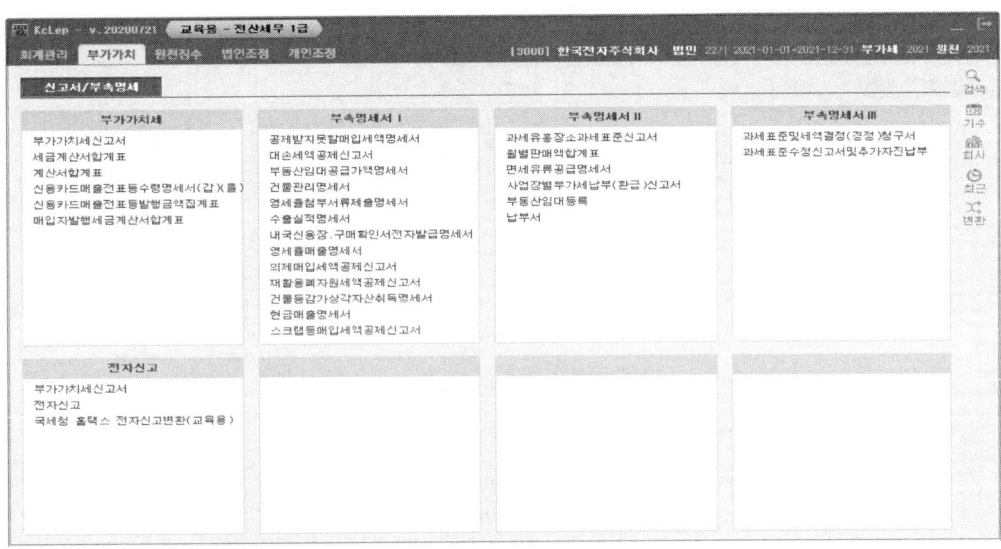

원천징수라는 탭을 가지고 있으며, 세부 메뉴들로 인사 및 급여지급 및 사업소득관리를 할 수 있도록 하였으며 전자신고도 할 수 있는 프로그램이다.

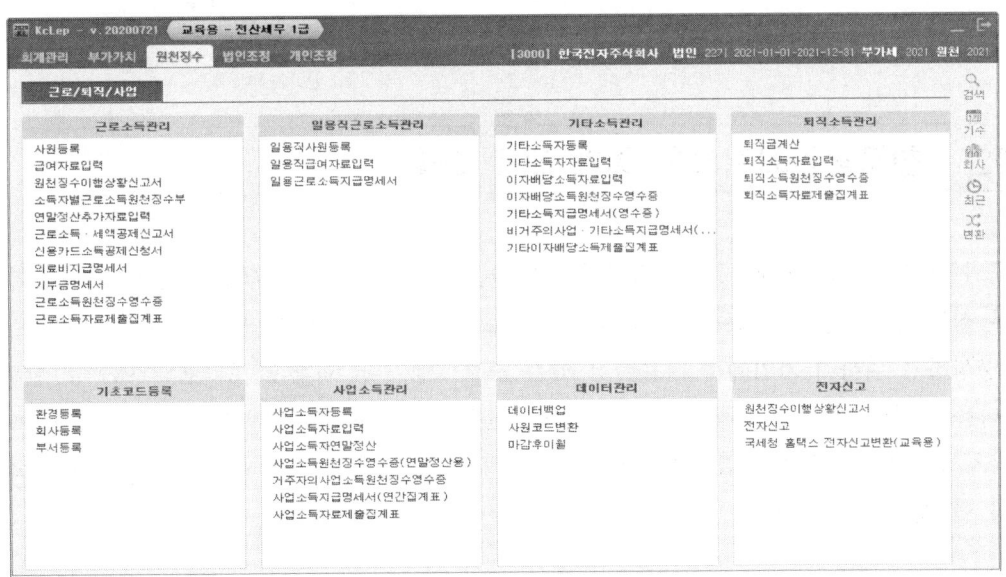

전산회계와 전산세무회계

그리고 법인조정과 개인조정탭을 이용하여 법인기업이던, 개인기업이던 세무조정을 할 수 있도록 만들어진 프로그램이다.

02 한국공인회계사회 회계 프로그램

국가공인자격 AT(회계실무) 자격시험으로 더존 Smart A 프로그램을 기반으로 기업회계/세무 실무 능력 및 업무프로세스 평가하는 프로그램으로 기업에서 필요로 하는 회계실무자를 양성하기 위하여 기업에서 사용하고 있는 프로그램이다. 회계 프로그램의 메뉴를 살펴보면 다음과 같다. 우선 기초정보관리 메뉴들을 먼저 나타내고 부가가치세를 회계탭에 두어 부가가치세를 처리하도록 하였으며, 금융/자금관리를 할 수 있도록 한 부분이 실무에서 활용을 많이 할 것으로 생각한다.

제1장 회계 프로그램

인사관리탭을 두어 기초/인사관리, 근로소득관리, 연말정산관리, 퇴직소득관리, 사업소득관리, 기타소득관리, 세무신고관리 및 데이터관리 항목에 세부 메뉴들을 가지고 있다.

전산회계와 전산세무회계

법인조정을 2개 텝으로 나누어 법인조정1텝과 법인조정2텝을 가지고 있다.

03 대한 상공회의소 회계 프로그램

회계 시스템을 이용하여 회계정보의 운용능력을 평가하기 위한 전산회계운용사 실기시험 프로그램 중 하나로 뉴 에스 플러스(New sPLUS) 프로그램은 더존 Smart A 프로그램이다. 재무회계 메뉴를 살펴보면 기초정보관리부터 데이터관리까지는 공인회계사 회계프로그램 메뉴와의 차이가 거의 없다. 하지만 차이는 대한상공회의소 프로그램에는 K-IFRS 재무제표 라는 항목이 별도로 있다.

다른 인사관리 메뉴들은 Smart A프로그램과 유사하다.

제1장 회계 프로그램

전산회계와 전산세무회계

　물류관리 아이콘을 누르면 생산/재고관리 팁이 나오는데, 구매관리, 판매관리, 생산관리, 재고관리, 원가관리 등을 할 수 있는 부분이 다른 2개 프로그램(한국세무사회 프로그램과 한국공인회계사 프로그램)들과 차이가 있다.

제 2 절
케이렙(KcLep) 프로그램 개요

회계자료처리를 수행할 프로그램은 현재 공식적으로 자격시험도 시행하고 실무에서 많이 사용하는 한국세무사회 케이렙 프로그램은 국가공인 전산회계 자격시험의 표준 프로그램으로 한국세무사회 소유 실무용 회계 프로그램인 '세무사랑 Pro'의 교육용 프로그램이다.

01 회계자료처리 프로그램 다운로드

한국세무사회가 주관하는 국가공인자격증 교육용 프로그램을 다운로드하는 방법은 다음과 같다. 우선 검색창에서 한국세무사회를 검색하여 한국세무사회(http://www.kacpta.or.kr)로 접속하여 이동하던지 바로 전산세무회계 자격시험을 클릭하여 전산세무회계자격시험(http://license.kacpta.or.kr)로 이동한다.

전산회계와 전산세무회계

　자료실에 가서 수험용 프로그램 케이렙(KcLep)를 클릭하면 다음과 같은 화면에서 첨부파일을 보고 확인을 누른다.

　확인을 누른 후 파일을 실행하면 다음과 같은 화면이 나온다. 그러면 사용권 계약에서 '사용권 계약의 조항에 동의합니다(A)'를 클릭한다. 그리고 다음 버튼을 누른다.

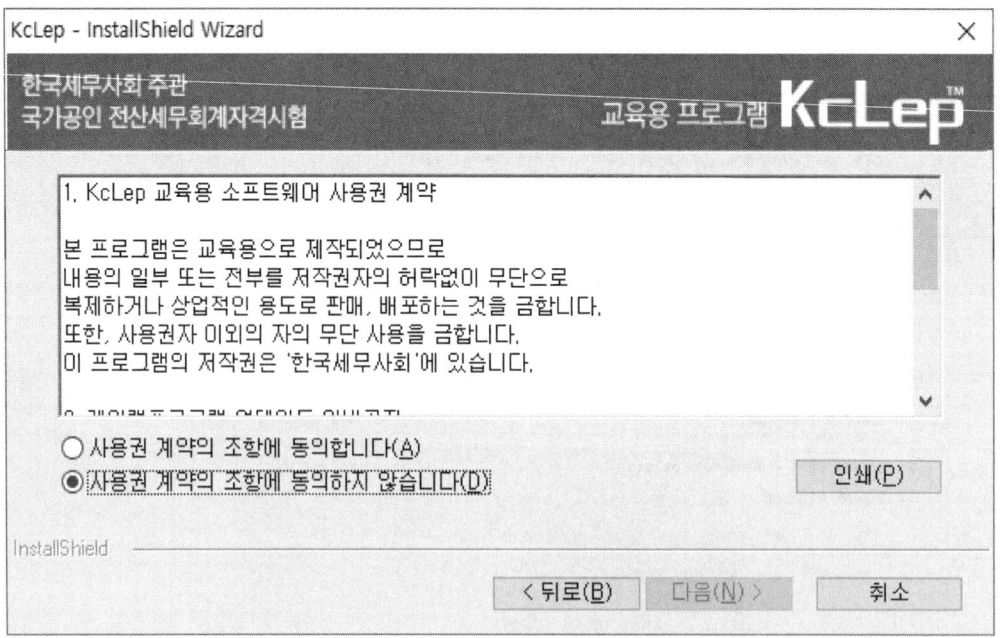

제1장 회계 프로그램

프로그램 설치 위치가 나오면 다음 버튼을 누른다.

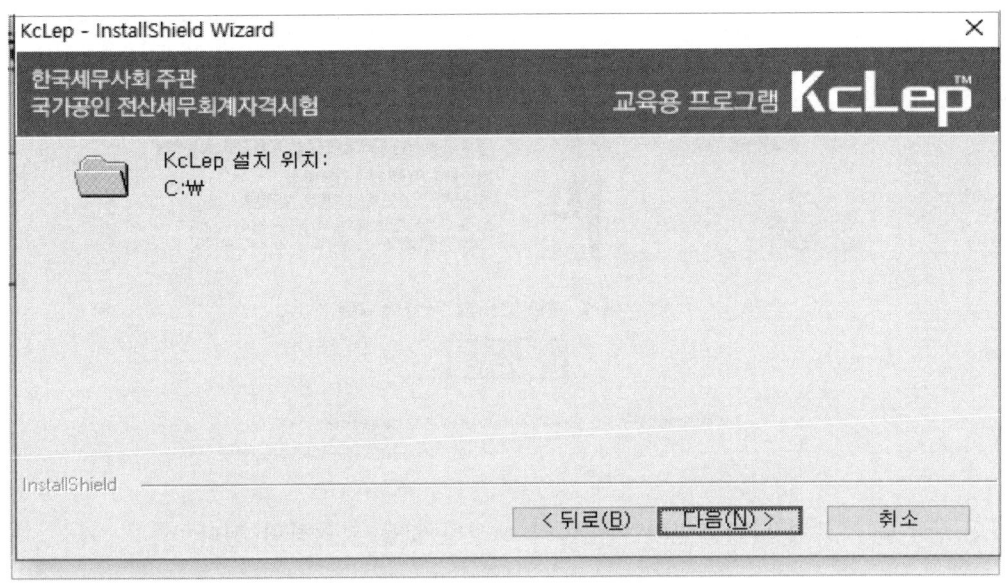

다음과 같이 설치가 진행되는 환경으로 바뀌어진다. 설치가 100% 완료된다.

설치가 완료된 화면이 나오면 프로그램이 컴퓨터에 설치된 것이다.

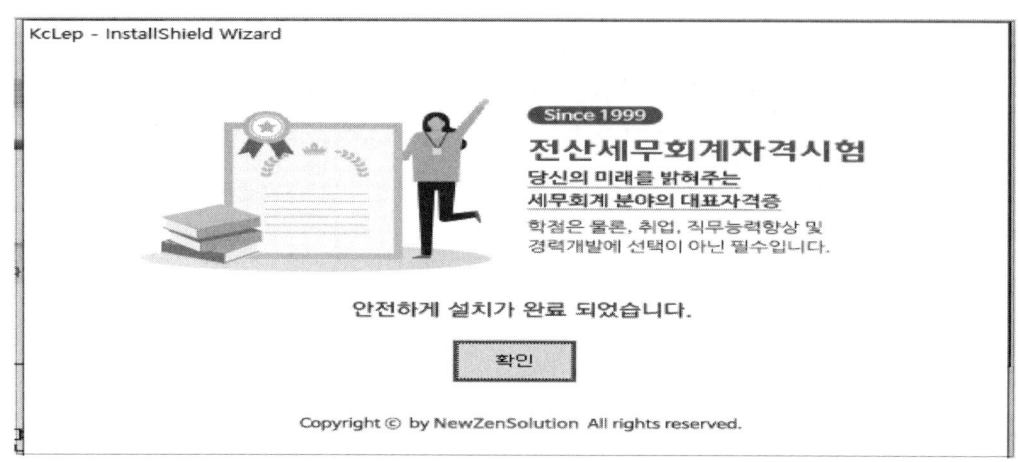

확인 단추를 누르면 바탕화면의 아이콘이 생성된 것을 확인하면 된다.

제1장 회계 프로그램

02　회계자료처리 프로그램의 시작과 종료

　회계 프로그램의 시작은 바탕화면의 아이콘을 두 번 클릭하던지 컴퓨터 프로그램에 가서 KcLep를 클릭하면 다음과 같이 프로그램 초기화면이 된다.

　프로그램 종료는 우측 상단에 있는 종료 버튼을 누르면 된다.

제 3 절
회계자료처리 자료 관리

01 회계자료처리 프로그램의 데이터 관리

회계자료처리 프로그램에서 데이터 관리는 다음과 같이 실시한다. 먼저 간단하게 회사등록을 1000번 대구주식회사로 한다.

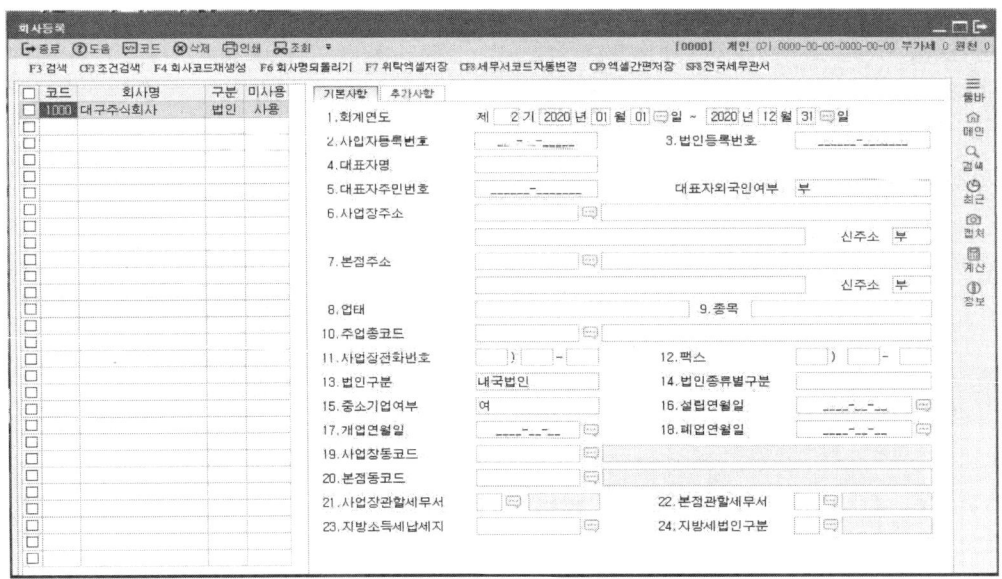

닫기 버튼을 누른 후 회사를 조회하여 회사를 클릭하여 들어간다.

회사를 클릭한 후 확인 버튼을 누르면 다음과 같은 화면이 나타난다.

전산회계와 전산세무회계

1. 데이터 백업하기

기업의 회계 자료를 컴퓨터 하드디스크에서 USB나 외장하드로 저장하는 방법은 다음과 같다.

① 데이터 관리> 데이터 백업 메뉴를 클릭한다.

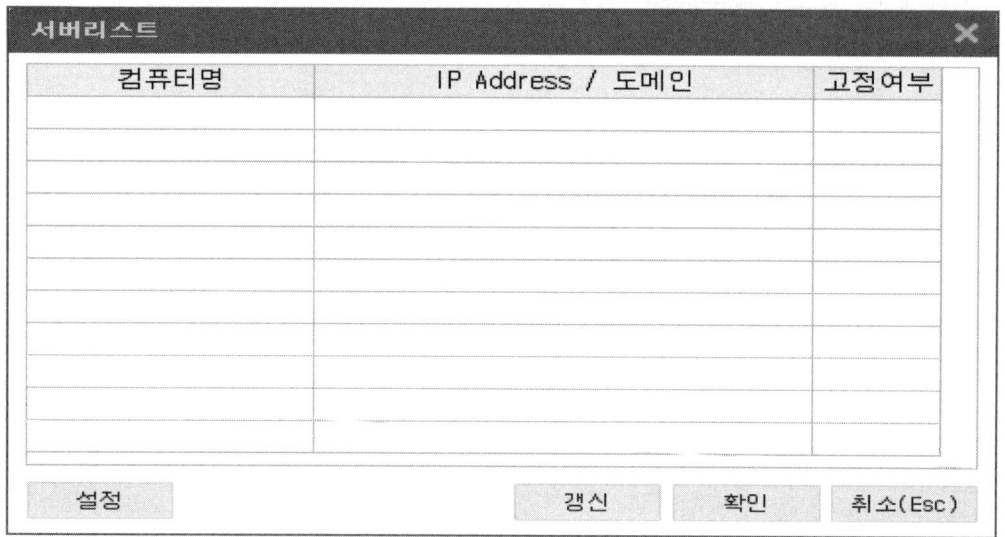

② 닫기 메뉴를 누르면 다음과 같은 화면이 나타난다.

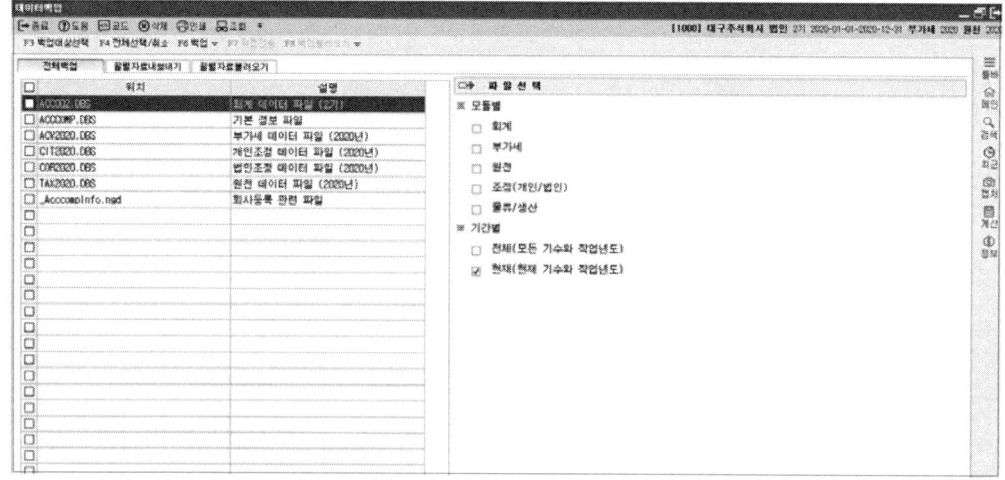

제1장 회계 프로그램

③ 전체백업 탭에서 전체선택을 클릭한다. 그리고 파일선택에서 모듈별에서 전부 클릭하고 기간별에서 전체(모든 기수와 작업년도)를 클릭한다.

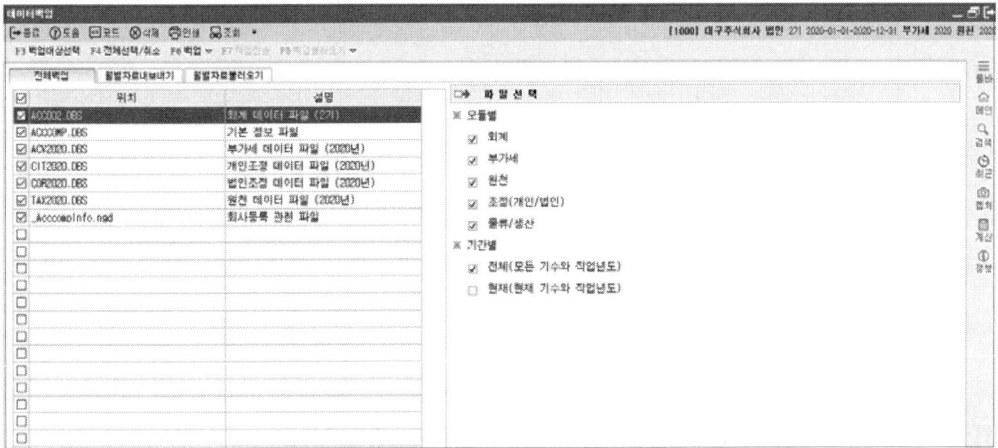

④ F6 백업 아이콘을 클릭하면 데이터 백업 도움창이 나타나며 저장할 디스크 드라이브를 선택한다. 저장할 디스크(USB 또는 로컬 디스크 C, D)를 클릭하고 복사 단추를 누른다.

⑤ 복사 단추를 클릭하면 '데이터를 복사하시겠습니까?'의 화면에서 '예'를 클릭하면 복사가 완료되면 '확인' 단추를 클릭한다.
복사가 잘 되었는지를 확인하려면 ④에서 저장할 디스크를 클릭하면 폴더가 KcLepDB가 생성되어 있고 KcLepDB 폴더 아래 KcLep의 1000 폴더에 저장된 것을 확인할 수 있다.

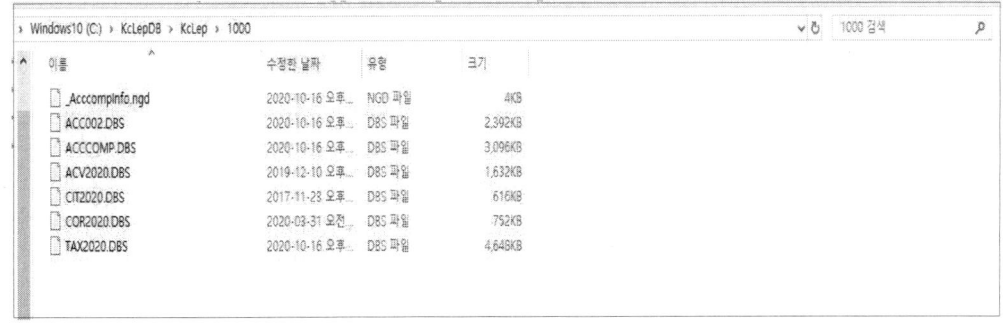

전산회계와 전산세무회계

2. 백업 데이터 복구하기

기업의 회계자료를 USB나 외장하드에서 컴퓨터 디스크로 복구하는 방법은 다음과 같다.

① 이동식 디스크를 클릭하면 KcLepDB폴더가 있고 그 폴더 아래에 있는 KcLep 폴더 아래에 있는 1000폴더를 복사한다.
② 내컴퓨터의 C드라이브를 클릭하여 KcLepDB아래 KcLep폴더를 클릭한다.
③ KcLep 폴더 아래에 1000 폴더를 붙여넣기를 하면 백업 데이터가 복구된다.

02 회계자료처리 프로그램의 기출문제 관리

한국 세무사회 자격시험 홈페이지를 바로 접속한다.

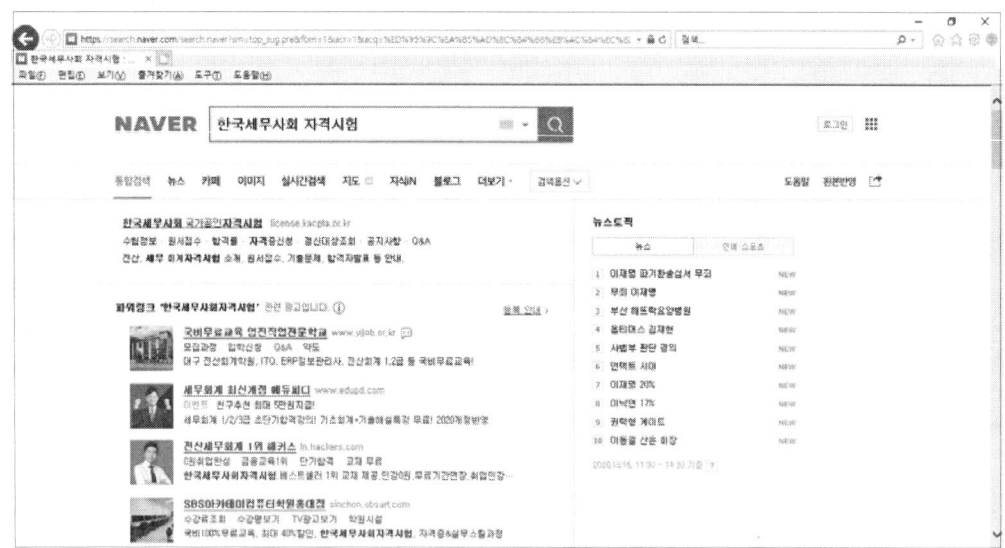

제1장 회계 프로그램

다음과 같이 회원 가입을 한 후 로그인을 하여 기출문제로 접근한다.

회원 접속을 하면 아래와 같이 기출문제 다운로드 메뉴가 나타난다.

전산회계와 전산세무회계

기출문제 다운로드 화면에 들어가면 기출문제들이 다음과 같이 나타난다.

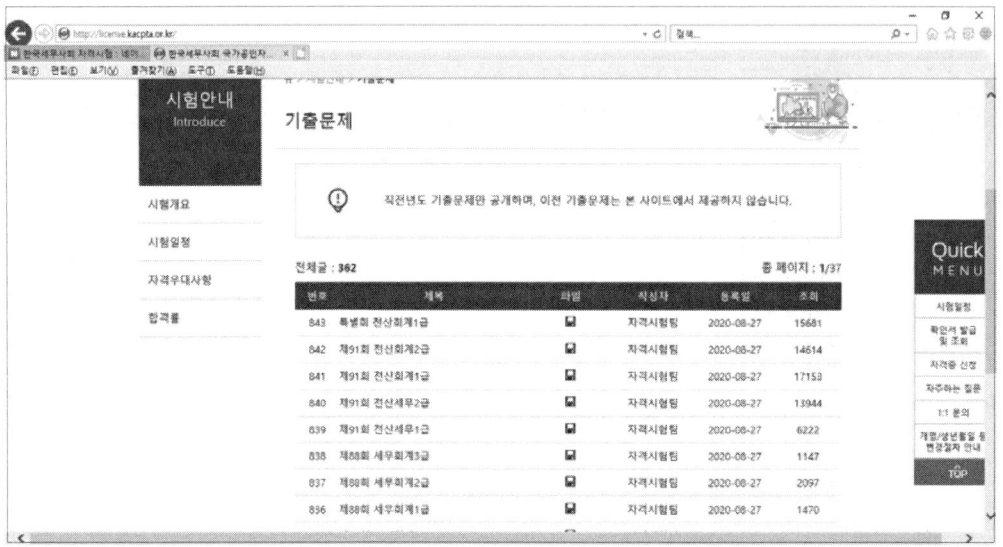

기출문제를 클릭한 후 다운로드를 받으면 된다.

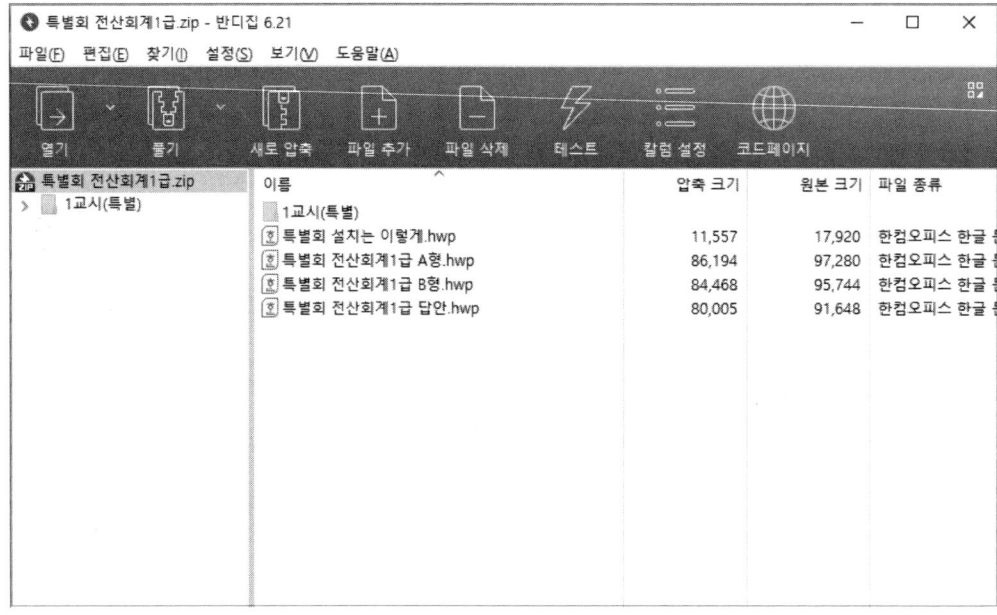

제1장 회계 프로그램

문제 폴더를 클릭하면 Tax 파일을 더블클릭하면 압축파일이 풀어지면서 설치가 되면 화면이 나타난다.

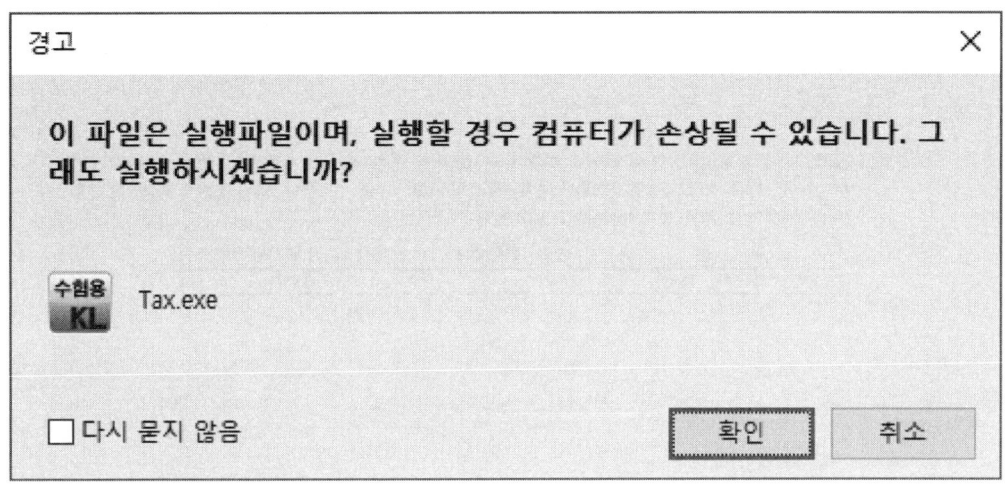

확인 단추를 누르면 기출문제가 설치되면 다음과 같은 화면이 나타난다.

전산회계와 전산세무회계

수험번호와 이름을 입력하면 되는데 수험번호는 다운로드 한 화면에서 설치는 이렇게 파일을 열면 알 수 있다.

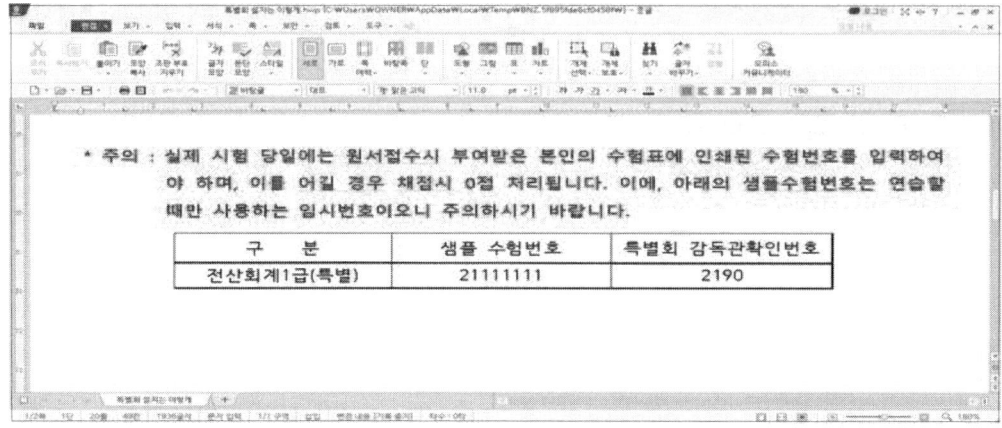

샘플 수험번호를 입력하면 감독관 확인번호를 입력하는 화면에서 감독관 확인번호를 입력하면 시험 모드로 들어간다. 이론문제를 풀고 실기 문제를 다 풀면 답안저장이라는 단추를 클릭한 후 시험은 종료가 된다.

제 4 절
회계자료의 변환

01 회사 코드 변환

회사의 코드를 4자리를 입력한다. 그런데 회사 코드를 변환할 필요가 있을 때 변환을 할 수 있다. 우선 데이터 관리> 회사 코드 변환으로 들어간다.

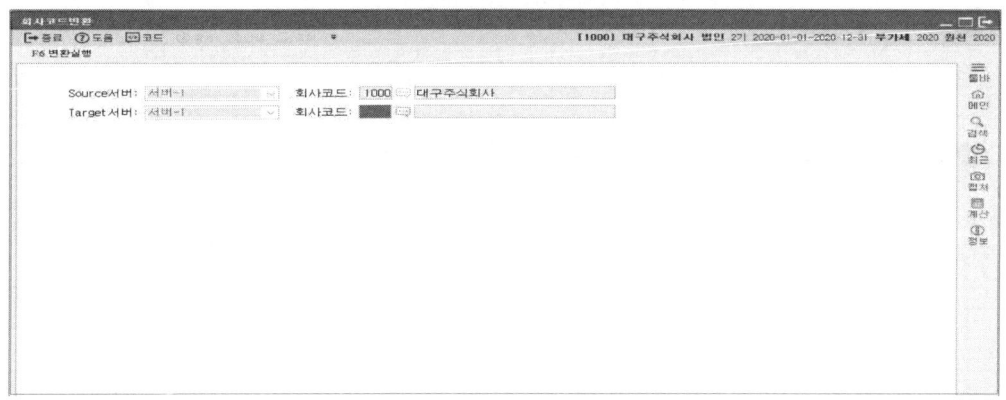

회사 코드를 Source서버1000번에서 Target서버를 2000번으로 입력한 후 F6 변환실행을 클릭한다.

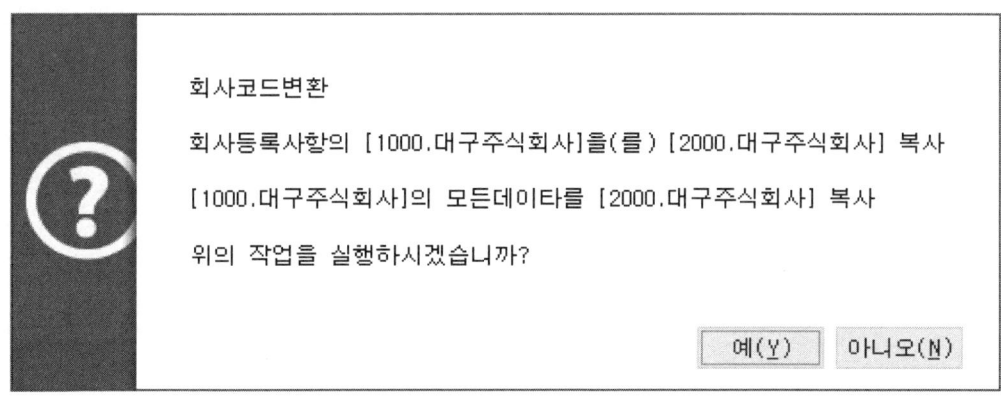

전산회계와 전산세무회계

예를 클릭하면 다음과 같이 파일 복사가 성공적으로 완료했다는 메시지가 나타나면서 회사 코드가 변환이 된다.

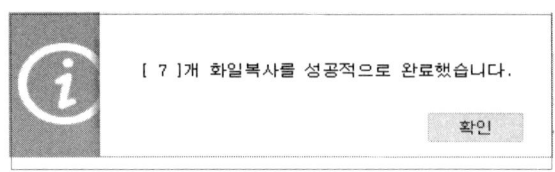

회사 코드가 변환되었는지를 확인하면 다음과 같다.

02 회사 기수 변환

회사의 기수(회계 개업년도가 1기)를 변경하는 것도 가능하다. 이 회사 기수 변환도 데이터 관리> 회사 기수 변환을 클릭한다.

현재 기수가 2기로 되어 있는 것을 치환기수에 3을 입력하고 F6 변환실행을 하면 다음과 같이 나타난다.

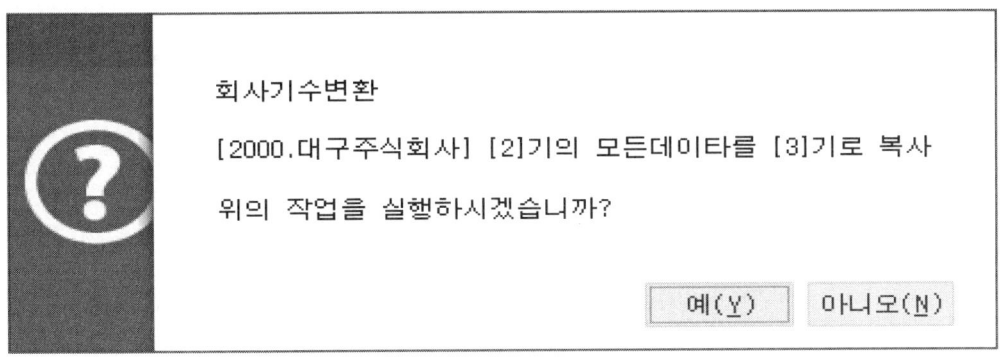

예를 클릭하면 회사 기수가 2기에서 3기로 변환된 것을 확인할 수 있다.

03 기타 코드 변환

기타 코드들도 변환이 가능하다. 데이터 관리> 기타코드 변환을 클릭하면 다음과 같은 화면이 나타난다. 계정과목의 계정코드 변환과 거래처코드변환을 할 수 있다.

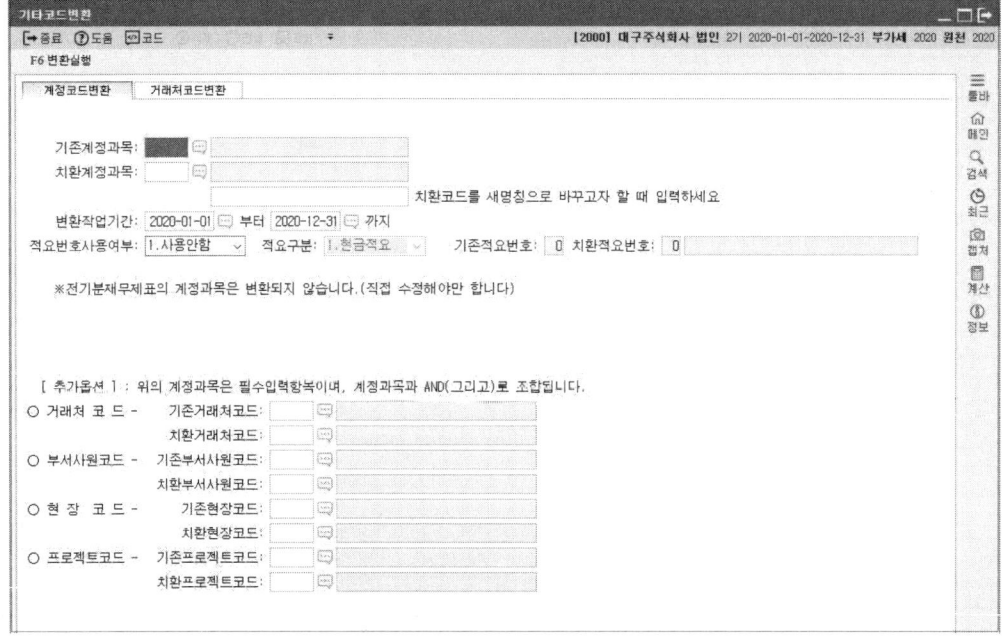

제 5 절
회계자료의 체크 및 저장과 압축

01 회계자료의 체크

회계 자료는 중요하다. 오류가 있는지를 미리 확인해 볼 필요가 있다. 그래서 이 프로그램에서는 데이터 관리> 데이터 체크를 클릭하면 다음과 같은 화면이 나타난다.

에러체크조건을 지정하면 오류가 있는지를 F6검사시작을 클릭하면 검사하여 에러내용을 다음 화면과 같이 보여준다.

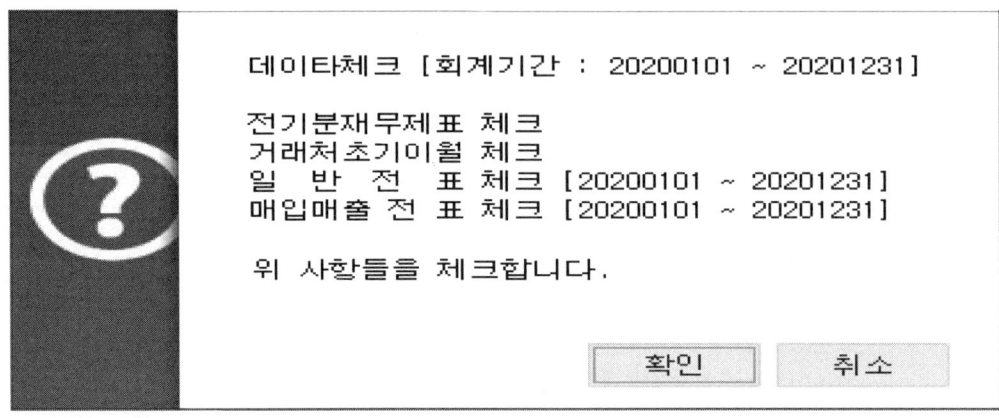

확인을 누르면 에러체크 결과가 나타난다.

02 회계자료의 체크

회계자료는 하드디스크에 저장되지만 이를 더 안전하게 하기 위하여 파일명을 주어 별도로 저장하고 압축할 수 있다. 저장은 데이터 관리> 데이터 저장 및 압축을 클릭하면 다음과 같이 저장할 파일명을 입력하라는 화면이 나타난다.

저장파일명을 입력하면 압축된 파일로 저장하고 압축을 하여준다.

제 2 장

회사 기초 정보관리

제 1 절
회사 등록

01 회사 등록 방법

회사등록 메뉴는 회사의 인적사항이라고 할 수 있는 것을 입력하는 메뉴이다. 사업자등록증 등의 자료를 보고 입력을 할 수 있다.

1. 코드
회사 코드를 입력하는 곳이다. 회사 코드는 4자리수로 입력한다.

2. 회사명
회사명은 정확하게 사업자등록증에 기재된 상호명을 입력한다.

3. 구분
구분은 1. 법인과 2. 개인을 입력하는데 법인기업인 경우 1. 법인을, 개인기업인 경우 2. 개인을 클릭한다.

4. 미사용
미사용은 0. 사용과 1. 미사용을 입력하는데 사용을 하는 경우 0. 사용을, 사용하지 않을 경우 1. 미사용을 클릭한다.

5. 기본사항
① 회계연도
　회사의 회계연도를 기입하는데 기수를 입력하고 시작일자와 종료일자를 입력한다.

② 사업자 등록번호

사업자 등록 번호는 개인이던 법인이던 세무서에 사업자 등록 신고를 하면 다음과 같은 사업자등록증이 발급된다.

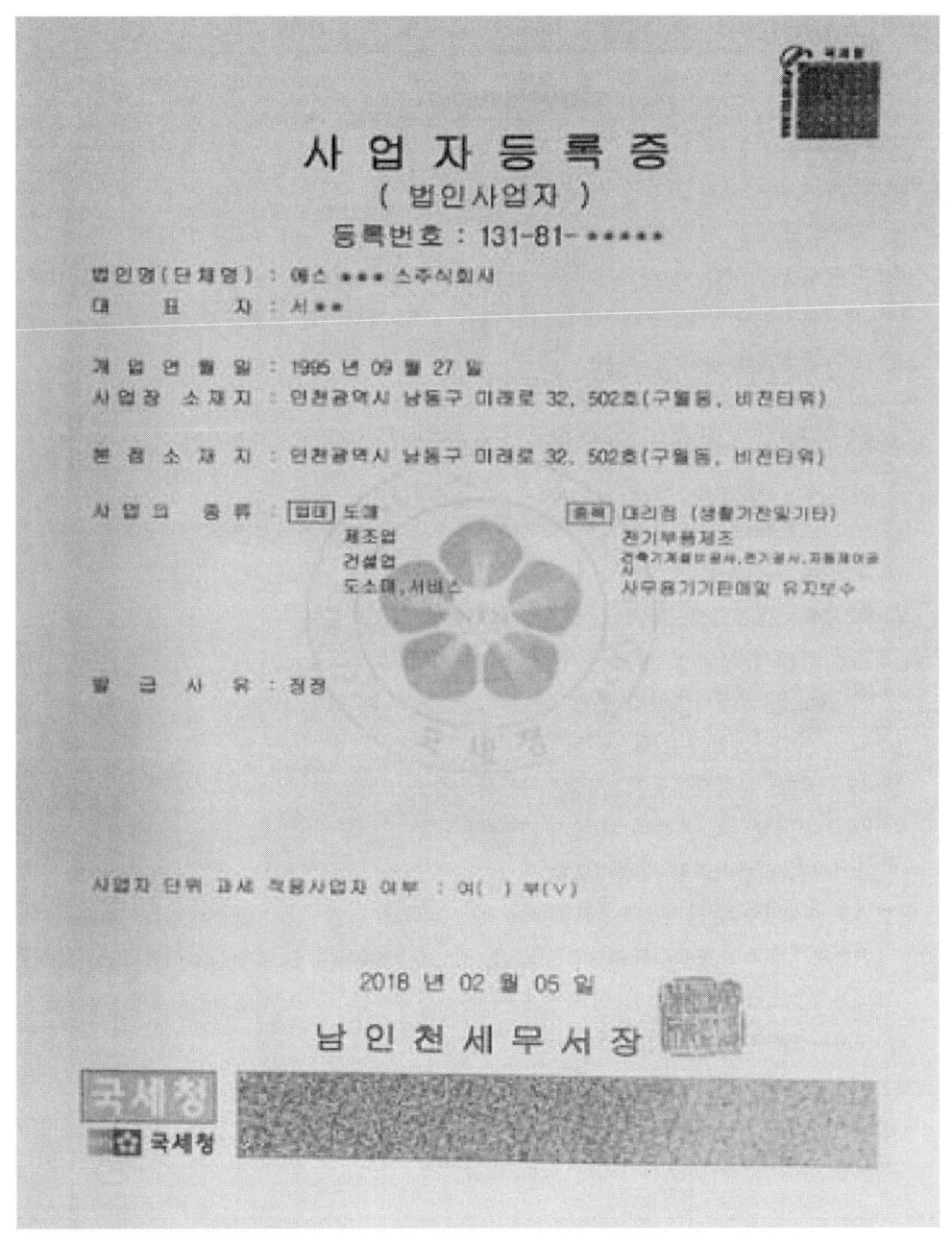

사업자 등록번호는 사업자등록증상의 번호를 입력한다. 이 번호를 잘못 입력하면 프로그램이 자동적으로 체크하여 오류를 빨간색으로 표시된다. 마지막 한자리 검증번호가 있기 때문이다. 참고로 사업자 등록증의 자리수에 대한 설명을 하면 다음과 같다.

사업자 등록번호

총 자리수 : 3자리-2자리-5자리 = 총 10자리

① 처음 3자리(국세청, 세무서 코드)
  사업자 등록을 하였을 때 사업자 등록 번호를 최초로 부여한 국세청 및 세무서 코드이며 관서간 세적이전이나 관할 구역변경의 경우에는 코드 자리수를 변경하지 않는다.

② 중간 2자리(개인과 법인의 구분)
  개인과 법인을 구분하는 코드이다.
  ㉮ 개인은 01부터 79까지, 80, 89, 90부터 99까지를 부여한다.
    ㉠ 01-79 : 개인과세사업자로 특정 동 구별없이 부여
    ㉡ 80 : 소득세법 제1조 제3항에 해당하는자 및 다단계판매업자(아파트관리사무소등)
    ㉢ 89 : 소득세법 제1조 제3항에 해당하는 법인이 아닌 종교단체
    ㉣ 90-99 : 개인면세사업자 산업구분없이 순차적으로 부여
  ㉯ 법인은 81에서 84까지, 86에서 87까지를 부여한다.
    ㉠ 81, 86, 87 : 영리법인의 본점
    ㉡ 82 : 비영리법인의 본점 및 지점
    ㉢ 83 : 국가, 지방자치단체, 지방자치단체조합
    ㉣ 84 : 외국법인의 본점과 지점 및 연락사무소

③ 마지막 5자리(일련번호와 검증번호)
  일련번호 4자리와 검증번호 1자리를 나타내는 코드이다.
  ㉮ 일련번호 : 0001-9999 과세사업자(일반, 간이), 면세사업자, 법인사업자별로 등록 또는 지정일자순으로 사용가능한 번호를 부여한다.
    ㉠ 0001-5999 : 비영리법인의 본점과 지점
    ㉡ 6000-9999 : 법인으로 보는 단체
  ㉯ 검증번호(마지막 1자리) 전산시스템에서 사업자등록번호의 오류여부를 검증하기 위하여 부여된 특정 숫자이다.

③ 법인 등록번호

　법인도 개인처럼 법원에 법인등록을 하면 법인 등록번호가 부여된다. 개인의 주민등록번호와 같이 앞에 6자리 뒤에 7자리로 13자리를 입력한다.

④ 대표자명

　대표자명은 사업자등록증에 기재된 대표자를 입력한다. 대표자가 2인이상일 경우는 대표자 1명만 입력하고 그 밖의 대표자는 외 (　)명으로 입력한다.

⑤ 대표자 주민번호와 대표자 외국인 여부

　대표자 주민번호는 사업자등록증의 대표자 주민등록번호를 입력한다. 대표자 외국인 여부는 대표자가 외국인인지 아닌지를 0. 부, 1. 여를 입력하는데 외국인이 아니면 0. 부를 클릭한다.

⑥ 사업장 주소

　사업장 주소는 사업자등록증의 사업장 소재지를 입력한다. 사업장 주소에서 … 아이콘을 클릭하면 우편번호 검색 도움창에서 주소를 입력하여 검색할 수 있다.

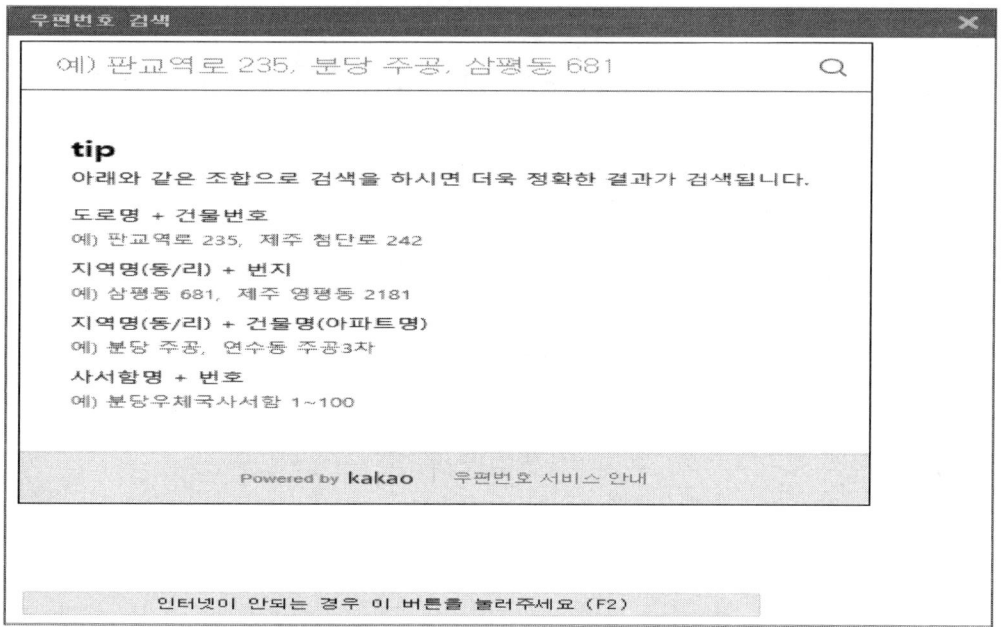

⑦ 본점주소

사업장과 달리 본점이 있는 경우 본점 주소를 사업장 주소처럼 검색하여 입력한다.

⑧ 업태

업태는 업종코드에 해당하는 사업장의 종류를 나타내는 것으로 사업자등록증의 업태를 입력한다. 예를 들면 제조업, 도매업, 서비스업 등이다.

⑨ 종목

종목은 업태에 따라 취급하는 물품의 종류를 구체적으로 나타내는 것으로 사업자등록증의 종목을 입력한다. 예를 들면 컴퓨터, 자전거, 가구 등이다.

⑩ 주업종코드

주업종코드는 부가가치세 전자신고에 수록되는 코드로 ⋯ 아이콘을 누르면 검색하여 입력한다.

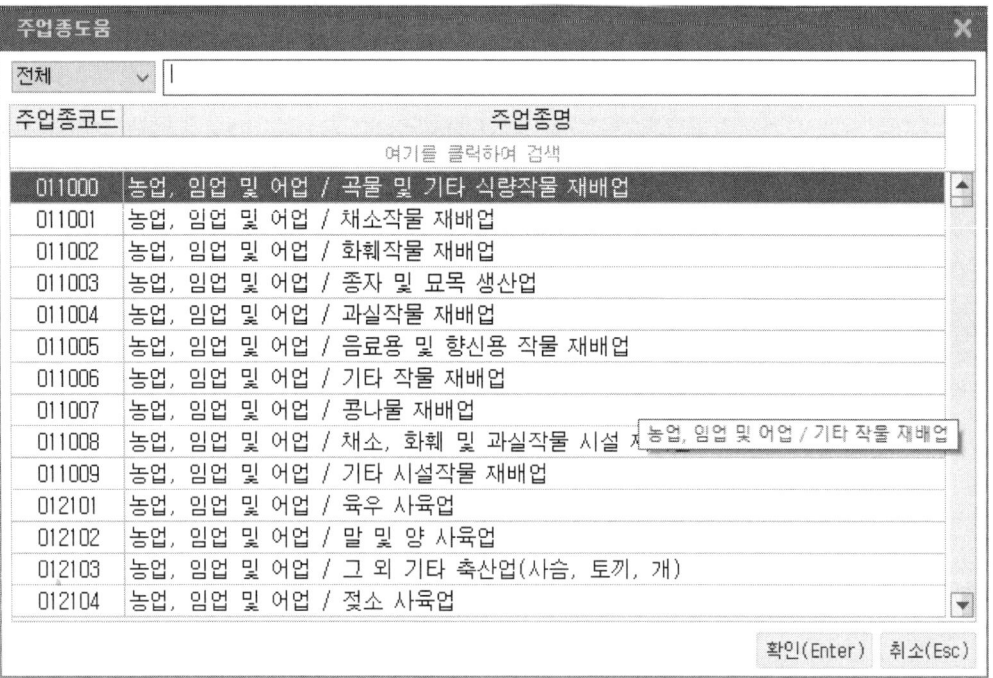

⑪ 사업장 전화번호, 팩스
사업장 전화번호와 팩스 번호를 입력한다.

⑫ 법인구분, 법인종류구분
인구분은 1. 내국법인, 2. 외국법인, 3. 외투법인 중에서 해당되는 것을 선택한다.

법인종류구분은 마우스로 클릭하면 다음과 같이 법인종류가 나타나는데 해당되는 것을 선택한다.

⑬ 중소기업여부
회사가 중소기업에 해당하면 1. 여를, 중소기업이 아니면 0. 부를 선택한다.

⑭ 설립연월일, 개업연월일, 폐업연월일
설립연월일은 회사가 설립한 일자를 개업연월일은 개업한 일자를 폐업연월일은 폐업한 일자를 입력한다.

⑮ 사업장 동코드, 본점동코드

사업장동코드는 해당동의 코드를 검색하여 확인 단추를 클릭하여 입력한다. 본점 동코드도 사업장동코드와 동일하게 코드를 검색하여 확인 단추를 클릭하여 입력한다.

⑯ 사업장 관할세무서, 본점관할세무서

사업장 관할세무서와 본점관할 세무서도 해당세무서를 검색하여 확인 단추를 클릭하여 입력한다.

⑰ 지방소득세 납세지

지방소득세를 납부하는 해당구청을 검색하여 해당동을 확인 단추를 클릭하여 입력한다.

⑱ 지방세 법인구분

지방세 법인구분을 클릭하면 다음과 같이 나타난 법인구분명을 검색하여 확인 단추를 클릭하여 입력한다.

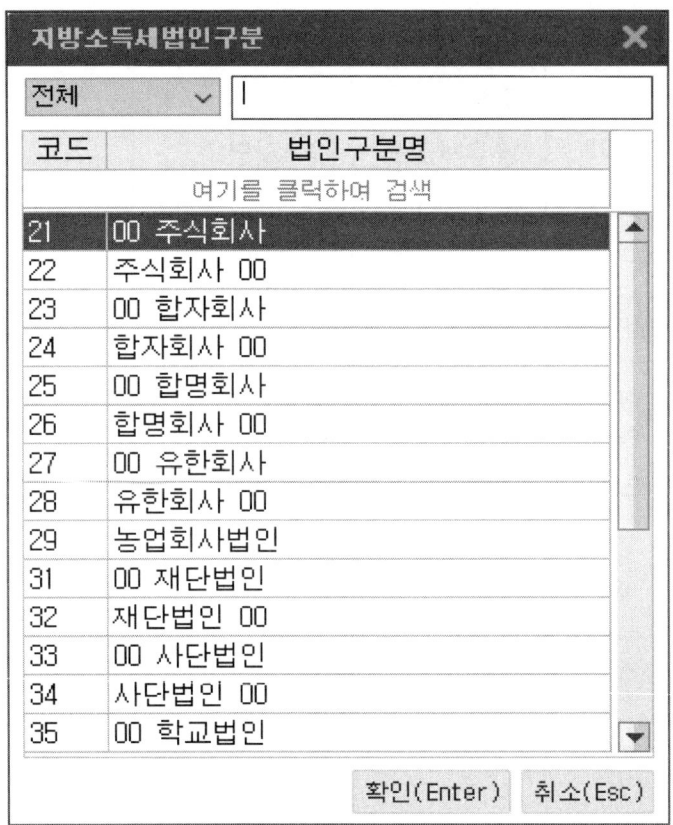

6. 추가사항

① 부가세 신고방법부가세 신고방법은 1. 사업장별, 2. 총괄납부, 3. 사업자 단위 중 해당되는 사항을 클릭하여 입력한다.

② 반기별 납부 여부

반기별 납부 여부는 반기별로 납부를 하면 1. 여를 아니면 0. 부를 클릭한다.

제2장 회사 기초 정보관리

③ 신고담당자, 신고부서, 신고담당자 전화번호
　부가세 신고담당자와 신고부서 및 신고담당자의 전화번호를 입력한다.

④ 대표자 핸드폰 번호
　회사의 대표자 핸드폰 번호를 입력한다.

⑤ 신고담당자 이메일, 홈텍스로그인 ID
　신고담당자의 이메일주소와 홈텍스 로그인 아이디를 입력한다.

⑥ 주류코드
　주류를 취급하는 업체인 경우 다음과 같이 검색하여 해당되는 것을 클릭하여 입력한다.

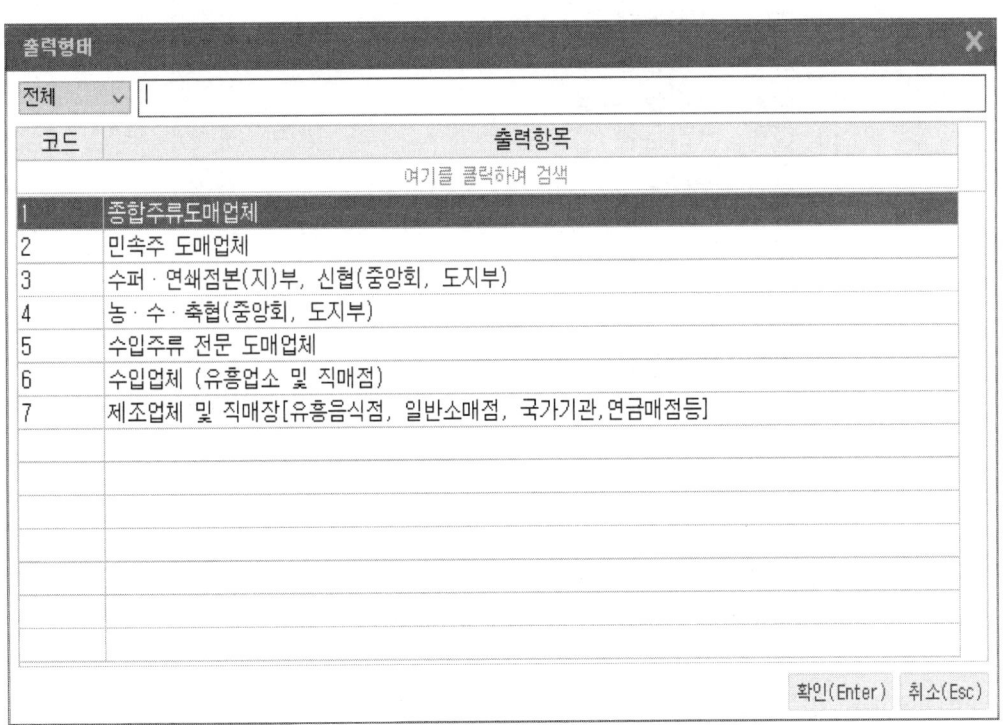

⑦ 국세 환급금 계좌, 지점, 국세환급금 계좌번호
국세 환급금이 발생할 경우 거래 은행을 검색하여 확인하고 지점을 입력하고 계좌번호를 입력한다.

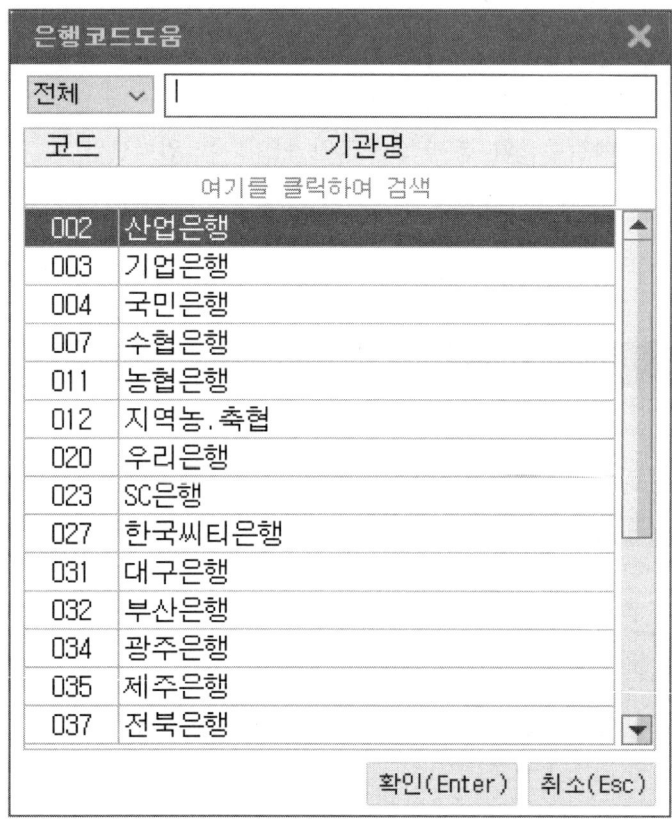

⑧ 사업자 단위 승인번호, 종사업자 번호
사업자 단위 승인번호와 종사업자 번호를 입력한다.

⑨ 영문회사명, 영문주소, 영문 대표자명
무역거래를 위해서 영문 회사명과 주소 및 대표자명을 영어로 입력한다.

⑩ 비밀번호
전산시스템의 접근 방지를 위하여 비밀번호를 입력한다.

⑪ 본점 여부, 본점회사코드, 본점전화번호
　본점 여부에서 본점이면 1. 여, 아니면 0. 부를 클릭한다. 그리고 본점 회사코드와 본점전화번호를 입력한다.

⑫ 수입부가가치세 납부 유예
　수입부가가치세 납부유예를 받았으면 1. 여, 아니면 0. 부를 클릭하는데, 납부유예를 받은 경우에는 시작일과 종료일을 입력한다.

19. 수입부가가치세 납부유예	여
	시작일	종료일
1		

전산회계와 전산세무회계

02 실습사례

한국전자주식회사의 사업자 등록증과 자료를 보고 회사등록을 해 보자.

사업자 등록증
(법인사업자용)
등록번호 : 208-81-07756

법인명(단체명) : 한국전자주식회사
대표자 : 한국민
개업연월일 ; 2000년 1월 2일
법인등록번호 : 1100111-0921513
사업장소재지 : 서울특별시 영등포구 국제금융로 20
본점소재지 : 서울특별시 영등포구 국제금융로 20
사업의 종류 : [업태] 제조, 노소매 [종목] 컴퓨터
교부사유 : 신규
사업자 단위 과세 적용 사업자 여부 : 여( ) 부(√)

2000년 1월 2일
영등포세무서장 인

자 료

회사코드 : 3000 회계연도 : 2021년 1월 1일-12월 31일 기수: 22기
한국민 주민등록번호 : 571201- 1435517
전화번호 : 02-1234-5678 팩스번호 02-1234-5679
영문 대표자 이름 : Han, GukMin
영문 주소 : Gukje Gumyung Ro 20, YungDungPo Gu, Seoul
이메일 : kkk@hanguk.com

제2장 회사 기초 정보관리

사업자등록증과 자료를 회사등록 메뉴에서 입력하면 기본사항은 다음과 같다.

그리고 추가사항을 등록하면 다음 화면과 같다.

회사등록이 완료되면 프로그램을 종료해서 3000번 한국전자주식회사로 로그인을 다시 한다.

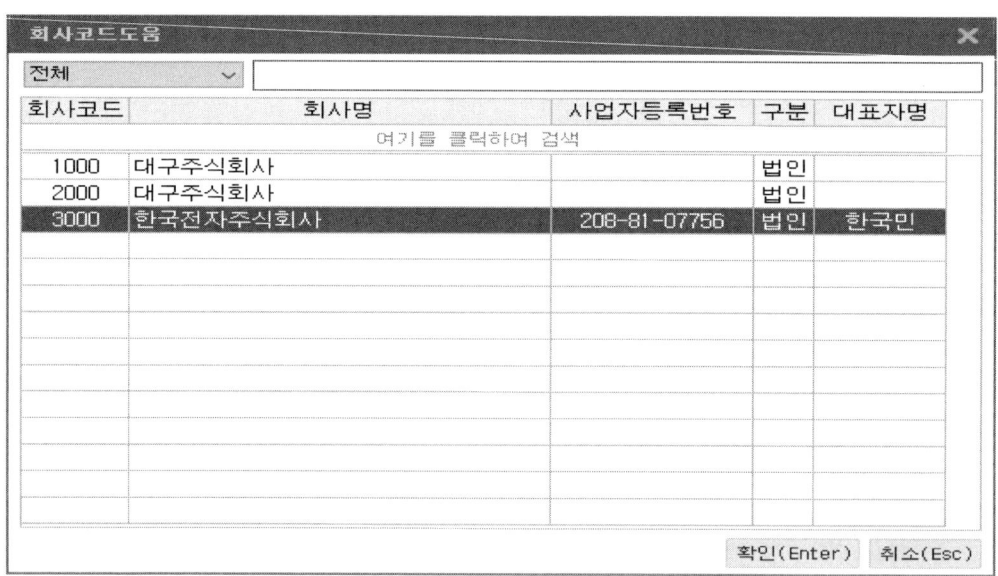

제 2 절
거래처 등록

01 거래처 등록 방법

거래처 등록은 회사가 거래하는 매출처와 매입처, 금융기관 등을 거래처에 관한 정보를 등록하는 것이다. 거래처 등록은 기초정보관리> 거래처 등록에서 하는 것으로 일반거래처, 금융기관, 신용카드로 구분하여 회사등록처럼 자료를 입력한다.

1. 일반거래처

① 코드, 거래처명

　거래처의 코드를 00101부터 97999까지 5자리를 부여하고 거래처명은 사업자등록증, 세금계산서, 영수증 등에 기재되어 있는 거래처명을 입력한다.

② 유형

　유형에는 1. 매출, 2. 매입, 3. 동시 중에서 거래처의 유형을 선택하는데 매출거래처는 매출, 매입거래처는 매입, 매출과 매입을 동시에 거래하면 동시를 선택한다.

③ 사업자등록번호

　거래처의 사업자등록번호를 입력한다.

④ 주민등록번호, 주민등록기재분

　거래처가 개인일 경우 개인 대표자의 주민등록번호를 기입하고 주민등록기재분 여부를 기재를 할려면 1. 여, 아니면 0. 부를 선택한다. 이는 세금계산서 및 계산서나 영수증에 주민등록번호가 기재되도록 할 수 있다.

⑤ 대표자 성명

　거래처의 대표자명을 입력한다.

⑥ 업태, 종목
거래처의 사업자등록증의 업태와 종목을 입력한다.

⑦ 주소
거래처 주소에 대한 우편번호를 조회하여 해당주소를 선택한 후 추가 상세주소를 입력한다.

⑧ 연락처, 전화번호, 팩스번호
거래처에 대한 연락을 할 부서 또는 담당자를 기입하고 전화번호와 팩스번호를 입력한다.

⑨ 담당부서(사원)
거래처를 담당할 부서와 사원을 조회하여 입력한다.

⑩ 인쇄할 거래처명
각종 서류나 보고서에 출력할 거래처명을 입력한다.

⑪ 담보설정액, 여신한도액
거래처가 담보로 설정한 금액이나 여신의 한도액을 입력한다.

⑫ 주류코드
거래처가 주류를 담당할 경우 해당되는 코드를 선택하여 입력한다.

⑬ 입금계좌번호, 은행, 예금주, 계좌번호
거래처와 금융기관 이용시 사용하는 은행, 예금주와 계좌번호를 입력한다.

⑭ 업체 담당자 연락처
거래처의 담당자 연락처를 입력하여 조회하여 필요할 경우 메시지를 보낸다.

⑮ 거래처 분류명
회사에서 거래처를 분류하여 사용할 경우 이를 관리하기 위해 조회하여 선택한 후 입력한다.

⑯ 주 신고거래처, 종 사업장 번호
본점과 지사 등으로 되어 있을 때 주 신고거래처명과 종 사업장 번호를 입력한다.

⑰ 거래 시장(종료)일
거래처와 거래를 시작한 일자와 종료일자를 입력한다.

⑱ 비고
비고에는 거래처에 대한 참고할 사항을 입력한다.

⑲ 사용여부
거래처와 거래를 하면 1. 여, 거래를 중지하여 사용하지 않으면 0. 부를 선택한다.

2. 금융기관

① 코드, 거래처명
회사가 거래하고 있는 금융기관의 코드를 98000-99599의 범위 내에서 부여하며 금융기관명을 입력한다.

② 유형
금융기관의 유형을 1. 보통예금, 2. 당좌예금, 3. 정기적금, 4. 정기예금, 5. 기타 중에서 선택하여 입력한다.

③ 계좌번호
해당 금융기관의 통장 계좌번호를 입력한다. 입력을 하면 거래처명 옆 계좌번호에도 계좌번호가 나타난다.

④ 계좌개설은행/지점
거래 금융기관의 계좌 개설 은행을 조회하여 선택하고 지점명을 입력한다.

⑤ 계좌개설일
거래 금융기관과의 거래 개설일자를 입력한다.

⑥ 예금 종류/만기
거래하는 예금의 종류와 만기일자를 입력한다.

⑦ 이자율/매월납입액
거래하는 예금이나 적금의 이자율과 매월 납입 금액을 입력한다.

⑧ 당좌한도액
거래은행과 당좌계약을 체결한 경우 당좌 차월 한도액을 입력한다.

⑨ 은행 사업자 번호
거래 은행의 사업자등록증의 번호를 입력한다.

⑩ 사업용 계좌 여부
사업용 계좌이면 1. 여, 아니면 0. 부를 선택하여 입력한다.

참고로 소득세법 106조의 5항에 의하면 복식부기의무자는 사업과 관련하여 재화 또는 용역을 공급받거나, 공급하는 거래를 하고, 거래의 대금을 금융기관을 통하여 결재하거나 받을 때 및 인건비 및 임차료를 지급하거나 지급받는 때는 사업용 계좌를 사용하도록 하고 있다. 사업용 계좌를 사용하지 않으면 사업용 계좌를 미사용한 금액의 2/1,000에 상당하는 사업용 계좌 미사용 가산세를 부과받는다.

⑪ 전화번호/ 팩스
연락을 하기 위한 해당 금융기관의 전화번호와 팩스번호를 입력한다.

⑫ 거래처 분류명
금융거래처를 관리하기 위한 분류를 사용할 경우 분류된 분류명을 선택하여 입력한다.

⑬ 주소
금융 거래처의 주소를 입력한다.

⑭ 비고
비고에는 금융기관에 대한 참고할 사항을 입력한다.

⑮ 사용여부
금융기관과 거래를 하면 1. 여, 거래를 중지하여 사용하지 않으면 0. 부를 선택한다.
비고

참고로 아래 박스 안에 있는 구분, 납부일, 자금코드 등을 이용하면 금융기관의 자금을 편리하게 일자별로 관리를 할 수 있다.

3. 신용카드

① 코드, 거래처명
회사가 거래하고 있는 신용카드사의 코드를 99600-99999의 범위 내에서 부여하며 신용카드사명을 입력한다.
참고로 회사가 신용카드사에 가맹이 된 경우에 신용카드 매출전표 발행집계표가 작성되는 신용카드사를 반드시 입력해야 한다.

② 유형
신용카드로 매출을 거래하면 1. 매출, 매입을 거래하면 2. 매입을 선택하여 입력한다.

③ 사업자 등록번호
거래 신용카드사의 사업자등록증의 번호를 입력한다.

④ 가맹점 번호
신용카드 가맹점 번호를 입력한다. 직불, 기명식 선불전자지급수단으로 사용하면 1. 여, 아니면 0. 부를 선택한다.

⑤ 카드번호(매입), 카드종류(매입)
신용카드의 번호와 카드의 종류를 입력한다.

⑥ 카드 소유 담당, 전화번호
카드 소유에 대한 부서와 담당자와 전화번호를 입력한다.

⑦ 결재계좌
결재계좌의 은행명을 선택하고 계좌번호를 조회하여 선택한다.

⑧ 신용카드사 코드
신용카드사의 코드를 조회하여 선택한다.

⑨ 수수료, 결재일, 담당자
　　신용카드의 수수료와 결재일자 및 담당자를 입력한다.

⑩ 홈페이지
　　신용카드사의 홈페이지를 입력한다.

⑪ 거래처 분류명
　　신용카드를 분류하여 관리할 때 분류명을 조회하여 입력한다.

⑫ 사용한도
　　신용카드의 사용한도를 입력한다.

⑬ 비고
　　비고에는 신용카드사에 대한 참고할 사항을 입력한다.

⑭ 사용여부
　　신용카드사와 거래를 하면 1. 여, 거래를 중지하여 사용하지 않으면 0. 부를 선택한다.

| 02 | 실습사례 |

한국전자주식회사는 일반거래처가 7개인데 5개는 국내거래처, 2개는 해외 거래처이다. 그리고 금융기관은 4 거래처와 거래하고 있으며 신용카드사도 3 거래처와 거래를 하고 있다. 이 거래처에 대한 등록을 하여 보자. 여기에서 부서/사원등록은 + 키를 눌러 간단 등록을 하고, 담당자 등록 조회도 하여야 하며 F3 분류등록을 클릭하여 거래처를 분류 등록을 하여 보자.

코드	일반거래처명	사업자번호	대표자성명
업태	종목	사업장주소	전화번호
00101	일일전자	102-32-66319	박일일
제조, 도 소매	전자제품 외	경북 경주시 알천북로 1	054-1111-1111
00104	사사대리점	105-04-47285	조사사
제조, 도소매	사무기기 외	부산 부산진구 부전로 1	051-4444-4444
00107	칠칠HARD	105-03-58141	이칠칠
제조, 도매	전자부품판매 외	서울 성북구 성북로 2	02-7777-7777
00108	팔팔컴퓨터	108-50-54001	강팔팔
제조, 도매	컴퓨터관련	대구 달서구 이곡공원로 1	053-8888-8888
00109	구구컨설팅	104-51-40028	한구구
제조, 서비스	전자부품관련 및 A/S	경기도 광명시 명일로 23	02-9999-9999
00110	A Co..		Tom
		NAKAMURA 1741 TOKYO JAPAN	551-442-4449
00111	B Co.		Judy
		BANGBON, BANGKOK 1 THAILAND	662-895-1673

전산회계와 전산세무회계

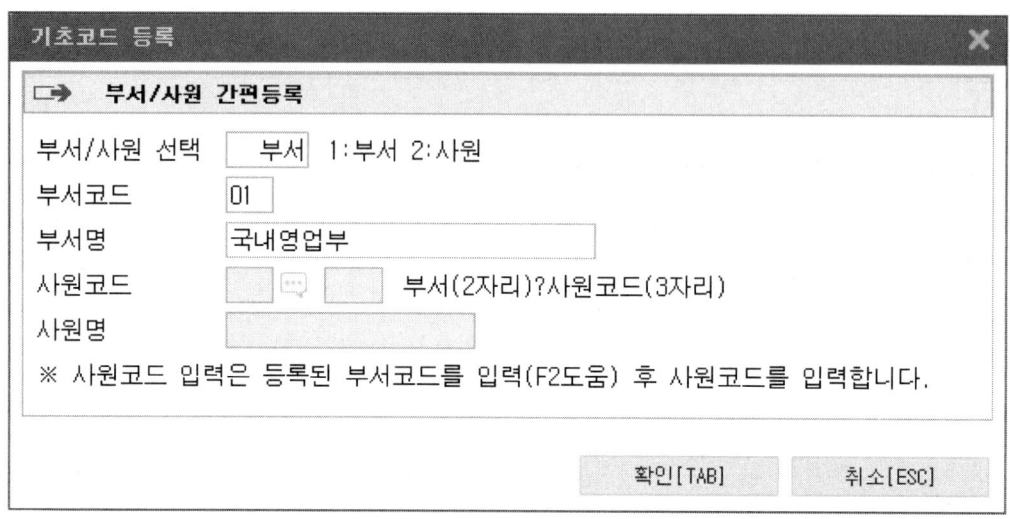

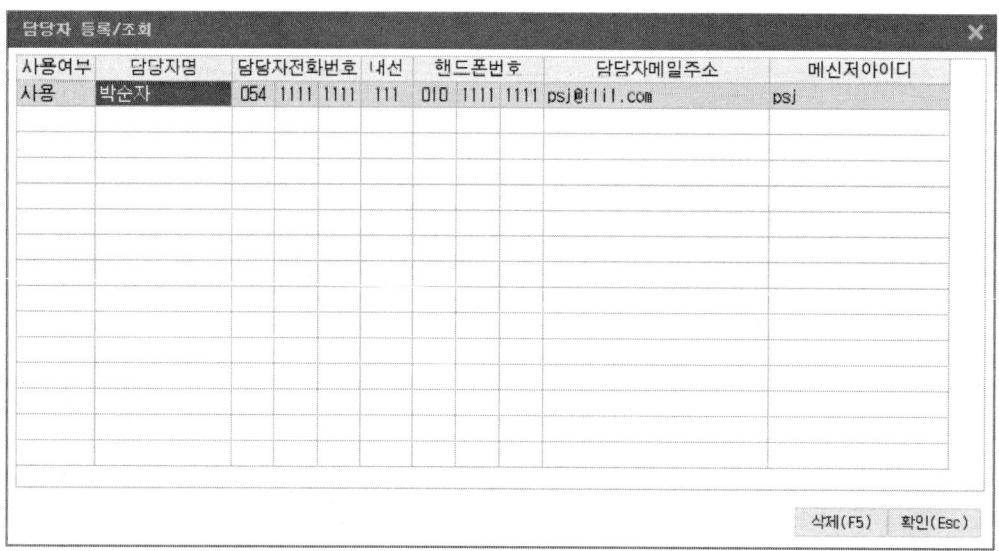

제2장 회사 기초 정보관리

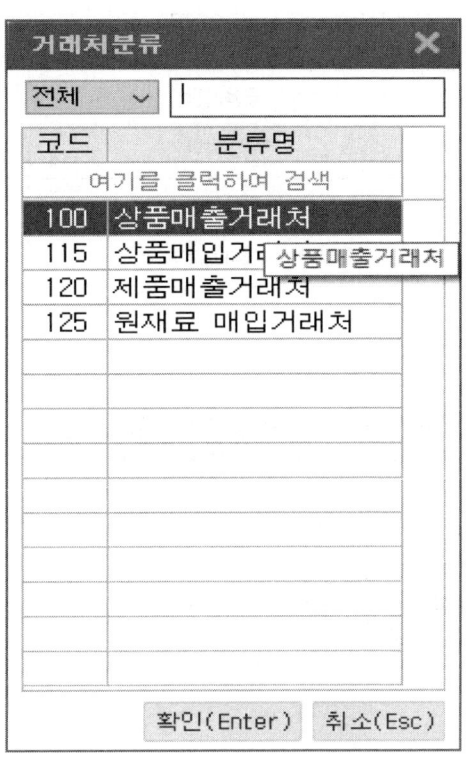

전산회계와 전산세무회계

코드	금융거래처명	구분	계좌번호
98001	국민보통	금융기관	0231-12-1112-33
98003	국민당좌	금융기관	0231-91-3212-1
98004	우리보통	금융기관	211-222-23111
98005	국민정기예금	정기예금	0231-81-445

분류등록

코드	분류명	사용여부
400	예금 금융기관	사용
450	적금 금융기관	사용
460	대출 금융기관	사용
470	당좌 금융기관	사용

금융기관 분류등록(400~499)

삭제(F5)   확인(Esc)

제2장 회사 기초 정보관리

코드	신용카드사	구분	카드번호
99601	비씨카드	카드사	1234-5678-9012-3456
99602	국민카드(법인)	신용카드	4522-3321-7171-0001
99603	우리카드	신용카드	2345-6789-0123-4567

전산회계와 전산세무회계

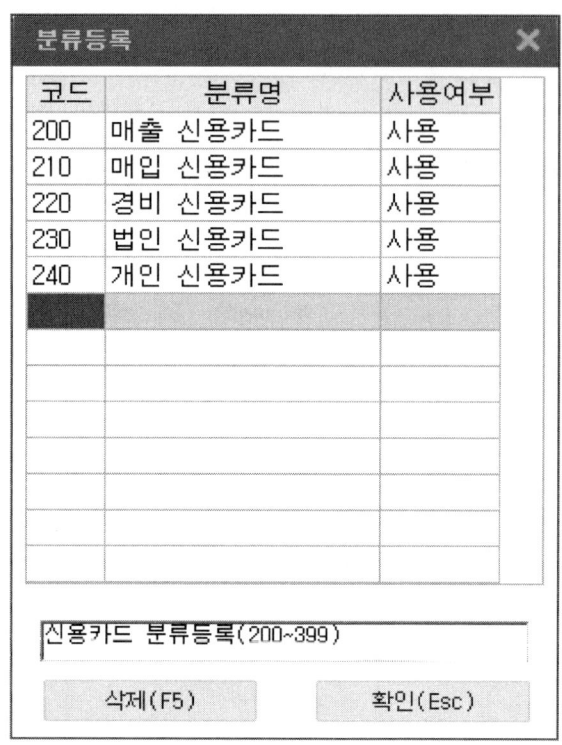

제 3 절
계정과목 등록

01 계정과목 등록 방법

1. 계정체계

계정과목은 회계에서 어떠한 거래가 발생하였는지를 알려주는 거래의 이름이라고 할 수 있다. 즉, 자산, 부채, 자본 등의 변동을 기록하고 계산하기 위하여 계정에 부여된 현금, 예금, 외상매출금 등의 구체적인 명칭을 말한다. 이를 전산회계에서 등록하기 위해서는 계정과목에 대한 계정체계를 이해할 필요가 있다. 계정체계는 계정과목을 코드로 관리하기 때문에 계정과목의 신규 등록이나 수정할 때에는 반드시 계정체계 안에서 작업이 이루어져야 한다. 이렇게 하여야 재무제표인 재무상태표, 손익계산서 등이 계정별 합계를 자동적으로 계산하여 정확하게 작성할 수 있다.

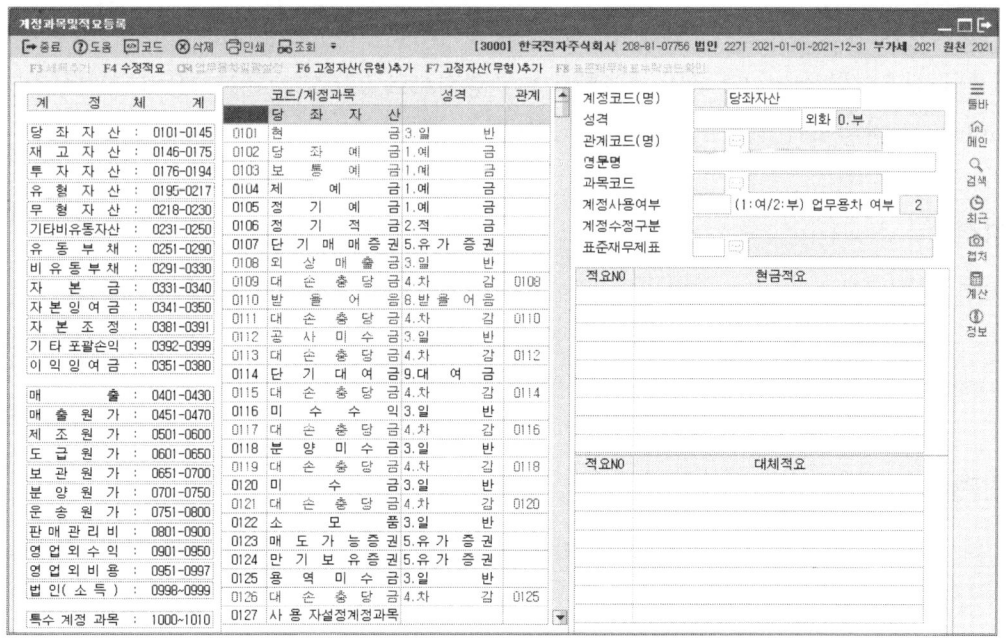

전산회계와 전산세무회계

계정체계를 살펴보면 자산이 0101-0250, 부채가 0251-0330, 자본이 0331-0390 코드가 주어지고 매출 0401-0430, 매출원가가 0451-0470, 제조원가 0501-0600, 판매관리비 0801-0900, 영업외수익 0901-0950, 영업외비용이 0951-0997이고 법인(개인)이 0998-0999이며 특수계정과목이 1000-1010이다.

2. 코드/계정과목

계정코드는 0101에서 1010까지 사용할 수 있으며 계정과목은 이미 기업회계기준에서 사용되는 것들은 설정되어 있고 각 계정체계별 '사용자설정계정과목'은 회사실정에 맞게 등록하여 사용한다. 계정과목이 검정색과 빨간색으로 구분되어 있는데 검정색 계정과목은 바로 덧씌어서 입력하여 수정이 가능하나, 빨간색 계정과목은 Ctrl+F2를 동시에 눌러 수정할 수 있다.

대손충당금이나 감가상각누계액 등의 계정과목을 입력할 때는 주된 계정과목 코드와 연관지어 입력을 해야 한다. 예를 들면 외상매출금 코드(0108)이면 외상매출금의 대손충당금은 0108다음인 0109로 입력을 해야 한다.

같은 계정과목이라도 제조활동에 관련되는 것은 제조 경비 계정(0501-0600)를 사용하고 영업 및 구매와 사무 활동 등은 판매비와 관리비 계정(0801-0900)을 사용하여야 한다. 예를 들어 생산직 사원의 여비교통비는 제조활동과 관련되므로 0512 코드를 사용하고 사무직 사원의 여비교통비는 0812 코드를 사용해야 한다.

3. 성격

성격은 계정과목의 특성을 나타내는 것으로 재무제표의 자동계산을 위하여 입력하는 필드이다. 각 계정과목마다 성격이 선택할 수 있도록 되어 있고 계정과목 수정이나 삽입시 정확하게 선택하여 사용한다.

4. 관계코드(명)

관계는 특정 계정과목과 관련된 코드 번호를 입력하는 것이다. 예를 들어 원재료는 제조원가인 원재료비로 대체되므로 원재료비의 관계란에 원재료의 코드 153이 입력되어 있어야 한다.

5. 영문명

계정과목의 영문명을 입력하여 해외거래시 영문 재무제표의 작성을 할 수 있다.

6. 과목코드

계정과목의 코드를 입력한다.

7. 사용여부

계정과목을 사용하면 1. 여, 사용하지 않으면 0. 부를 선택하여 입력한다.

8. 계정수정구분

계정과목명, 성격, 입력/수정가능여부를 나타낸다.

9. 계정과목의 신규등록

계정과목을 신규로 등록은 항목별 계정과목의 코드체계 범위내에서 '사용자설정계정과목' 란에 입력하여 등록한다. 이는 기초정보등록> 계정과목 및 적요등록에서 한다.

10. 적요

적요는 거래의 내용을 간단하게 요약한 것으로 현금적요와 대체적요로 나뉘어진다. 이는 추후에 전표나 분개장을 조회하여 거래를 추적할 때 용이하도록 하기 위한 것이다. 회사마다 자주 발생하는 거래가 있으면 등록하여 두면 편리하다.

현금 적요는 현금의 수입과 지출이 관련되는 거래이고, 대체는 현금과 관련이 없거나 일부 현금이고 일부는 현금이 아닌 거래의 내용을 입력하는 곳이다.

02 실습 사례

1. 한국전자주식회사의 계정과목을 다음과 같이 수정하여 보자.

① 0905. 단기투자자산평가이익을 단기매매증권평가이익으로 수정
② 0906. 단기투자자산처분이익을 단기매매증권처분이익으로 수정
③ 0957. 단기투자자산평가손실을 단기매매증권평가손실로 수정
④ 0958. 단기투자자산처분손실을 단기매매증권처분손실로 수정

2. 한국전자주식회사의 적요를 다음과 같이 수정하여 보자.

① 현금 계정의 현금적요 8. 일용직 급여 현금 지급
② 현금 계정의 대체적요 8. 증권 매입 일부 현금 지급

제2장 회사 기초 정보관리

제 4 절
환경 등록

01 환경 등록 방법

환경등록은 시스템 환경을 설정하기 위해 사용하는 메뉴이다. 이는 항목에 대한 변경을 한 후 프로그램에 반영하기 위해서는 반드시 재로그인을 해야 한다. 중간에 환경 변경을 하면 기존에 입력한 자료에는 영향을 주지 않는다. 환경 등록은 회계관리> 기초정보등록> 환경등록에서 입력한다.

1. 회계

① 부가세소수점 관리

수량과 단가는 자리수가 0으로 설정되어 있으며, 단가와 금액은 끝전처리가 있는데 1. 절사, 2. 올림, 3. 반올림으로 되어 있어 선택하여 입력한다.

② 분개유형 설정

매출, 매출채권, 매입, 매입채무, 신용카드매출채권, 신용카드매입채무 등으로 나누어져 있다. 회사가 제조업(제품매출)이냐 판매업(상품매출)이냐에 따라 계정들을 변경하여 사용할 수 있다.

③ 추가계정 설정

추가계정설정은 매출과 매입 모두 등록하여야 반영되며 제조업과 도소매(판매업)인 경우 추가계정을 상품매출로 해두면 편리하다.

④ 부가세 포함 여부

부가세 포함여부는 매입매출 전표를 입력할 때 카과, 현과, 건별, 과세의 공급가액에 부가세 포함여부를 1. 포함, 0. 미포함으로 선택하여 입력한다.

제2장 회사 기초 정보관리

⑤ 봉사료 사용여부

　봉사료 사용여부는 매입매출 전표 메뉴의 카드관련 매출거래에서 봉사료(구분기재분)를 사용하면 1. 사용, 아니면 0. 사용안함을 선택하여 입력한다.

⑥ 유형 : 불공(54)의 불공제 사유, 영세율 매출(12, 16구분)

　유형으로 2가지가 있는데 불공(54) 불공제 사유는 매입매출 유형 중 매입불공제 사유에서 대표적인 것을 선택하여 입력한다.

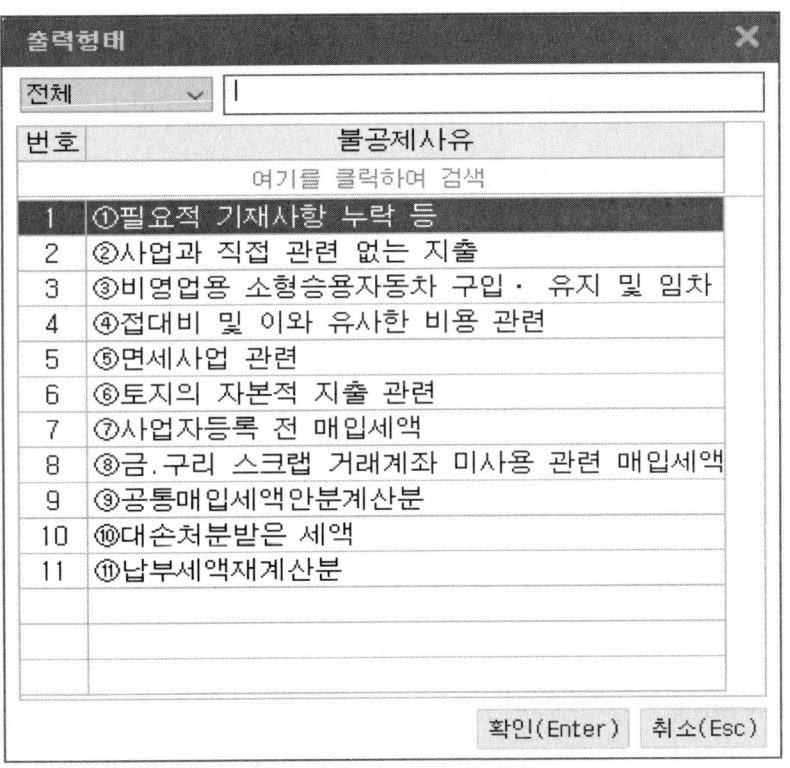

그리고 영세율 매출(12, 16구분)도 부가세법과 조특법에 따른 대표적인 유형을 선택하여 입력한다.

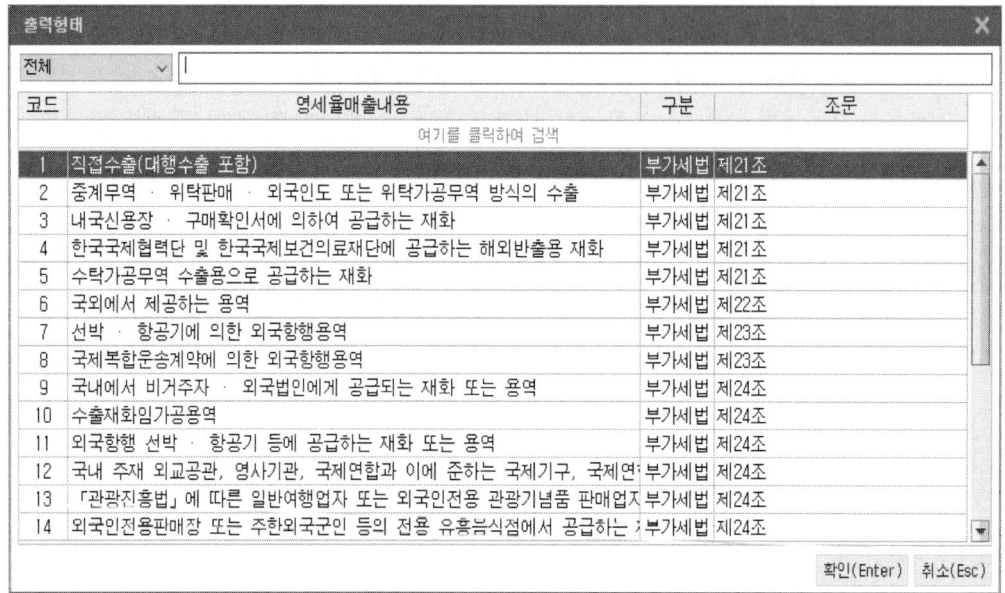

⑦ 단가 표시

단가를 표시할려면 1. 사용, 표시하지 않을려면 0. 사용안함을 선택하여 입력한다.

⑧ 표준(법인세)용 재무제표

표준(법인세)용 재무제표를 1. 일반법인, 2. 금융기관을 선택하여 입력한다.

⑨ 건물외 유형고정자산 상각방법

건물외 유형고정자산의 상각방법을 1. 정률법, 2. 정액법을 선택하여 입력한다.

⑩ 고정자산 간편 자동등록 사용

고정자산을 간편으로 자동등록하는 것을 1. 사용, 0. 사용안함을 선택하여 입력한다.

⑪ 현장 코드 엔터키 자동복사

현장 코드 엔터키의 자동복사를 사용하면 1. 사용, 아니면 0. 사용안함을 선택하여 입력한다.

⑫ 부서 사원코드 엔터키 자동복사
부서 사원코드 엔터키의 자동복사를 사용하면 1. 사용, 아니면 0. 사용안함을 선택하여 입력한다.

⑬ 프로젝트 코드 엔터키 자동복사
프로젝트 코드 엔터키의 자동복사를 사용하면 1. 사용, 아니면 0. 사용안함을 선택하여 입력한다.

⑭ 세금계산서 인쇄시 복수거래 정렬방법
세금계산서를 인쇄할 때 복수거래를 정렬하는 방법을 1. 입력순, 2. 금액순을 선택하여 입력한다.

⑮ 의제류 자동설정
의제류 자동설정은 0. 없음, 1. 의제매입, 2. 재활용, 3. 구리 스크랩 등을 선택하여 입력하고 각각의 공제율을 입력한다.

⑯ 신용카드 매입 입력창 사용여부(일반전표)
일반전표에서 신용카드 매입을 입력창에서 사용할 때 1. 사용, 아니면 0. 사용안함을 선택하여 입력한다.

⑰ 휴일 표시 사용여부
휴일을 표시하는 것을 사용하면 1. 사용, 아니면 0. 사용안함을 선택하여 입력한다.

2. 원천

① 사원코드 형태
사원 코드를 부여할 때 1. 숫자, 2. 문자를 선택하여 입력한다.

② 급여 산정기준일 사용여부
급여를 산정할 때 기준일을 사용하면 1. 사용, 아니면 0. 사용안함을 선택하여 입력한다. 사용하면 산정기준일을 입력하는데 1. 전월, 2. 당월을 선택한 후 일자를 입력한다.

③ 급여 지급 형태
급여를 지급하는 형태를 1. 당월급여를 당월에 지급, 2. 당월급여를 다음달에 지급을 선택하여 입력한다.

④ 급여지급일자
급여를 지급하는 일자를 입력한다.

⑤ 급여자료 입력화면
급여자료를 입력하는 화면을 1. 구분 없이 입력, 2. 구분별로 입력을 선택하여 입력한다.

⑥ 급여 입력 방법
급여를 입력하는 방법으로 1. 리스트 입력방식, 2. 사원추가 입력방식을 선택하여 입력한다.

⑦ 총괄납부방법
원천세를 총괄하여 납부하면 1. 여, 아니면 0. 부를 선택한다.

⑧ 원천세 작성 방법
원천세를 작성하는 방법으로 1. 직접입력을 선택한다.

⑨ 상용직 급여 입력 방식 사용직의 급여를 입력하는 방식으로 1. 월별, 2. 일괄을 선택하여 입력한다.

⑩ 일용직 급여 입력 방식
일용직의 급여를 입력하는 방식으로 1. 월별, 2. 일괄을 선택하여 입력한다.

⑪ 퇴직 소득 징수 의무자 구분
퇴직 소득에 대한 징수 의무자로 1. 사업장, 2. 퇴직연금사업자, 3. 공적연금사업자를 선택하여 입력한다.

⑫ 사회보험 알람 사용여부
사회보험에 대한 알람기능을 사용하면 1. 여, 아니면 0. 부를 선택하고 사용시 알리는 일자를 기입한다.

⑬ 퇴직, 사업, 기타, 이자배당 입력 방법

퇴직, 사업, 기타, 이자배당 입력 방법으로 1. 지급기준, 2. 귀속기준을 선택하여 입력한다.

3. 법인

① 감가상각 시부인 방법

감가상각의 시부인 방법으로 1. 계정과목별 시부인, 2. 자산별 시부인을 선택하여 입력한다. 과세소득을 계산함에 있어 손금 또는 필요경비로 인정되는 감가상각비는 회사계상액대로 인정되는 것이 아니고 세법에 따라 계산된 법위 내의 금액만 인정된다. 세법상 상각범위액을 기준으로 상각부인액과 시인부족액을 계산하는 절차를 시부인이라 한다.

② 소득금액 조정합계표 조정 등록 방법

소득금액 조정합계표의 조정 등록 방법을 1. 조정과목 사용, 2. 직접 입력을 선택하여 입력한다.

③ 정관상 회사 사업연도

정관상 회사 사업연도는 회사의 정관에 규정되어 있는 사업연도를 입력한다.

④ 신고구분(확정/중간)

세금의 신고를 1. 확정신고, 2. 중간예납(직전사업연도 기준), 3. 중간예납(자기계산기준)을 선택하여 입력한다.

⑤ 신고구분(정기/수정)

세금의 신고가 1. 정기신고, 2. 중간신고를 선택하여 입력한다.

⑥ 지방세 신고구분(정기/수정)

지방세의 신고가 1. 정기신고, 2. 중간신고를 선택하여 입력한다.

02 실습 사례

1. 한국 전자 주식회사의 환경등록을 하여 보자.

		자리수	끝전처리
부가세 소숫점 자리	수량	0	
	단가	0	절사
	금액		2. 올림
분개유형 설정	매출 : 제품매출		
	매출채권 : 외상매출금		
	매입 : 원재료		
	매입채무 : 외상매입금		
	신용카드매출채권 : 외상매출금		
	신용카드매입채무 : 외상매입금		
추가계정 설정	매출 : 상품매출		
	매출채권 : 외상매출금		
	매입 : 상품		
	매입채무 : 외상매입금		
부가세 포함여부	카과,현과의 공급가액에 부가세 포함:전체포함		
	건별공급가액에 부가세 포함 : 포함		
	과세공급가액에 부가세 포함:전체미포함		
봉사료 사용여부	사용안함		
유형:불공(54)의 불공제사유	사업과 직접 관련없는 지출		
유형:영세율매출(12, 16) 구분	직접수출(대행 수출 포함)		
단가 표시	사용		
표준(법인)용 재무제표	일반법인		
건물외유형고정자산 상각방법	정률법		
고정자산 간편 자동등록 사용	사용		
현장코드 엔터키 자동복사	미사용		
부서사원코드 엔터키 자동복사	미사용		
프로젝트 코드 엔터키 자동복사	미사용		
세금계산서 인쇄시 복수거래정렬방법	입력순		
의제류 자동설정	없음		
	의제 매입 공제율	6/106	
	재활용 배입공제율	6/106	
	구리 스크랩 등	5/105	
신용카드 매입입력창 사용여부	사용안함		
휴일표시 사용여부	사용		

제2장 회사 기초 정보관리

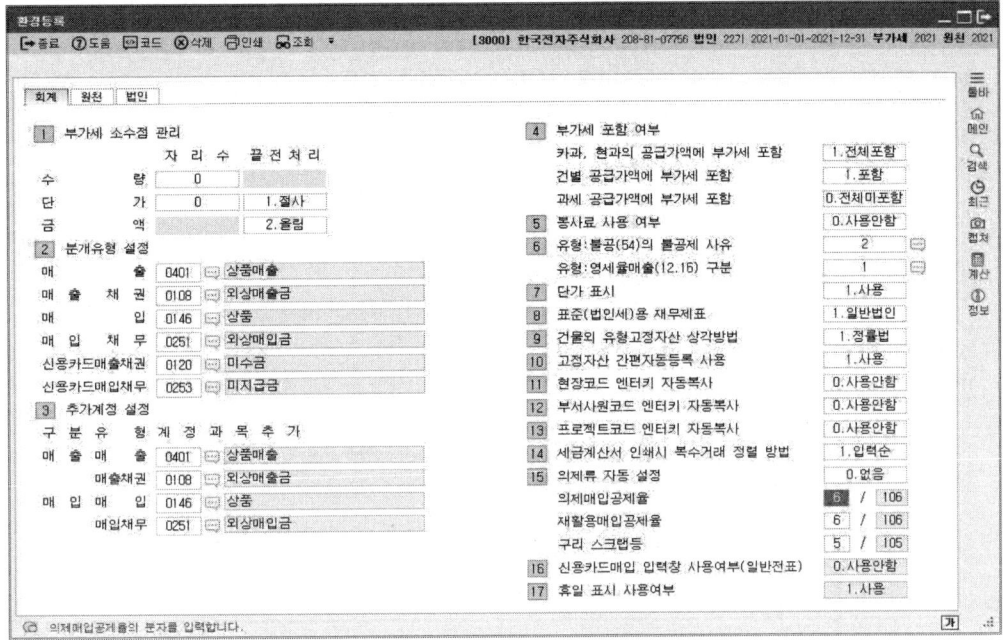

2. 한국전자주식회사의 원천에 대한 환경등록을 하여보자.

사원 코드 형태	숫자
급여 산정 기준일 사용 여부	사용
급여산정 기준일	당월 1일부터
급여지급형태	당월급여를 당월에 지급
급여지급일자	20일
급여 자료 입력 화면	구분없이 입력
급여 입력 방법	리스트 입력방식
총괄납부방법	부
원천세 작성방법	직접입력
상용직 급여입력방식	월별
일용직 급여입력방식	월별
퇴직 소득징수의무자 구분	사업장
사회보험 알람 사용여부	부
퇴직, 사업, 기타, 이자배당입력방법	지급기준

전산회계와 전산세무회계

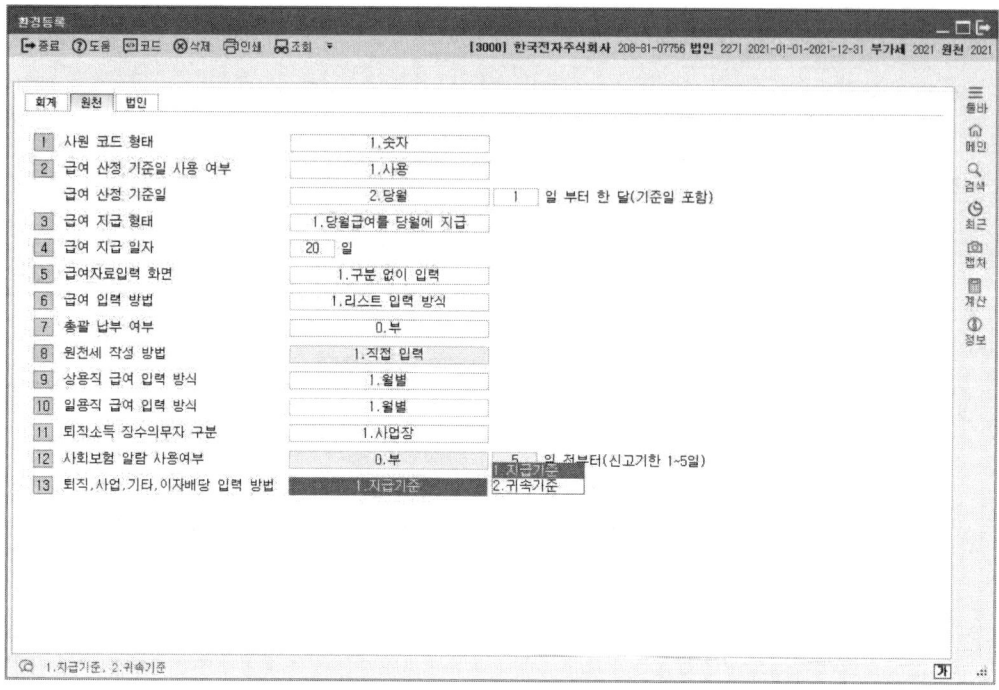

3. 한국전자주식회사의 법인 환경등록을 하여보자.

감가상각 시부인 방법	계정과목별 시부인
소득금액조정합계표 조정등록방법	조정과목 사용
정관상 사업연도	1월 1일부터 12월 31일까지
신고구분(확정/중간)	확정신고
신고구분(정기/수정)	정기신고
지방세 신고구분(정기/수정)	정기신고

제2장 회사 기초 정보관리

제5절
업무 승용차 등록

01 업무용 승용차 등록 방법

1. 코드와 차량번호

코드는 4자리로 0001-9999를 사용하며 차량번호는 승용차의 차량번호를 입력한다.

2. 차종

승용차의 종류를 입력한다.

3. 사용

승용차를 사용하면 1. 사용, 사용하지 않으면 0. 미사용으로 선택하여 입력한다.

4. 차량 상세 등록 내용

① 고정자산 계정과목
   차량을 회계 처리할 고정자산 계정과목을 검색하여 입력한다.

② 고정자산 코드/명
   고정자산에서 등록한 고정자산 코드와 이름을 조회하여 입력한다.

③ 취득일자
   승용차의 취득일자를 기입한다.

④ 경비구분

사무실과 관리 및 영업목적으로 사용하는 승용차는 800번대/판관비로 선택하고 공장 및 생산현장에서 사용하는 승용차는 500번대/제조로 선택한다.

⑤ 사용자 부서/ 직책/ 성명

승용차의 사용자부서를 조회하여 입력하고 직책을 기입한 후 성명을 사원에서 조회하여 입력한다.

⑥ 임차여부

승용차를 1. 자가, 2. 랜트, 3. 금융리스, 4. 운용리스, 5. 비업무용, 6. 직원명의차량, 7. 타인명의직원차량, 8. 기타를 선택하여 입력한다.

⑦ 임차기간

임차하였을 경우 임차기간을 입력한다.

⑧ 보험 가입여부와 보험기간

보험 가입여부와 보험기간을 입력한다.

⑨ 운행기록부 사용여부, 전기이월 누적거리

차량 운행 기록부의 사용은 1. 여, 2. 부를 선택하고 전기이월 누적거리를 입력한다.

⑩ 출퇴근 사용여부와 출퇴근거리

출퇴근시 사용은 1. 여, 아니면 2. 부를 선택하고 출퇴근 거리를 입력한다.

⑪ 자택/ 근무지

자택과 근무지의 주소를 우편번호를 이용하여 조회한 후 입력한다.

02 실습 사례

한국전자주식회사의 승용차를 등록하여 보자

코드 : 0001 차량번호 : 20가 3333 차종 : 현대그랜져 사용여부 : 사용
고정자산 계정과목 : 차량운반구 고정자산코드/명 : 100000 승용차
취득일자 : 2020년 1월 2일 상각방법 : 정률법, 기초가액 : 50,000,000
경비구분 : 800번 판관비

- 고정자산 등록을 할 것.

제2장 회사 기초 정보관리

사용자 부서/직책/ 성명 : 총무부/사장/한국민

원천징수> 사원등록 : F6 기초등록 > 부서등록과 사원등록 할 것.

코드	부서명	순위
01	국내영업부	
02	경리부	
03	자재부	
04	총무부	
05	회계부	
06	생산부	

전산회계와 전산세무회계

임차여부 : 자가 보험가입여부 :
가입, 기간 : 2020.01.02.-2021.01.01. 2021 .01.02 -2022.01.01.
운행기록부 사용, 전기이월 누적거리 : 20,000KM, 출퇴근사용 출퇴근 거리 40KM
자택 : 서울특별시 서초구 서초대로 3-4
근무지 : 서울특별시 영등포구 국제금융로 20

제 3 장
전기분 재무제표

제 1 절
전기분 재무상태표

01 전기분 재무상태표 입력 방법

　전기분 재무상태표는 전기의 재무상태, 즉, 자산, 부채 및 자본의 계정별 잔액을 당기의 거래에 반영하기 위하여 입력한다. 회계기록의 연속성과 거래처별 계정 잔액을 관리하기 위해서 입력한다. 처음으로 프로그램을 사용하는 경우에만 입력하는 작업이다.

1. 계정과목

　① 코드란에 커서가 있을 때 도구줄의 F2 키를 눌러 해당 계정과목을 선택한다.
　② 계정과목 앞 2 글자를 입력한 후 검색된 계정과목을 선택한다.
　③ 계정과목의 코드번호를 알고 있으면 계정번호를 직접 입력한다.

2. 금액

　화폐단위의 자릿수는 자동적으로 입력되며, 숫자판의 + 키를 누르면 천(1,000) 단위로 입력을 할 수 있다.

3. 개인기업의 자본금

　개인기업의 자본금은 전기의 기초자본금과 당기순이익을 합계한 기말자본금을 입력한다.

4. 법인기업의 미처분이익잉여금(처분전결손금)

　법인기업의 미처분이익잉여금은 375. 이월이익잉여금(376. 이월결손금)으로 입력한다.

제3장 전기분 재무제표

02 실습 사례

한국전자주식회사의 전기분 재무상태표를 입력하여 보자.

현금	3,050,000	보통예금	20,000,000	당좌예금	30,000,000
기타단기금융상품	7,700,000	외상매출금	5,000,000	대손충당금	50,000
받을어음	7,000,000	상품	4,000,000	제품	5,000,000
원재료	2,000,000	재공품	1,000,000	기타보증금	11,000,000
토지	300,000,000	기계장치	20,000,000	감가상각누계액	5,000,000
차량운반구	29,000,000	감가상각누계액	3,500,000	비품	3,000,000
감가상각누계액	1,500,000	개발비	5,000,000	외상매입금	13,000,000
미지급금	16,500,000	퇴직급여충당부채	37,500,000 (제조: 20,000,000 판관비: 17,500000)	자본금	300,000,000
이익준비금	3,000,000	이월이익잉여금	72,700,000		

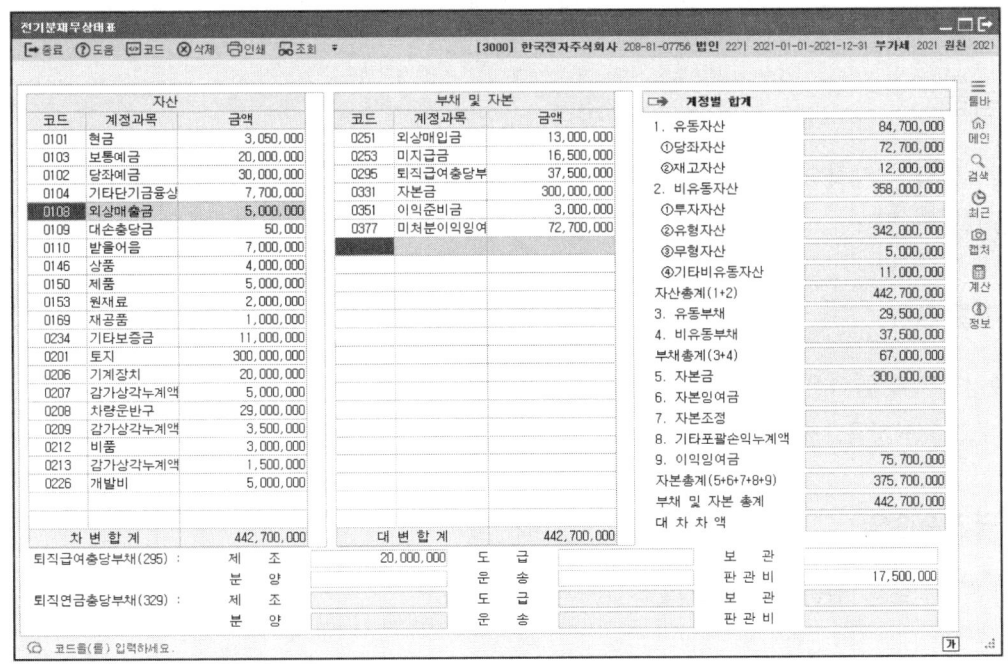

제 2 절
전기분 손익계산서

01 전기분 손익계산서 입력 방법

전기분 손익계산서는 전기의 경영성과, 즉, 수익과 비용의 계정별 잔액을 당기의 거래에 반영하기 위하여 입력한다. 회계기록의 연속성과 거래처별 계정 잔액을 관리하기 위해서 입력한다. 처음으로 프로그램을 사용하는 경우에만 입력하는 작업이다.

1. 계정과목

① 코드란에 커서가 있을 때 도구줄의 F2 키를 눌러 해당 계정과목을 선택한다.
② 계정과목 앞 2 글자를 입력한 후 검색된 계정과목을 선택한다.
③ 계정과목의 코드번호를 알고 있으면 계정번호를 직접 입력한다.

2. 금액

화폐단위의 자릿수는 자동적으로 입력되며, 숫자판의 + 키를 누르면 천(1,000) 단위로 입력을 할 수 있다.

3. 매출원가

계정코드와 금액을 입력하면 오른쪽에 보조화면이 나타나며, 전기분 재무상태표에서 입력한 재고자산(상품, 제품) 계정과목 의 금액이 자동적으로 반영된다.

4. 당기순손익

당기순손익은 입력하지 않는다.

02 실습 사례

한국전자주식회사의 전기분 손익계산서를 입력하여 보자.

상품매출	12,000,000	제품매출	208,000,000	기초상품재고액	3,000,000
당기상품매입액	11,000,000	기초제품재고액	4,500,000	당기제품제조원가	86,500,000
복리후생비	12,000,000	여비교통비	4,500,000	급여	46,000,000
통신비	3,560,000	세금과공과	13,500,000	소모품비	4,800,000
보험료	2,450,000	대손상각비	50,000	접대비	9,250,000
이자비용	1,200,000	법인세비용	690,000		

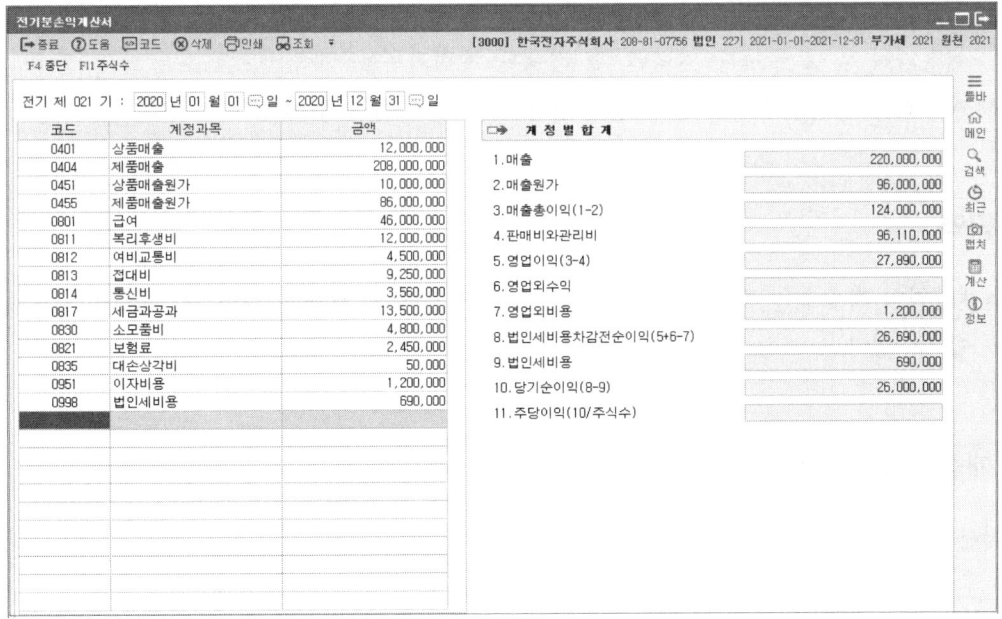

제 3 절
전기분 원가명세서

01 전기분 원가명세서 입력 방법

전기분 원가명세서는 전기의 원가의 계정별 잔액을 당기의 거래에 반영하기 위하여 입력한다. 회계기록의 연속성과 거래처별 계정 잔액을 관리하기 위해서 입력한다. 처음으로 프로그램을 사용하는 경우에만 입력하는 작업이다.

1. 계정과목

① 코드란에 커서가 있을 때 도구줄의 F2 키를 눌러 해당 계정과목을 선택한다.
② 계정과목 앞 2 글자를 입력한 후 검색된 계정과목을 선택한다.
③ 계정과목의 코드번호를 알고 있으면 계정번호를 직접 입력한다.

2. 금액

화폐단위의 자릿수는 자동적으로 입력되며, 숫자판의 + 키를 누르면 천(1,000) 단위로 입력을 할 수 있다.

3. 매출원가 및 경비선택

회사의 업종에 적합한 매출원가와 경비항목을 선택해야 한다. 편집 단추를 클릭한 후 사용여부란에서 해당되는 매출원가를 1.여로 변경하고 선택단추> 확인단추를 클릭한다.

사용여부	매출원가코드 및 계정과목		원가경비		화면
여	0455	제품매출원가	1	0500번대	제조
부	0452	도급공사매출원가	2	0600번대	도급
부	0457	보관매출원가	3	0650번대	보관
부	0453	분양공사매출원가	4	0700번대	분양
부	0458	운송매출원가	5	0750번대	운송

[참고사항]
1. 편집(tab)을 선택하면 사용여부를 1.여 또는 0.부로 변경하실 수 있습니다.
2. 사용여부를 1.여로 입력 되어야만 매출원가코드를 변경하실 수 있습니다.
   (편집(tab)을 클릭하신 후에 변경하세요)
3. 사용여부가 1.여인 매출원가코드가 중복 입력되어 있는 경우 본 화면에 입력하실 수 없습니다.

확인(Enter) 선택(Tab) 자동설정(F3) 취소(ESC)

4. 원재료비

원재료비를 입력하면 오른쪽에 원재료비를 입력할 화면이 나타난다.

5. 기초재공품

기초재공품 재고액에 마우스로 이동한 후 금액을 입력한다.

02 실습 사례

한국전자주식회사의 전기분 원가명세서를 입력하여 보자.

기초원재료재고액	1,000,000	당기원재료매입액	30,000,000	임금	30,500,000
복리후생비	5,600,000	가스수도료	1,650,000	전력비	3,200,000
세금과공과	1,680,000	감가상각비	4,230,000	수선비	2,956,000
보험료	1,320,000	차량유지비	2,200,000	소모품비	3,164,000
기초재공품재공액	2,000,000	당기제품제조원가	86,500,000		

제 4 절
전기분 잉여금처분계산서

01 전기분 잉여금처분계산서 입력 방법

전기분 잉여금처분계산서는 전기의 잉여금의 계정별 잔액을 당기의 거래에 반영하기 위하여 입력한다. 회계기록의 연속성과 거래처별 계정 잔액을 관리하기 위해서 입력한다. 처음으로 프로그램을 사용하는 경우에만 입력하는 작업이다.

1. 계정과목

① 코드란에 커서가 있을 때 도구줄의 F2 키를 눌러 해당 계정과목을 선택한다.
② 계정과목 앞 2 글자를 입력한 후 검색된 계정과목을 선택한다.
③ 계정과목의 코드번호를 알고 있으면 계정번호를 직접 입력한다.

2. 금액

화폐단위의 자릿수는 자동적으로 입력되며, 숫자판의 + 키를 누르면 천(1,000) 단위로 입력을 할 수 있다.

3. 당기순이익

전기분 잉여금처분계산서의 미처분이익잉여금 6. 당기순이익은 전기분 손익계산서의 당기순이익이 자동적으로 반영된다.

4. 이월결손금

이월결손금은 마이너스(−)로 입력한다.

02 실습 사례

한국전자주식회사의 전기분 잉여금 처분계산서를 입력하여 보자.

| 이익준비금 | 1,000,000 | 현금배당 | 2,000,000 | 사업확장적립금 | 3,000,000 |

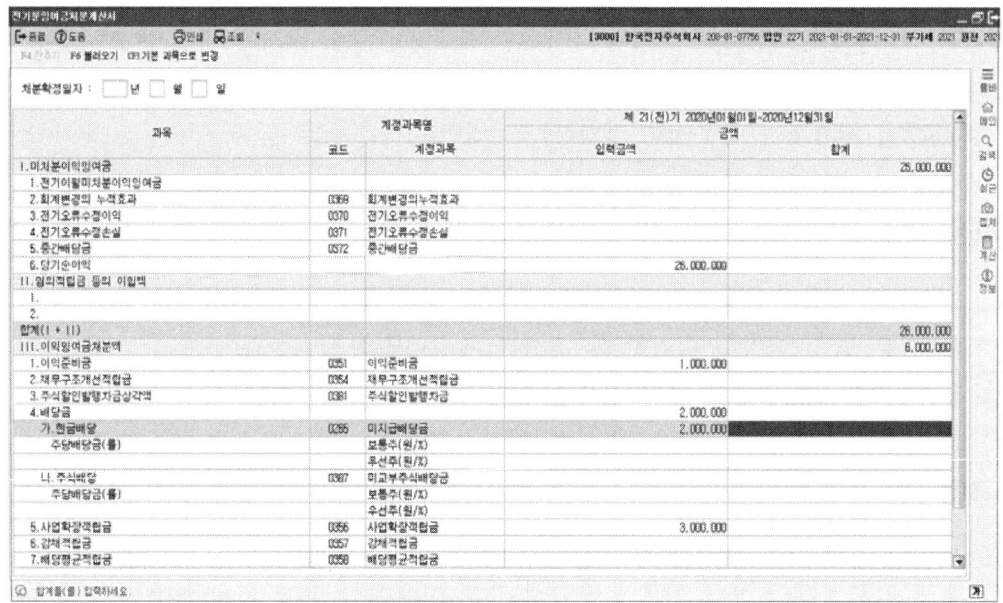

제 5 절
거래처별 초기이월

01 거래처별 초기이월 입력 방법

거래처별 초기이월은 재무상태표의 계정과목에 대하여 거래처별로 채권, 채무를 관리하는 것이다.

1. 불러오기

거래처별 초기이월메뉴에서 F4(불러오기) 기능키를 클릭하면 전년도 재무상태표를 불러올 수 있다.

2. 계정과목에 해당하는 거래처 선택

계정과목별로 거래처 관리를 하는 과목에 커서를 위치하고 F2 키를 클릭하여 거래처를 선택하여 입력한다.

3. 받을어음

어음번호부터 어음금액, 잔액, 발행일자, 만기일자, 어음종류, 수취구분(1. 자수, 2. 타수), 발행인, 배서인, 지급은행과 지점을 입력한다.

4. 지급어음

지급어음을 입력하기전에 전기제무제표 > 거래처별 초기이월> F8(어음책)클릭하여 어음을 등록한다. 어음책을 등록한 후 어음에 관한 내용을 입력한다.

전산회계와 전산세무회계

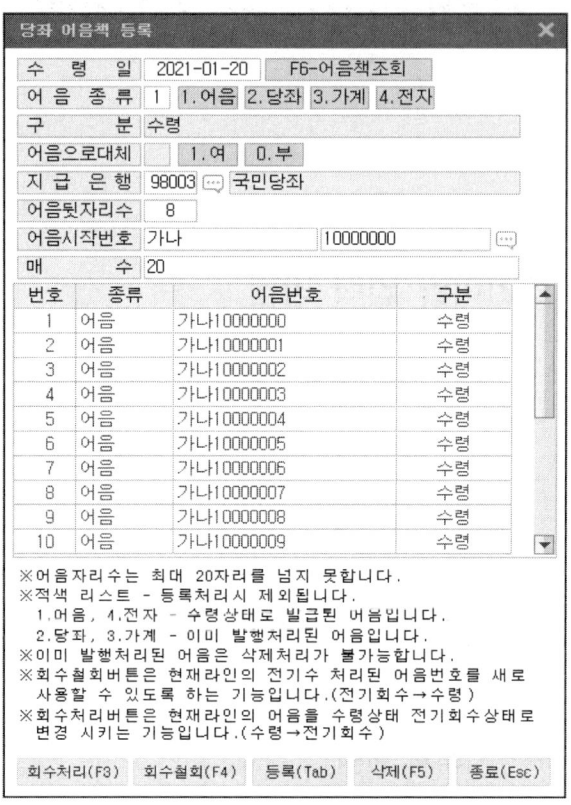

02 실습 사례

당좌예금	1,000,000	국민당좌	1,000,000
보통예금	20,000,000	국민보통	15,000,000
		우리보통	5,000,000
외상매출금	5,000,000	일일전자	4,000,000
		사사대리점	1,000,000
받을어음	7,000,000	일일전자	4,000,000
		사사대리점	3,000,000
외상매입금	13,000,000	칠칠HARD	10,000,000
		팔팔컴퓨터	2,000,000
		구구컨설팅	1,000,000

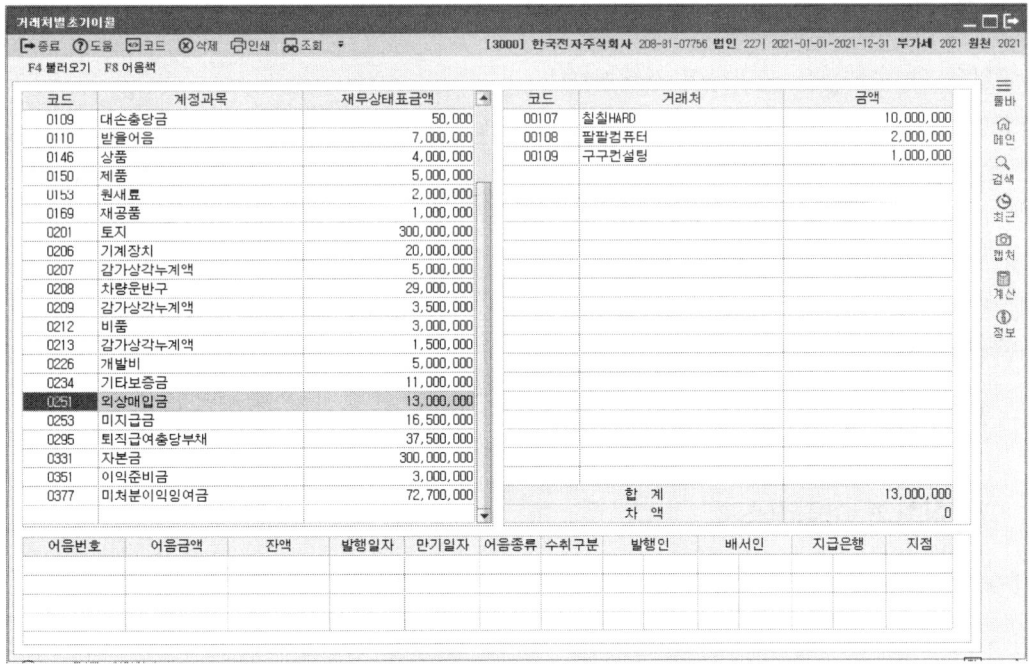

제 6 절
마감 후 이월

01 마감 후 이월 입력 방법

마감 후 이월은 당해연도의 여러 가지 장부를 마감하고 차기이월하는 작업 메뉴로 당기의 결산을 모두 끝낸 후 수행한다.

1. 마감 및 이월기간

마감일자와 이월일자가 자동적으로 입력되어 있다.

2. 이월목록

이월을 할 목록들을 클릭하여 선택한다.

3. 이월참고사항

이월할 때 참고사항을 볼 수 있다.

4. 이월작업내역

이월 작업을 한 내용을 보여준다.

5. 마감실행과 마감취소

F6(마감실행)은 마감을 실행하고, F11(마감취소)는 마감을 취소한다.

제3장 전기분 재무제표

02 실습 사례

한국전자주식회사의 마감을 실행하고 취소하여 보자.

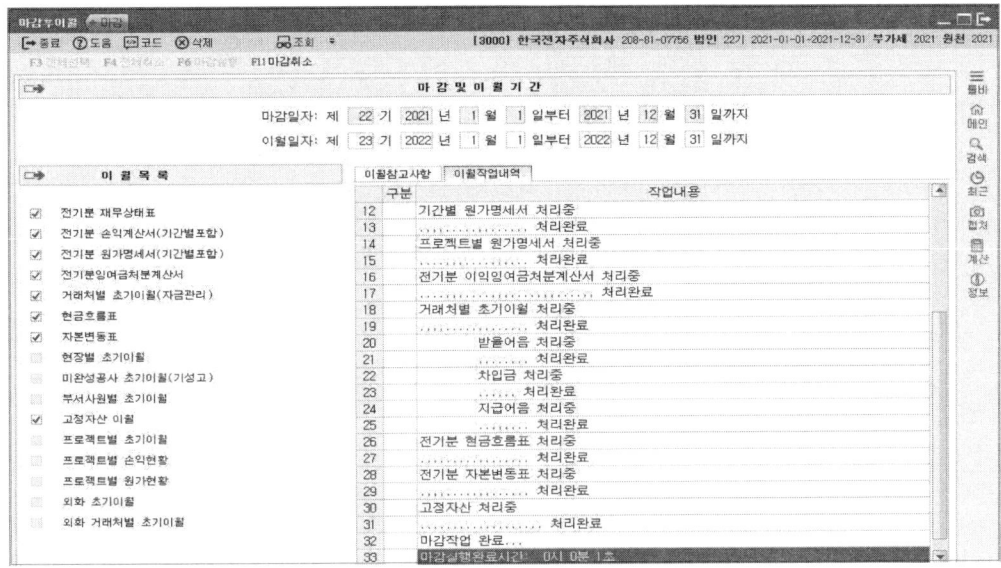

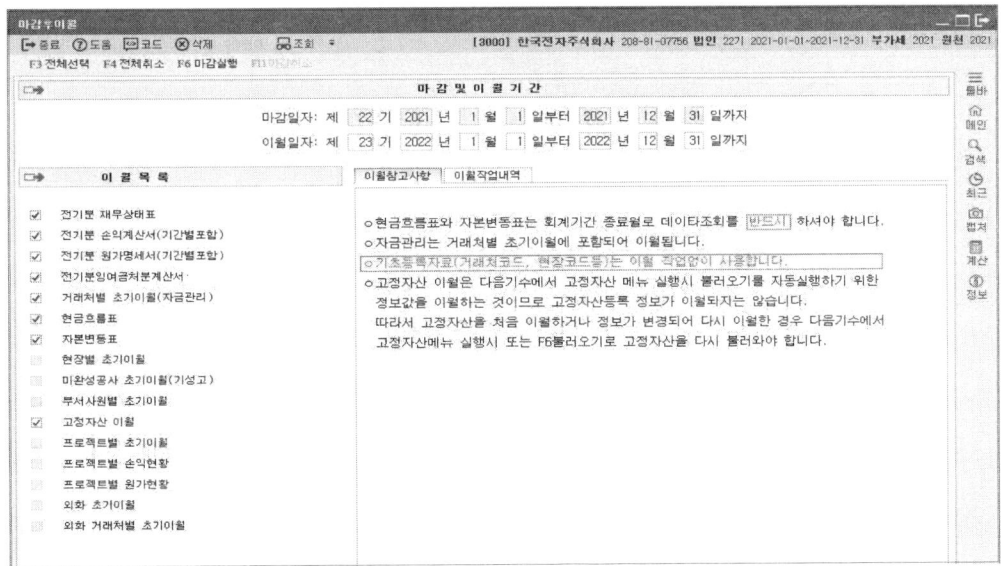

제 4 장
일반전표 입력

제 1 절
일반전표 입력

회계의 거래를 입력하는 것은 본 프로그램에서는 증빙서류와 금액 및 부가가치세를 기준으로 구분한다. 부가가치세와 관련이 없는 거래는 일반전표 입력 메뉴에서, 부가가치세와 관련이 있는 거래는 매입매출전표 입력 메뉴에서 입력한다.

01 일반전표 입력 방법

1. 일자

월을 클릭하고 일자는 직접 입력하던지 달력에서 일자를 선택하여 입력한다.

2. 전표번호

전표번호는 자동적으로 부여된다. 입력된 하나의 대체전표인 결구 차·대변 전표번호가 일치하지 않는 경우에는 SF2(번호수정) 버튼을 클릭하여 수정한 후 다시한번 SF2(번호수정) 버튼을 클릭해야 한다.(SF2는 Shift + F2 키이다.)

3. 구분

구분은 거래형태에 따른 전표의 종류를 구분하여 다음과 같이 숫자를 선택하여 입력한다. 출금전표는 현금이 지출되는 거래만 기입하고, 입금전표는 현금이 수입되는 거래만 입력한다. 일부 현금이 있거나 현금과 관련 없는 거래는 대체전표로 입력한다.

전표 종류	차변(출금)	대변(입금)
현금전표	1. 출금전표	2. 입금전표
대체전표	3. 대체전표 차변	4. 대체전표 대변
결산전표	5. 결산전표 차변	6. 결산전표 대변

제4장 일반전표 입력

4. 계정과목

계정과목 및 코드입력 방법은 계정코드 입력 방법 3가지 중 하나를 선택하여 입력한다.
① 코드란에 커서가 있을 때 도구줄의 F2 키를 눌러 해당 계정과목을 선택한다.
② 계정과목 앞 2 글자를 입력한 후 검색된 계정과목을 선택한다.
③ 계정과목의 코드번호를 알고 있으면 계정번호를 직접 입력한다.

5. 거래처

거래처 및 코드를 입력하는 방법은 다음과 3가지 중 한가지를 선택하여 입력한다.
① 코드란에 커서가 있을 때 도구줄의 F2 키를 눌러 해당 거래처를 선택한다.
② 거래처 앞 2 글자를 입력한 후 검색된 거래처를 선택한다.
③ 거래처의 코드번호를 알고 있으면 거래처 코드번호를 직접 입력한다.

일반전표 입력 메뉴에서 다음과 같은 순서로 신규 거래처 등록할 수 있다.
㉠ 거래처 코드란에 커서가 있을 때 + 키를 누르면 코드란에 00000 이 자동표시되고 커서는 거래처명란에 위치한다.
㉡ 등록하고자 하는 거래처명을 입력하고 Enter↵키를 누른다.
㉢ 신규 거래처 등록여부를 묻는 메시지 박스가 나타나면 변경하고자 하는 거래처 코드를 입력한 후 Enter↵키를 누르고 거래처의 내용을 입력한다.

전산회계와 전산세무회계

6. 금액

입금전표의 경우 차변란에는 현금으로 자동표시되고, 출금전표인 경우 대변란이 현금으로 자동표시되므로 금액란에는 입금전표는 대변금액을, 출금전표는 차변금액만 입력을 한다; 대체전표인 경우 차변의 경우 금액란에 차변금액을 입력하면 대변의 계정과목을 입력하면 대변금액은 자동으로 나타난다.

7. 적요

적요란은 발생한 거래의 내용을 요약하여 입력한다.

① 적요 0

프로그램에 있지 않는 임의의 적요를 직접 입력하고자 할 때 선택한다. 한글 20자이내, 영문 40자 이내에 입력한다.

② 적요 1-8

화면 하단에 보여지는 내장 적요로 해당번호를 선택하여 입력한다. 등록되어 있지 않지만 자주 발생하는 적요는 신규등록하여 수정할 수 있다. 도구줄의 F8(적요수정)을 클릭하거나 F4 키를 누르면 하단적요란에 커서가 이동하니 이미 등록된 적요를 수정하거나 비어 있는 적요란에 신규 등록을 한다.

8. 전표의 수정과 삭제

① 전표의 수정

해당되는 란에 커서를 이동하여 덧씌워 입력하면 수정이 된다.

② 전표의 삭제

삭제하고자 하는 전표로 커서를 이동하여 도구줄의 삭제 도구를 클릭하거나 F5키를 누르면 삭제여부를 묻는 메시지 박스에서 '예' 단추를 누르면 된다.

제 2절
일반전표 입력 사례

01 실습 사례 1

1) 1월 3일 : 시장성 있는 주식을 단기매매차익을 목적으로 ㈜ 삼성전자 주식 250주를 1주당 5,000원에 취득하면서 거래수수료 15,000원을 포함하여 현금으로 결제하였다. 당사는 동 주식에 대하여 단기매매증권으로 분류하였다. (출금전표, 번호수정)

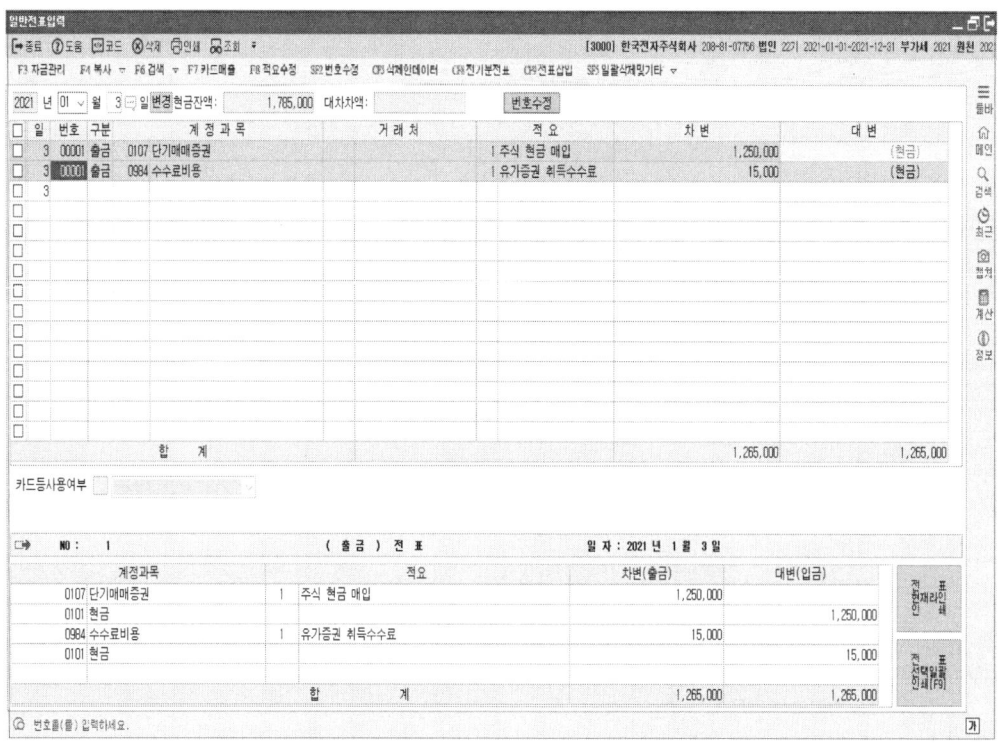

2) 1월 5일 : 제품을 교환할 수 있는 상품권(1장당 10,000원) 300장을 시중에 판매하고 현금으로 받았다. 본거래에 대해서만 거래처 입력은 생략한다. (입금전표)

3) 1월 7일 : 영업부 사원이 당일 해외출장을 가면서 ㈜대한항공으로부터 항공권을 800,000원에 구매하고 인터넷뱅킹을 통하여 보통예금에서 계좌 이체하였다. (대체전표)

4) 1월 10일 : 우리은행에서 보통예금에 대한 이자가 200,000원 발생하여 이자소득에 대한 원천징수세액 28,000원을 차감한 잔액이 보통예금계좌로 입금되었다. 다만 이자소득에 대한 원천징수세액은 자산계정으로 회계처리한다.

5) 1월 15일 : 팔팔컴퓨터에 대한 외상매입금 1,000,000원을 거래처 일일전자가 발행한 받을어음으로 배서양도하여 결제하다.

6) 1월 20일 : 구입한 상품인 노트북 1대를 서울시에 기부하였다. 노트북의 구입원가는 1,000,000원이고, 시가는 1,200,000원이다. (적요 8)

7) 1월 25일 : 영업관리직 사원에 대한 퇴직연금상품(확정급여형)에 가입하고 4,500,000원을 보통예금 계좌에서 이체하다.

8) 1월 30일 매출처 직원과 식사를 하고 식대 120,000원을 법인카드(국민카드)로 결제하였다.

9) 2월 1일 : 칠칠HARD에 원재료를 구입하기로 하고 계약금 5,000,000원을 어음(만기일 2021년 6월 30일)으로 발행하여 지급하였다.

10) 2월 5일 : 공장 생산직 사원의 퇴직금 3,000,000에 대하여 원천징수 (퇴직소득세 100,000원, 주민세 10,000원) 후 차액을 보통예금으로 지급하였다.

11) 2월 10일 : 상품으로 구입한 노트북(원가 1,000,000원, 시가 1,200,000원)을 공장 종업원의 업무에 사용하였다.

전산회계와 전산세무회계

12) 2월 15일 : 사채 1,000,000원을 발행하면서 발행금액 1,200,000원은 보통예금 통장으로 입금되다. 사채 발행 관련 수수료 300,000원이 현금으로 지급되다.

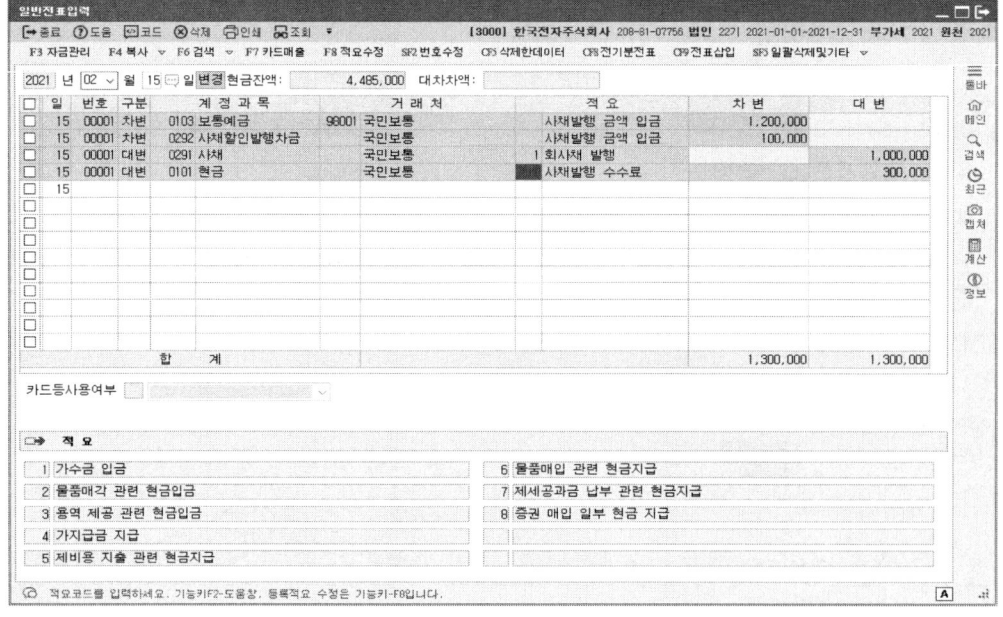

13) 2월 20일 : 한국 무역 협회 일반 회비로 200,000원을 현금으로 지불하였다.

14) 2월 25일 : 전년도 경영활동에 대한 이익잉여금 처분을 위해 주주총회를 개최하여 전기에 계상한 이익잉여금처분안대로 확정되어 처분하였다. (전기분 이익잉여금 처분계산서 조회 : 이익준비금 1,000,000원, 현금배당 2,000,000원 사업확장적립금 3,000,000원)

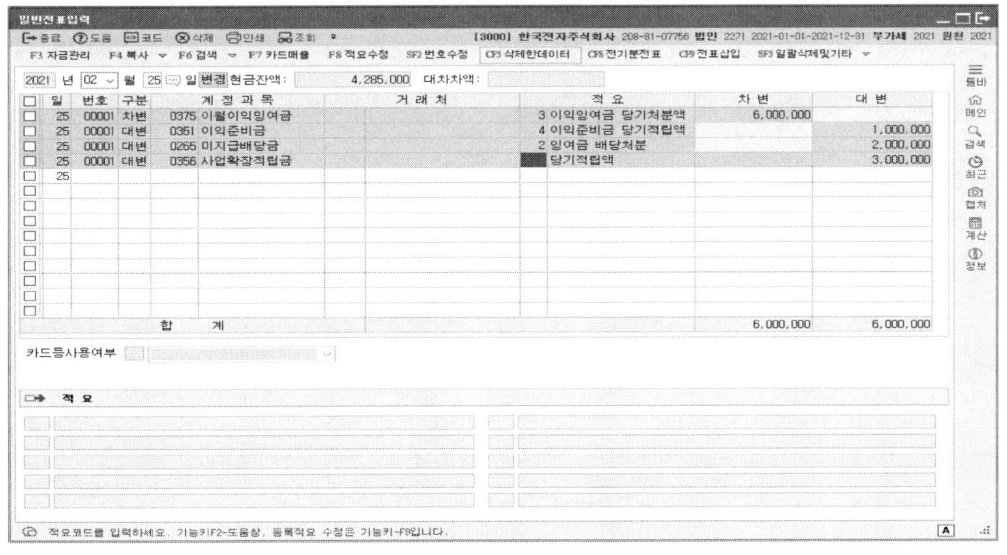

15) 2월 28일 : 주주총회의 결의안대로 현금 배당액 1,000,000원을 국민은행의 보통예금 계좌에서 이체하여 지급하였다.

16) 3월 3일 : 자금 부족으로 보유하고 있는 어음(일일전자 발행분) 4,000,000원을 국민은행에서 할인하고 수수료 200,000원을 제외한 나머지는 국민은행 당좌예금 계좌에 입금하였다.

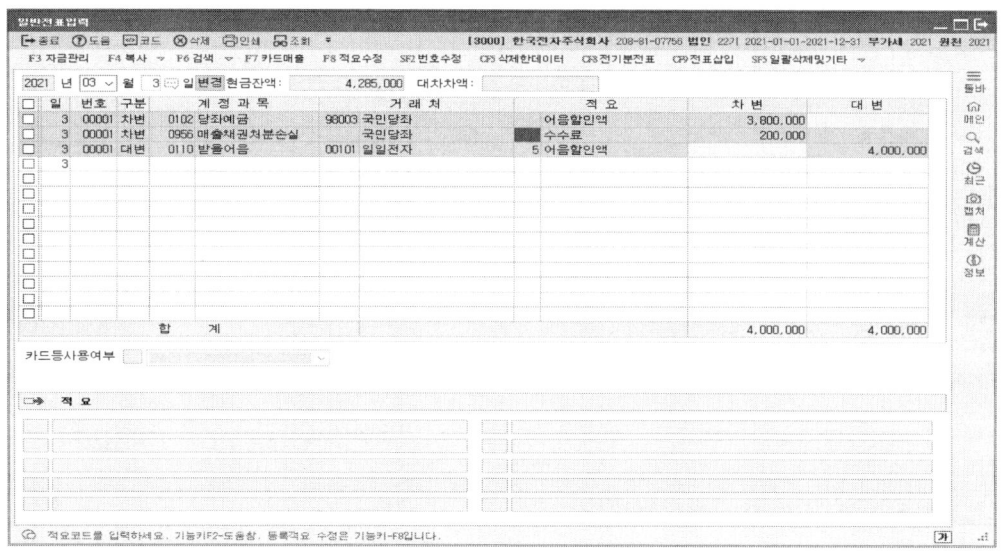

17) 3월 8일 : 이사회의 결의로 신주 100,000주(액면가액 @500원)를 1주당 510원에 발행하고, 전액 보통예금 계좌로 납입받았으며, 신주 발행비용 1,500,000원은 현금으로 지급하였다.

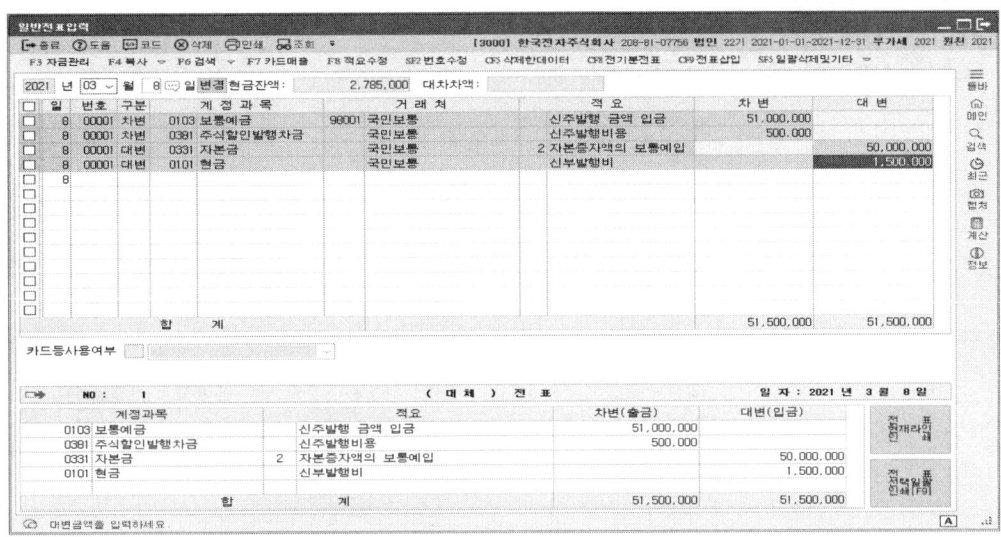

18) 3월 13일 : 단기간 매매차익을 목적으로 구입하였던 ㈜삼성전자의 주식 100주(장부가액 500,000)를 한국증권거래소에서 1주당 4,800원에 처분하고 수수료 20,000원을 차감한 잔액을 보통예금 계좌로 이체받았다.

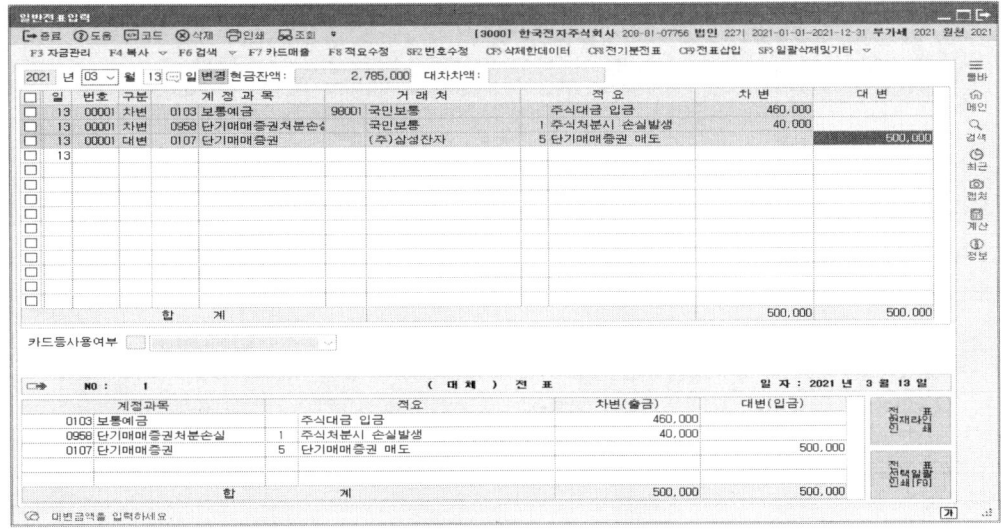

19) 3월 16일 : 일일전자에 제품 40,000,000원을 판매하기로 약정하고 계약금 20,000,000원을 동점발행 당좌수표로 수령하였다.

20) 3월 19일 : 영업부 직원 핸드폰 요금 200,000원, 생산부 직원 핸드폰 요금 300,000원을 우리은행의 보통예금 계좌에서 이체하여 지급하였다.

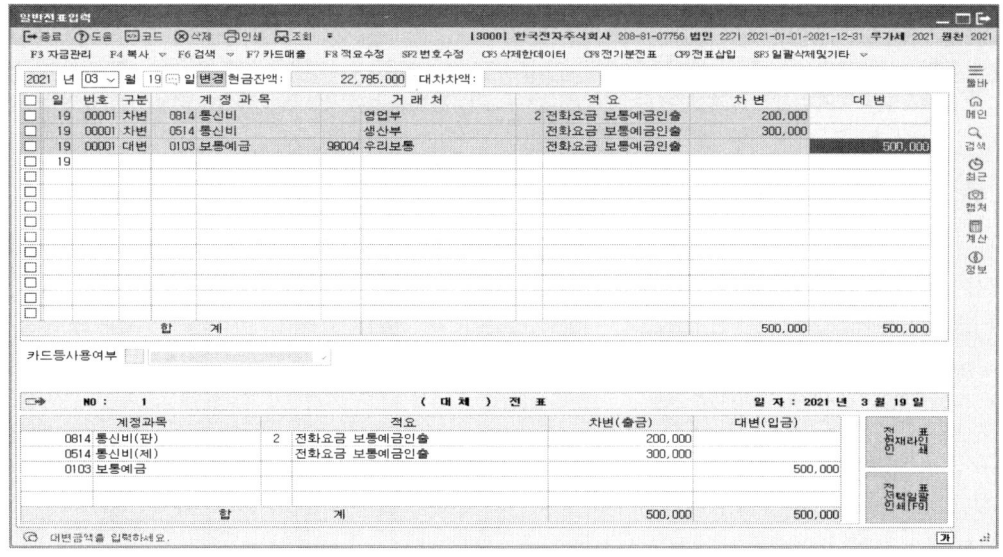

21) 3월 22일 : 한국화재보험회사에 영업부 자동차 480,000원, 공장 화물차 보험료 800,000원을 국민카드(법인카드)로 결재하였다.

22) 3월 30일 : 제조설비를 취득하는 조건으로 상환의무가 없는 국고보조금 30,000,000원을 보통예금으로 수령하였다. (국고보조금은 보통예금의 차감계정)

23) 4월 2일 : 수재의연금 명목으로 보통예금 계좌에서 10,000,000원을 모금단체인 KBS의 계좌로 이체하였다.

24) 4월 20일 : 직원들의 급여를 다음 급여명세서대로 국민은행 보통예금 통장에서 이체하였다.

사원명	부서	기본급	소득세	건강보험료	국민연금	공제액합계	차감지급액
이대구	영업부	2,800,000	250,000	80,000	120,000	450,000	2,350,000
김부산	자재부	2,500,000	200,000	70,000	100,000	370,000	2,130,000
하서울	생산부	1,700,000	150,000	50,000	80,000	280,000	1,420,000
합계		7,000,000	600,000	200,000	300,000	1,100,000	5,900,000

25) 5월 10일 : 4월분 급여분에 대한 예수금과 회사부담의 건강보험료 200,000원, 국민연금 300,000원을 국민은행 보통예금 계좌에서 이체하였다.

26) 5월 31일 : 공장 건물에 대한 재산세 2,300,000원을 현금으로 지급하였다.

27) 6월 14일 : 5일전 거래했던 매출처인 일일전자의 제품 매출액에 대한 외상매출금 2,000,000원(2/10, n/15의 매출할인 조건부 거래, 단 부가가치세는 고려하지 않는다.)을 보통예금으로 송금받았다.

28) 6월 20일 : 기업은행에 공장건물 신축에 직접 사용된 대출금에 대한 이자 2,000,000원이 보통예금 계좌에서 이체되었다.

02 실습 사례 2

29) 7월 3일 : 지정주유소인 대구주유소에서 화물차가 300,000원을 주유하고 대금은 일괄 결제하기로 되어 있다.

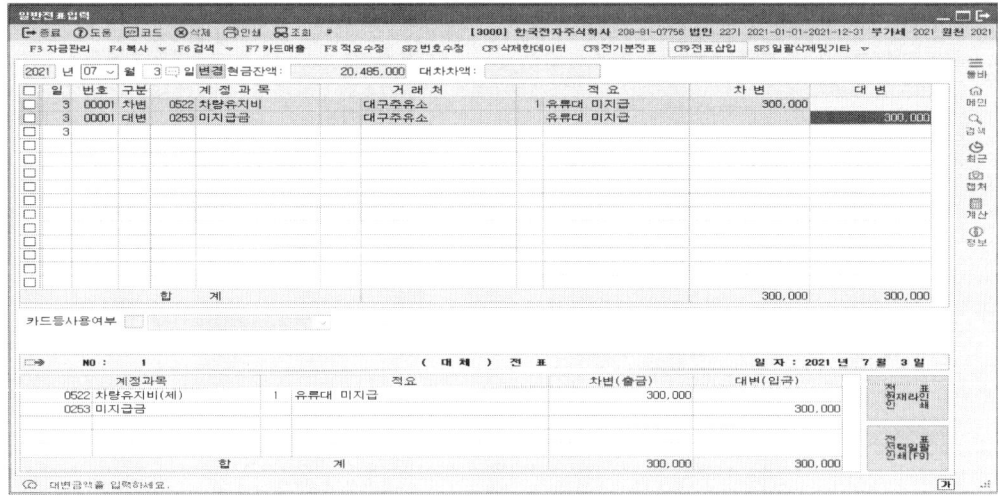

30) 7월 10일 : 칠칠HARD에 지급하여야 할 외상매입금 10,000,000원 중에서 50%는 당좌예금계좌에서 송금하였고, 나머지 50%는 채무를 면제받았다.

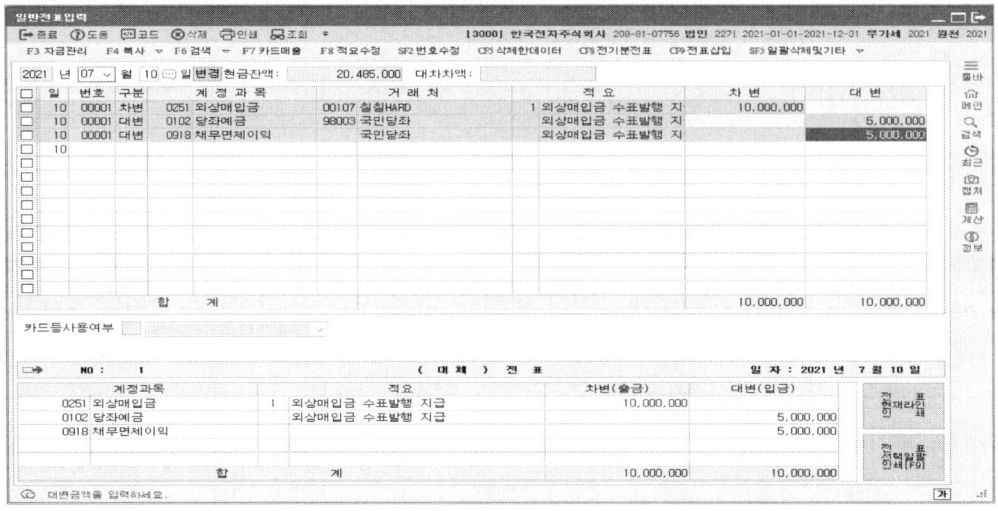

31) 7월 18일 : 국민은행으로부터 보통예금에 대한 이자 300,000원이 발생하였으며, 이자소득세 등 42,000원을 차감한 잔액이 당사 보통예금 통장에 입금되었다.

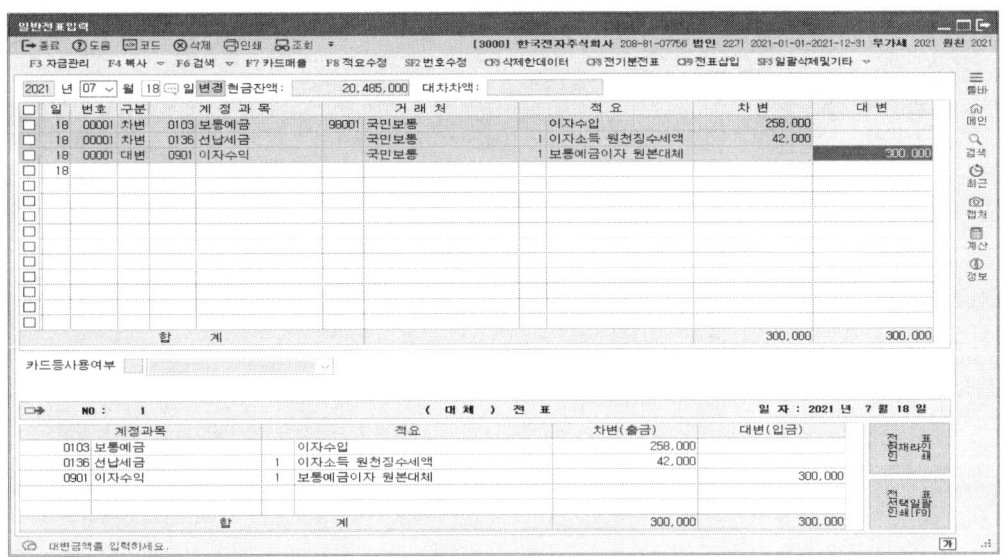

32) 7월 25일 : ㈜ 한국 부동산으로부터 투자목적으로 사용할 토지 20,000,000원에 구입하고 보통예금 계좌에서 이체하고 취득세와 등록세 1,000,000원 현금납부하였다.

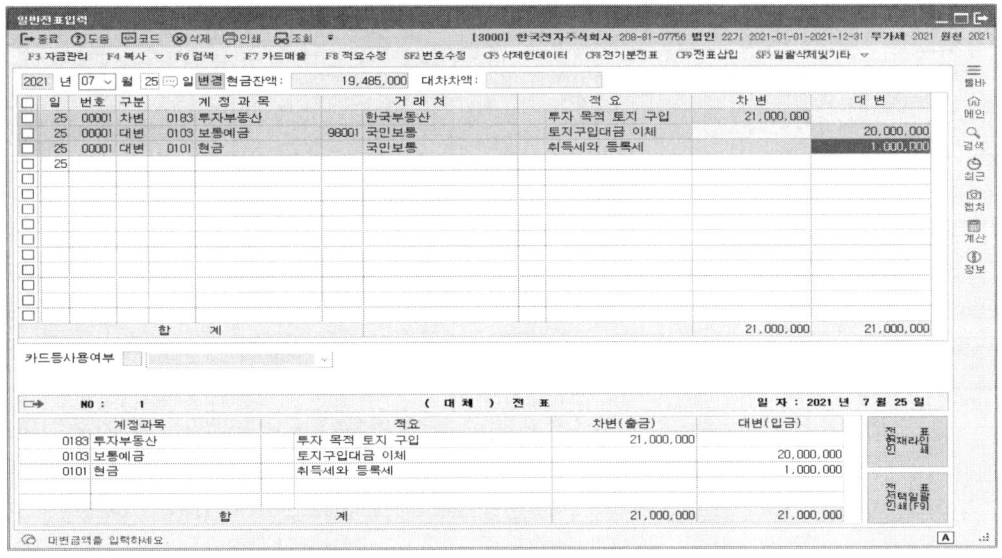

33) 7월 30일 : 생산직 직원을 위한 워크숍에 초청된 강서울 강사의 강사료 800,000원 중 소득세 등 35,200원을 차감한 잔액을 현금으로 지급하였다.

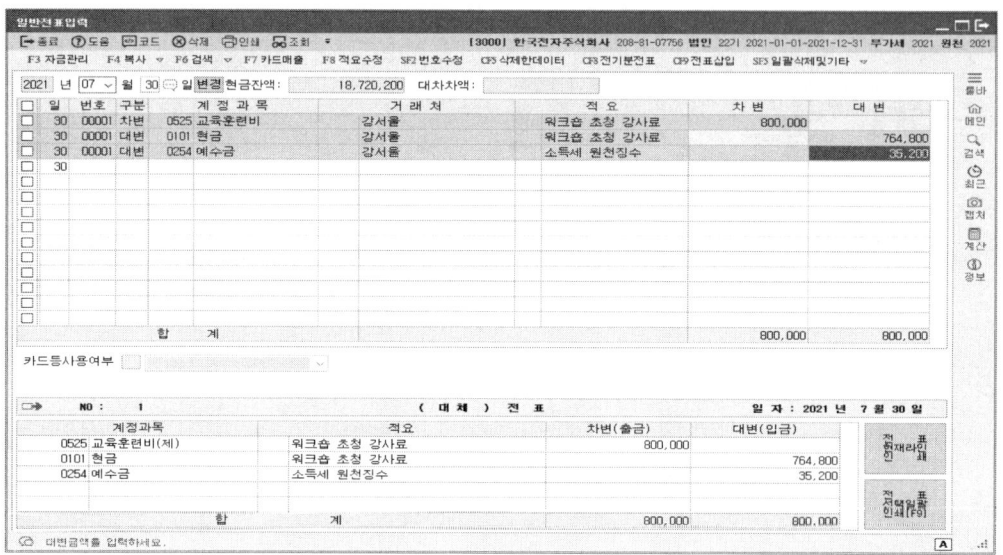

34) 8월 1일 : 보유 중인 삼성전자의 유가증권에 대해 1,500,000원의 중간배당이 결정되어 보통예금에 입금되었다. 단, 원천세는 고려하지 않는다.

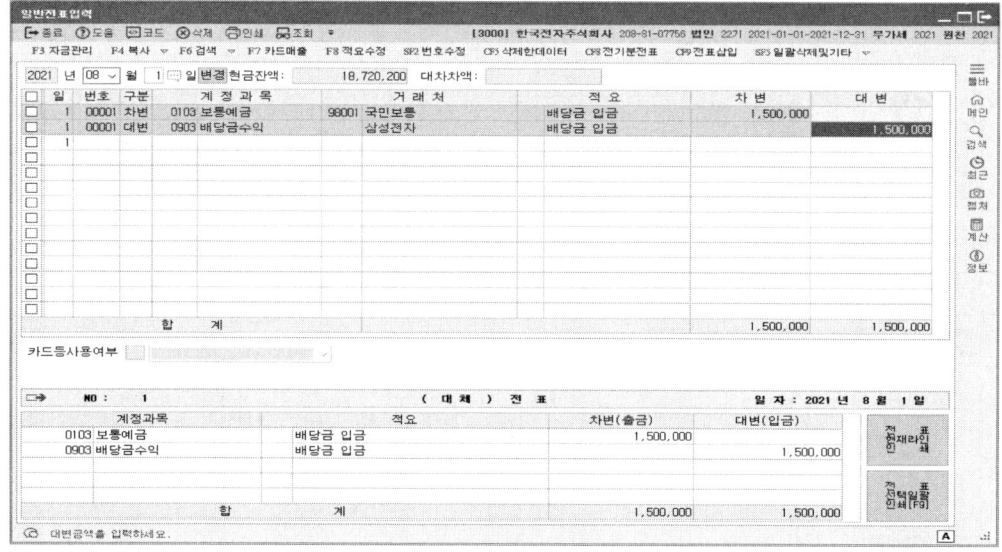

35) 8월 13일 : 매출거래처 일일전자이 대표이사 모친이 사망하여 200,000원에 화환을 현금으로 구입하여 전달하였다.

36) 8월 20일 : 생산라인에 필요한 외국기술서적의 번역을 의뢰하고 번역료 2,000,000원 중 원천징수세액 66,000원을 차감한 나머지는 보통예금 통장에서 이체하였다.

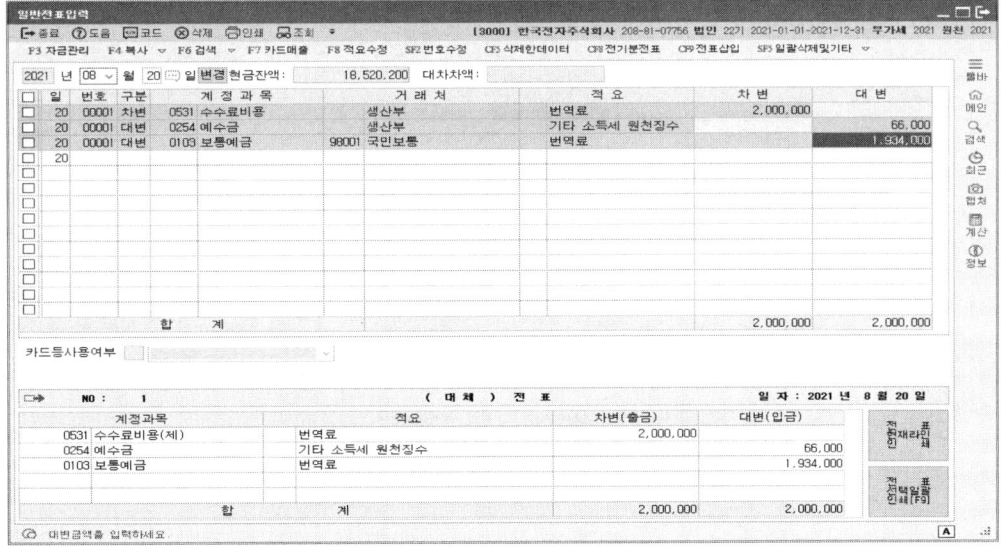

37) 8월 31일 : 공장 벽면의 도색 작업을 하고 비용 1,000,000원을 ㈜ 금강에 500,000원은 현금으로 지급하고 나머지는 외상으로 하였다. 증빙서류는 영수증을 수취하였다.

38) 9월 1일 : 당좌개설보증금으로 1,700,000을 현금으로 예치하여 우리은행 당좌거래를 개설하였다.

39) 9월 5일 : KBC 방송국에 납품 입찰을 위해 보증보험료 900,000원을 현금으로 지급하였다.

40) 9월 16일 : 대표이사 한국민으로부터 시가 400,000,000의 건물을 증여받았다. 소유권 이전으로 취득세 및 등록세 2,000,000원은 현금지출하였다.

41) 9월 20일 : 일일전자의 외상매출금 2,000,000원을 현금으로 수취하였다.

42) 9월 25일 : 유상증자를 위해 신주 1,000주(액면 @5,000)을 1주당 6,000원에 발행하고 대금은 전액 당좌예금하였으며, 주식발행과 관련된 법무사 수수료 100,000원은 현금으로 지급하였다.

43) 9월 30일 : 퇴직연금 자산에 대한 이자 300,000이 입금되었다.

44) 10월 5일 : 수입한 원재료에 대해 통관서류 작성 대행 수수료 10,000원과 창고까지 운반한 비용 20,000원을 보통예금에서 지급되었다.

45) 10월 16일 : 취득원가 20,000,000원 업무용 차량이 화재가 발생하여 완전히 소실되었다. (본 차량운반구 감가상각누계액은 2,000,000원, 손해보험에 가입되어 있지 않았다.)

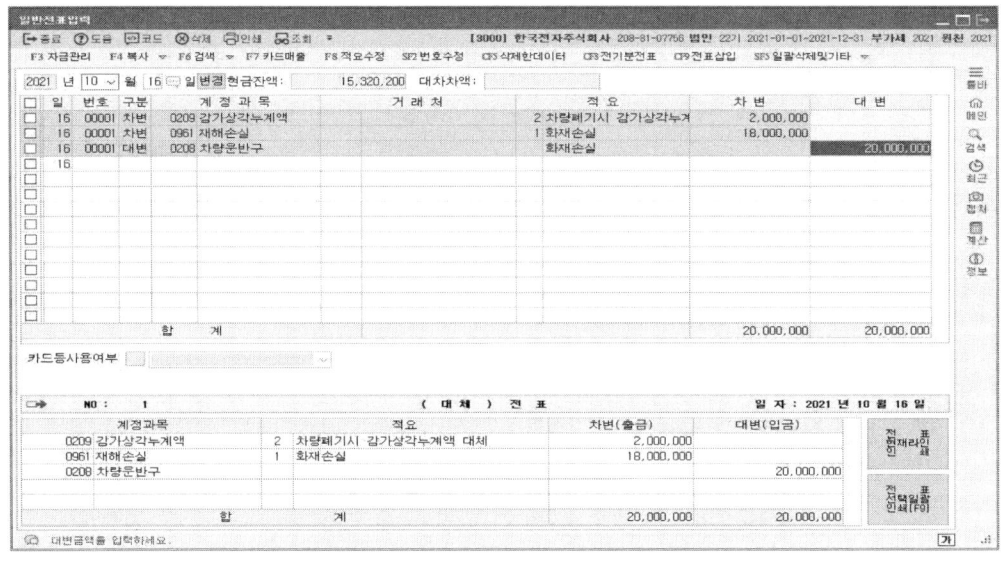

46) 11월 1일 : 생산부 직원용 기숙사 제공을 위해 원룸과 임대차 계약을 맺고 보증금을 10,000,000원을 당좌예금으로 지급하였다.

47) 11월 12일 : 영업부서의 난방용 유류대 350,000원과 공장 작업실의 난방용 유류대 740,000원을 보통예금 이체로 결제하였다.

48) 11월 20일 : 무상증자를 위하여 기타자본잉여금 20,000,000원을 자본금으로 전입하고 무상주 4,000주(액면가액 5,000원)를 발행하였다.

49) 11월 25일 : 거래처가 부도로 인하여 외상판매대금 1,000,000원을 대손처리하기로 하였다.(단, 부가가치세는 고려하지 않고 대손충당금 10,000원이 설정되어 있다.)

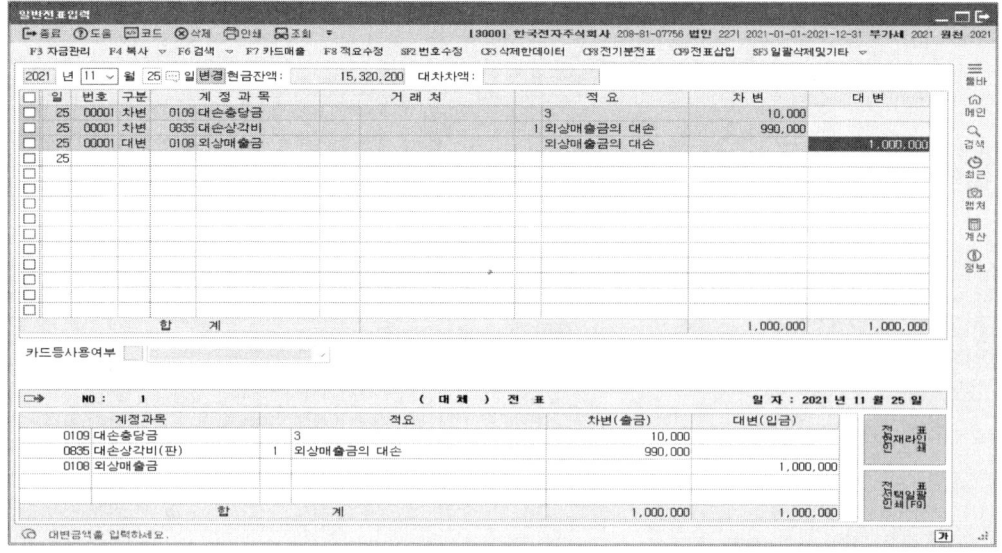

50) 11월 30일 : 사무직원이 퇴사하여 퇴직급여 10,000,000원 중 소득세와 주민세 400,000원을 차감한 잔액을 보통예금 통장에서 지급하였다. (이 사원에 대한 퇴직급여 충당부채 잔액은 1,000,000원 있었고, 퇴직연금이나 퇴직보험에 가입한 내역은 없다.)

51) 12월 1일 : 생산부 사원이 야근을 하고 식대 20,000원을 청구하여 현금지급하였다.

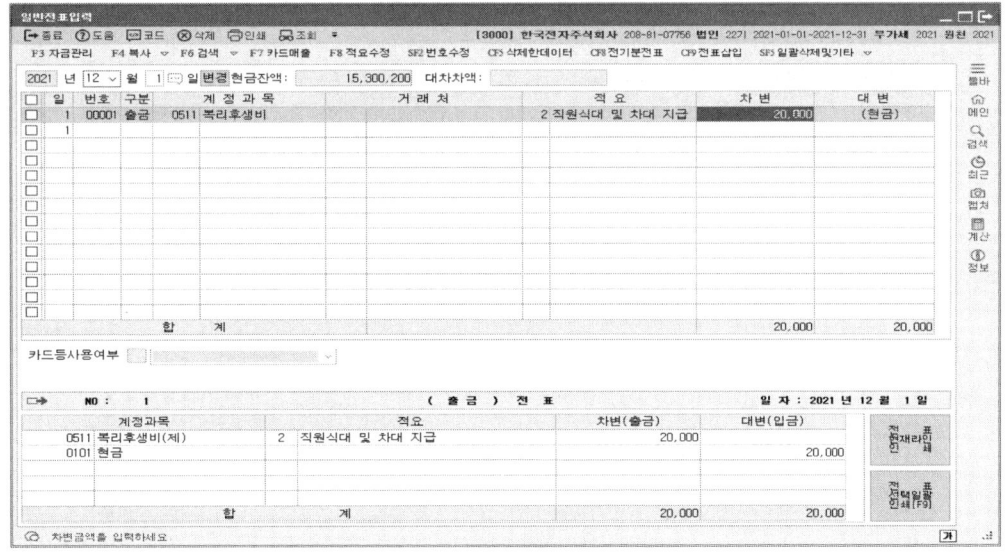

전산회계와 전산세무회계

53) 12월 3일 : 서울상사에게 투자부동산 전부(21,000,000원)를 25,000,000에 매각하면서 대금은 약속어음(만기 1년 이내)을 받았다.

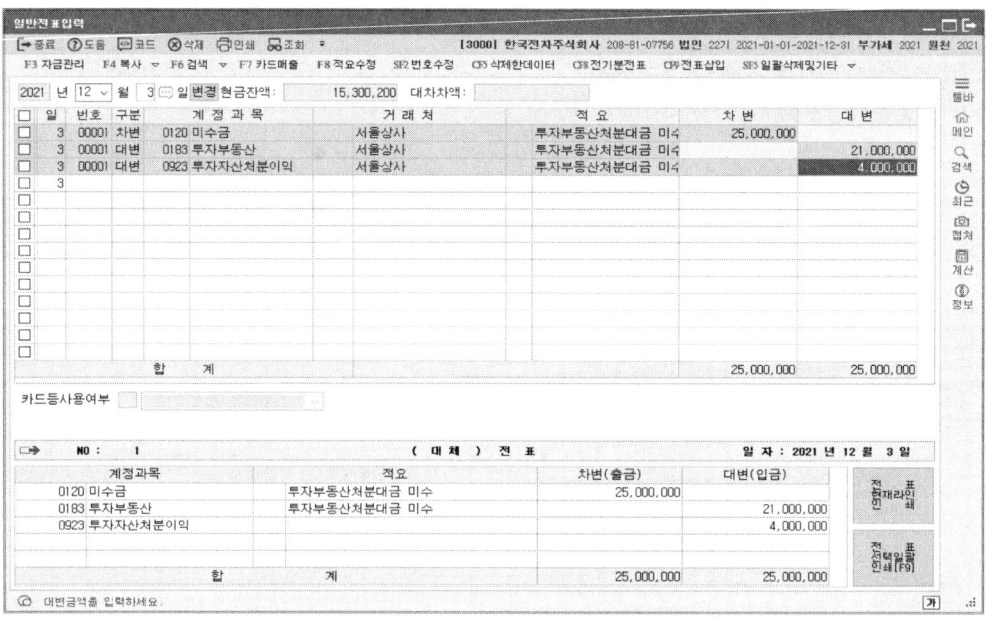

54) 12월 5일 : 대표이사의 주소가 변경됨으로 법인등기부등본을 변경등기하고 등록세 120,000원과 등록관련 수수료 100,000을 현금으로 지급하였다.

55) 12월 14일 : 보유중인 사업용 토지 일부분을 ㈜한국상사에 40,000,000원(장부가액 23,000,000원)에 매각하고 대금은 보통예금 통장에 입금받았다.

56) 12월 16일: 매입처 팔팔컴퓨터로부터 외상으로 매입한 상품 중 품질불량으로 인해 에누리 받은 금액이 500,000이다. 단, 부가가치세는 고려하지 않는다.

57) 12월 20일 : 본사 건물에 대해 전년도에 납부한 전기료 중 과오납부한 금액200,000원이 보통예금으로 입금되어 오류를 수정하였다. 단, 중대한 오류는 아니다.

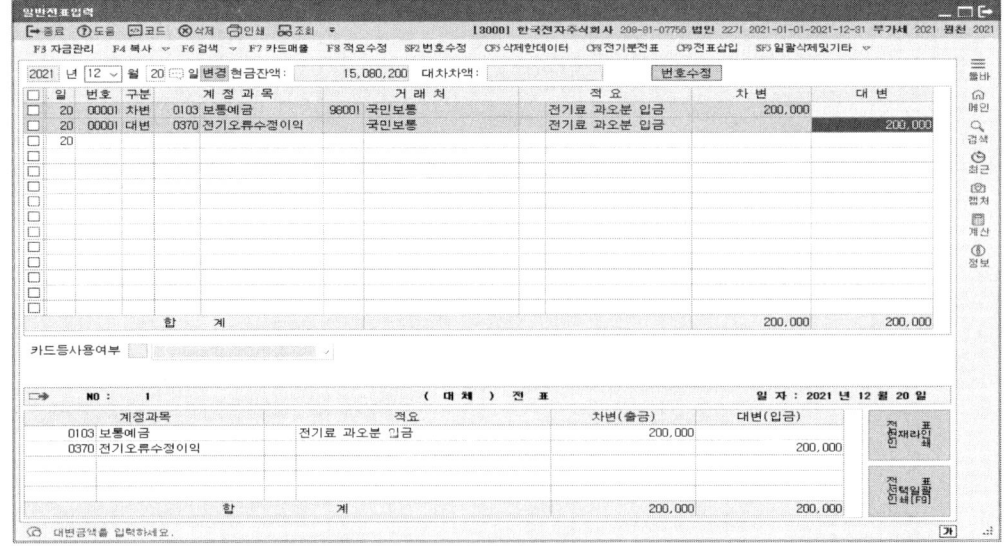

58) 12월 23일 : 일일전자로부터 받은 배서어음(서울전자) 3,000,000원이 부도처리 되었다고 국민은행으로부터 통보받았다.

59) 12월 26일 : 보통예금 통장에서 5,000,000원을 당좌예금 통장으로 대체입금하였다.

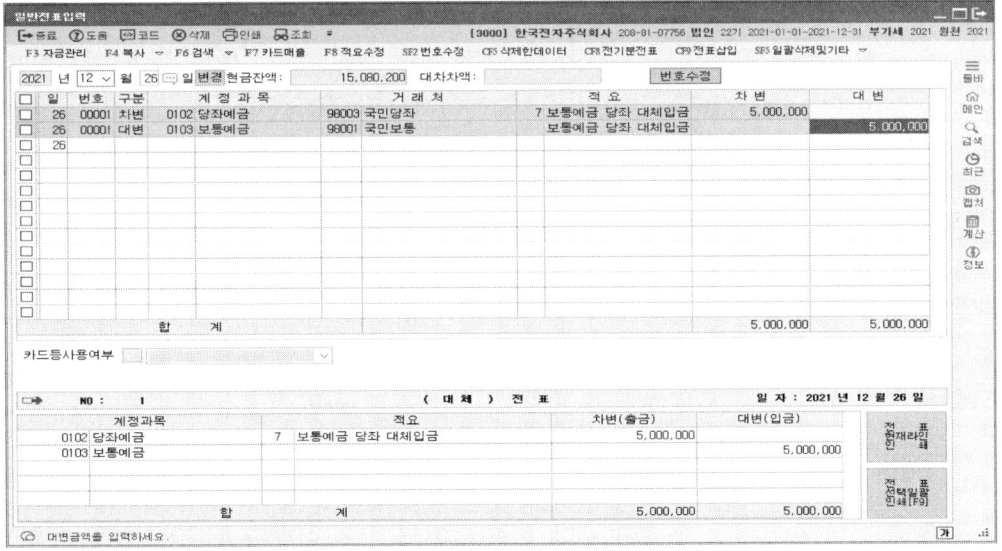

전산회계와 전산세무회계

60) 12월 30일 : 대구포장에서 제품 포장을 하고 800,000원을 현금 지급하였다.

제 5 장

매입매출전표 입력1

제1절
매입전표 입력

매입매출전표 입력방법은 부가가치세가 발생한 거래자료의 입력은 화면 상단의 [전체입력] [전자입력] [11. 매출과세] [17. 매출카과] [13. 매출면세] [51. 매입과세] [57. 매입카과] [53. 매입면세] [가산세] [의제류매입] [종이세금] 탭 중에서 선택하여 입력할 수 있다.

01 매입전표 입력 방법

매입전표 입력방법은 [전체입력] [전자입력] [51. 매입과세] [57. 매입카과] [53. 매입면세] [가산세] [의제류매입] [종이세금] 탭 중에서 선택하여 입력할 수 있다.

1. 유형

① 51. 과세 : 과세매입
일반적인 세금계산서가 발행되는 매입거래로 재고자산 매입, 고정자산 매입, 제조경비 및 판매비와 관리비등을 입력한다.

② 52. 영세 : 영세율
영세율 세금계산서를 교부받은 매입거래로 영세율 적용대상 거래 중 세금계산서 발행 의무가 면제되지 않는 매입거래(내국신용장(Local L/C), 구매확인서에 의하여 공급받는 재화)를 입력한다.

③ 53. 면세 : 계산서
면세사업자가 발행한 계산서를 교부받은 매입거래를 입력한다.

④ 54. 불공 : 불공제
매입세액을 공제받을 수 없는 세금계산서를 교부받은 매입거래(필요적 기재사항 누락

등, 사업과 직접 관련없는 지출, 비영업용 소형승용차 구입, 유지 및 임차, 접대비 및 이와 유사한 비용관련, 면세사업관련, 토지의 자본적 지출 관련, 사업자등록전 매입세액, 금거래계좌 미사용 관련 매입세액, 공통매입세액안분계산분, 대손처분받은 세액, 납부세액재계산분)를 입력한다.

⑤ 55. 수입 : 수입분
재화를 수입하고 세관장이 발행하는 수입세금계산서를 교부받은 매입거래를 입력한다.

⑥ 56. 금전 : 금전 등록
금전 등록기를 사용하는 매입처로부터 매입거래를 입력한다.

⑦ 57. 카과 : 카드 과세
매입세액 공제가 가능한 신용카드(이면 확인분)에 의한 매입거래를 입력한다.

⑧ 58. 카면 : 카드 면세
신용카드에 의한 면세 매입분을 입력한다.

⑨ 59. 카영 : 카드 영세
신용카드에 의한 영세 매입분을 입력한다.

⑩ 60. 면건 : 무증빙
무증빙의 면세적용 매입분을 입력한다. 무증빙이란 적격증빙서류(세금계산서, 계산서, 신용카드매출전표, 현금영수증)가 아닌 기타 서류(일반 간이 영수증 등)를 말한다.

⑪ 61. 현과 : 현금 과세
현금영수증 과세 매입분을 입력한다.

⑫ 62. 현면 : 현금 면세
현금영수증 면세 매입분을 입력한다.

2. 품목

① 품목란에는 거래 상품이나 제품 또는 원재료등의 품목을 입력한다.

② 복수거래

품목과 단가의 종류가 여러 가지 인 경우에 F7(복수거래) 단추를 클릭하여 복수거래내용(F7)란에 입력가능 개수 100개까지 거래 내역을 입력한다.

3. 단가와 공급가액

① 단가

거래를 할 때 매매단가를 입력한다. 단가가 없을 경우에는 [Enter⏎]키를 누르면 공급가액 입력란으로 커서가 이동한다. 수량과 단가를 입력하면 공급가액과 부가가치세가 자동으로 계산되어 입력된다.

② 공급가액

공급가액은 부가가치세가 포함되지 않은 물품의 금액이고, 공급대가는 부가가치세가 포함된 물품의 금액이다. 공급대가가 주어지면 1.1로 나눈 금액으로 입력해야 한다. 수량과 단가를 입력하여 자동으로 계산할 수 있으며, 직접 공급가액을 입력하면 부가가치세가 10% 자동으로 반영된다. 유형 중 57. 카과, 61. 현과는 공급대가(부가가치세 포함금액)을 입력하면 공급가액과 부가가치세로 자동분리되어 반영된다.

4. 부가세(부가가치세)

부가가치세는 공급가액이 입력되면 자동으로 계산되며, 부가가치세를 직접 입력할 수도 있다. 유형이 52. 영세, 53. 면세, 58. 카면, 59. 카영, 62. 현면인 경우에는 부가가치세는 해당사항이 없으므로 커서가 움직이지 않으므로 공란이 된다.

5. 공급처명 및 사업자 주민번호

① 공급처명 :

매입매출전표를 입력할 때는 반드시 거래처 코드를 입력해야 한다. 만약 거래처 코드를 입력하지 않으면 매입처별 세금계산표 합계표가 작성되지 않는다.

② 사업자 주민번호

거래처가 사업자인 경우에는 거래처 등록 메뉴에서 입력한 사업자 등록번호가 자동으로 반영되어 입력되며, 비사업자인 개인의 경우에는 주민등록번호가 반영된다. 해당거래처가 주민등록기재분 경우에는 거래처 등록 내용 중 수정(Tab) 중 4. 주민등록기재분 해당숫자인 1. 여를 입력하면 세금계산서 합계표에도 자동반영된다. 또는 거래처 코드란에 아무것도 입력하지 않고, 거래처명란에 주민등록번호를 기재해도 세금계산서 합계표에 자동으로 반영된다.

6. 전자(전자세금계산서)

전자세금계산서(electronic tax invoice)는 사업자가 물품 등을 판매할 시 물품 등을 구매하는 자로부터 부가가치세를 징수하였다는 거래 사실을 증명하기 위한 전자문서이다. 전자란에 이미 젔자세금계산서를 발행한 경우에는 1. 여를 입력하면 된다. 그러나 매입매출전표에 입력하면서 전자세금계산서를 발행하면 1. 여를 체크하지 않고, 전자세금계산서 발행 메뉴에서 발행하면 매입매출전표 메뉴 전자란에 반영이 된다.

7. 분개

개란은 매입매출거래의 회계처리를 위한 곳이다. 분개번호(0 : 분개없음, 1 : 현금, 2 : 외상, 3 : 혼합, 4 : 카드, 5 : 추가)를 선택한다. 현금과 외상 거래인 경우에는 자동적으로 분개가 된다. 나머지 거래는 계정과목을 추가로 입력하여야 한다.

① 분개없음 : 0
  ㉠ 실제로 분개가 필요없는 경우 : 매일의 거래를 거래 명세표만 발행하여 일반전표 입력메뉴에 입력하고 부가가치세 신고와 관련된 세금계산서 발행은 월말에 1건으로 발행한 경우 세금계산서 합계표와 신고서 작성 및 세금계산서 발행을 위해 매입매출전표 입력 메뉴에서 입력하는 경우이다.

  ㉡ 분개가 필요하지만 나중에 처리하고자 하는 경우 : 부가가치세 신고가 임박하여 신고 자료를 취합하는 경우가 많아서 많은 시간이 소요되므로 '분개없음'으로 선택하여 부가가치세 신고를 한 후에 분개를 하고자 할 경우이다.

② 현금 : 1

전액 현금 거래일 경우에만 사용한다. 부가세 대급금과 기본계정으로 자동 분개된다. 단, 부가세 대급금을 제외한 계정과목을 수정하거나 추가 입력이 가능하다.

③ 외상 : 2

일반적 상거래에서 발생한 외상거래일 경우에만 사용한다. 대변 계정은 외상매입금으로 차변 계정은 부가세대급금과 기본 계정으로 자동 분개된다. 외상매입금, 부가세 대급금은 수정이 불가능하며, 기본 계정은 수정 및 추가 입력이 가능하다.

④ 혼합 : 3

현금과 외상 이외의 거래로서 차변계정은 부가세대급금과 기본계정으로 자동 분개되어 나타나며, 대변계정은 직접 입력을 한다. 그리고 상거래 이외의 경영활동에서 발생한 거래들도 처리한다.

⑤ 카드 : 4

과세나 영세 및 면세 매입분에서 외상매입금이나 미지급금 등으로 분개한 다음 신용카드매출전표로 결제한 경우인데 환경등록 메뉴에서 외상매입금, 미지급금 계정과목은 신용카드 기본계정인 카드채무로 설정되어 있어야 한다.

⑥ 추가 : 5

환경등록 메뉴에서 추가계정을 설정한 경우에 선택하여 거래를 입력할 수 있다.

제 2 절
매입전표 실습 사례

1) 1월 3일 : 원재료 2,000,000원(부가세 별도)를 팔팔컴퓨터로부터 구입하고 대금은 전액 현금으로 받고 전자세금계산서를 수취하였다.

2) 1월 5일 : 일일전자에 원재료의 가공을 의뢰하고 11,000,000원(부가세 포함)의 전자세금계산서를 수취하고, 대금은 당좌수표를 발행하여 지급하였다.

3) 1월 14일 : 팔팔컴퓨터로부터 상품1과 상품2를 매입하고 대금은 외상으로 하고 전자세금계산서를 교부받았다.

품 목	수 량	단 가	공급가액	부가가치세
상품 1	10	1,000,000	10,000,000	1,000,000
상품 2	5	1,200,000	6,000,000	600,000

제5장 매입매출전표 입력1

4) 1월 15일 : 칠칠HARD로부터 원재료를 다음과 같이 구입하고 전자세금계산서를 교부받고 대금 중 50,000원은 계약금으로 지급하고 잔액은 일일전자가 발행한 어음을 배서양도하였다.

품 목	수 량	단 가	공급가액	부가가치세
원재료A	200	500	100,000	10,000
원재료B	100	300	30,000	3,000
원재료C	50	100	5,000	500

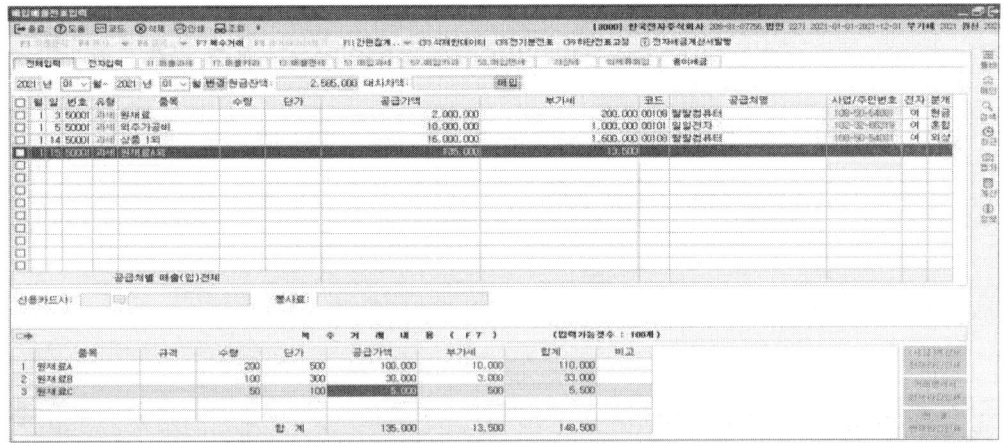

5) 1월 30일 : ㈜한국기계로부터 기계장치의 수선(자본적지출에 포함)을 받고, 수선비(공급가액 8,000,000원, 부가가치세액 800,000원)에 대한 전자세금계산서를 교부받고 대금은 전액 약속어음을 발행하여 지급하였다.

6) 2월 13일 : 전년도에 구구컨설팅에서 외상으로 매입한 상품에 하자가 있어 반품하고 수정세금계산서(공급가액 300,000원, 부가가치세 30,000원)를 교부받았다.

7) 2월 28일 : 대성 식당에 2월분 공장직원 식사대 500,000원(부가가치세 별도)을 보통예금 통장에서 이체하고 전자세금계산서를 교부받았다. 공장직원들에게 별도의 식대비를 지급하고 있지 않다.

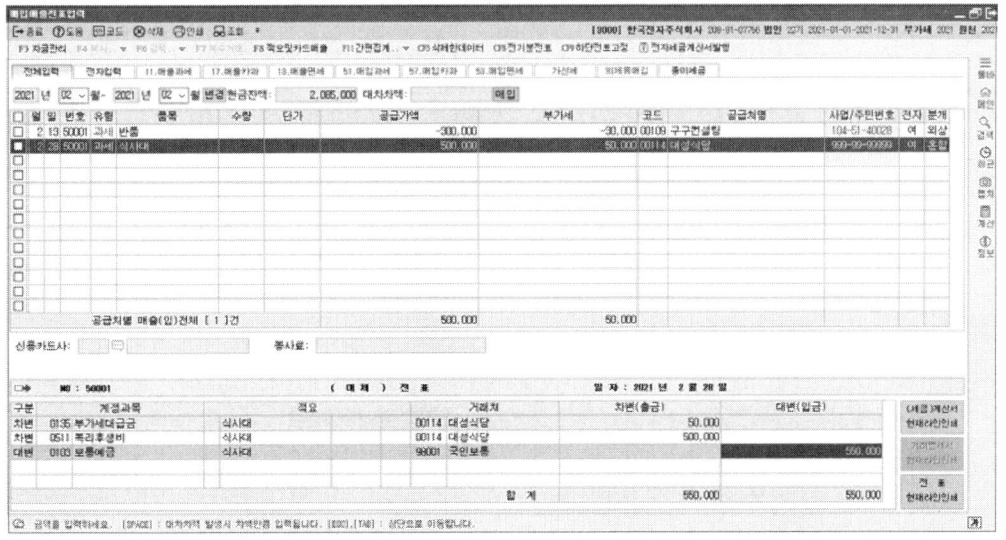

8) 3월 10일 : 생산부에서 사용한 전화요금(케이텔레콤)을 전자세금계산서 공급대가 220,000원을 나중에 납부할 것이며 비용은 3월분으로 처리하였다.

9) 3월 24일 : 원재료를 구입하면서 운반대가로 ㈜경인물류에 88,000원(부가가치세 포함)을 현금으로 지급하고 전자세금계산서를 수취하였다.

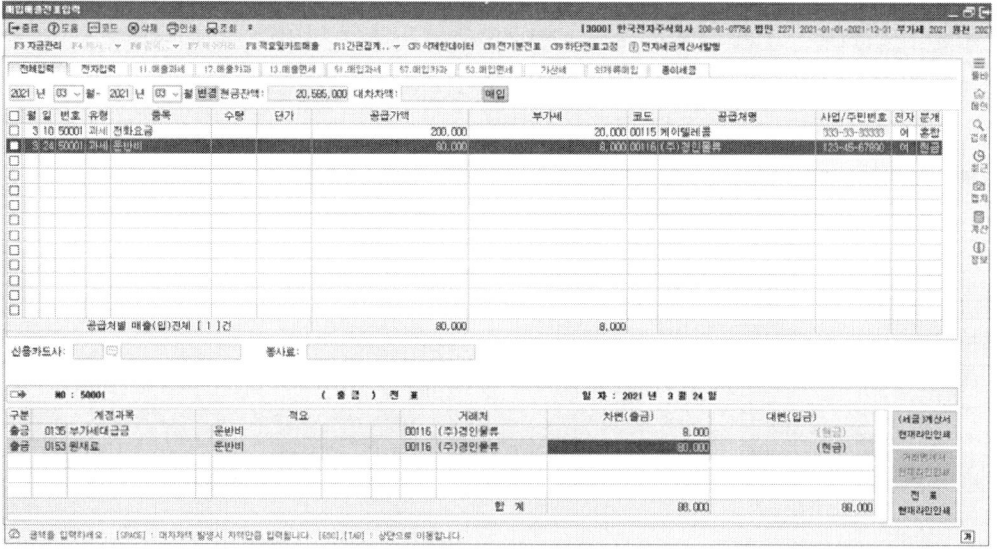

10) 4월 23일 : 매출증대를 위해 인터넷 사이트 광고를 ㈜세계로에 광고를 하고 공급대가 11,000원을 의뢰하고 전자세금계산서를 교부받고 대금은 30일까지 지급하기로 하였다.

11) 5월 23일 : 팔팔컴퓨터로부터 원재료를 9,000,000원(부가가치세 별도)에 매입하고 전자세금계산서를 교부받았으며, 대금의 50%는 당사가 발행한 약속어음으로 교부하고 나머지는 보통예금 계좌에서 이체하였다.

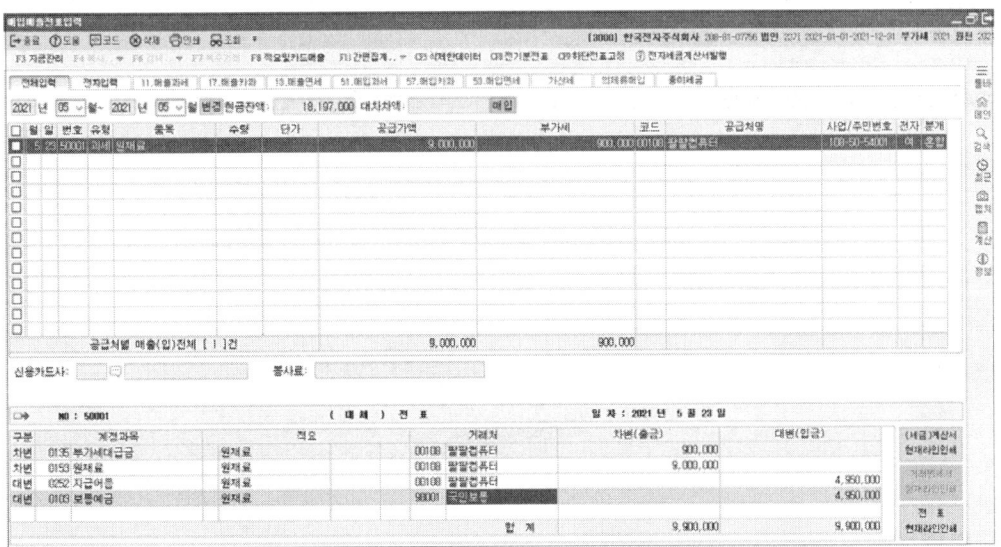

12) 6월 30일 : 6월분 공장 임차료 4,400,000(부가가치세 포함)을 임대인 ㈜부자로부터 전자세금계산서를 수취하고, 당좌수표를 발행하여 지급하였다.

13) 7월 15일 : 로얄가구에서 영업부 회의용 테이블(공급가액 1,000,000원, 부가가치세 100,000원)을 매입하고, 전자세금계산서를 교부받고, 대금은 법인의 국민카드로 결제하였다.

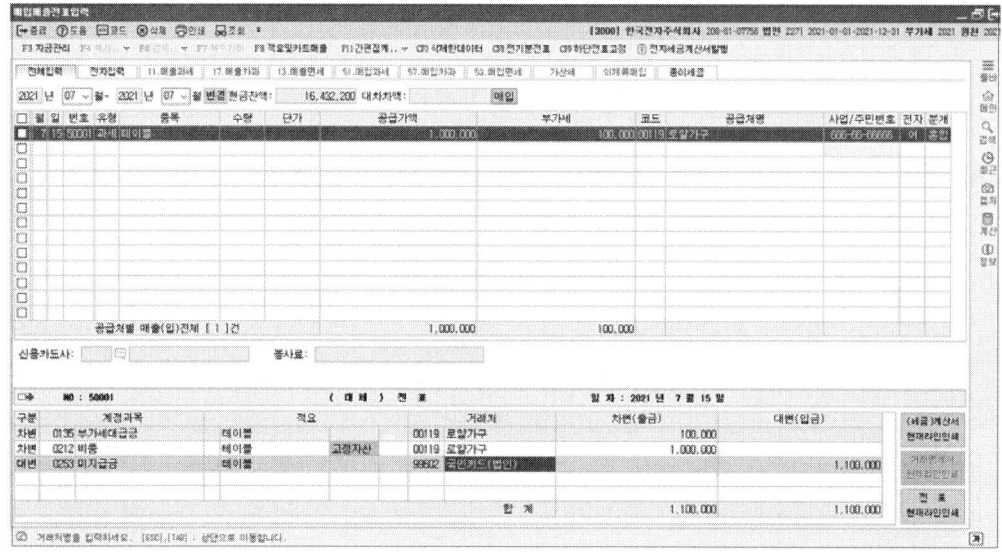

제5장 매입매출전표 입력1

14) 7월 30일 : 칠칠HARD로부터 원재료 100개 @100,000원(부가세 별도)을 외상으로 매입하고 전자세금계산서를 수취하였다.

15) 8월 1일 : 팔팔컴퓨터로부터 상품 1,000개 @12,100원(부가세 포함)을 외상으로 매입하고 전자세금계산서를 수취하였다.

16) 8월 5일 : 구구컨설팅으로부터 수출용 원재료(공급가액 20,000,000원)를 구매확인서에 의하여 매입하고 영세율전자세금계산서를 교부받았다. 대금은 전액 약속어음(만기일 2021년 10월 31일)을 발행하여 교부하였다.

17) 8월 12일 : 오오상사로부터 내국신용장(Local L/C)에 의해 원재료 1,000개 @5,000원을 납품받고, 대금은 외상으로 하였다.

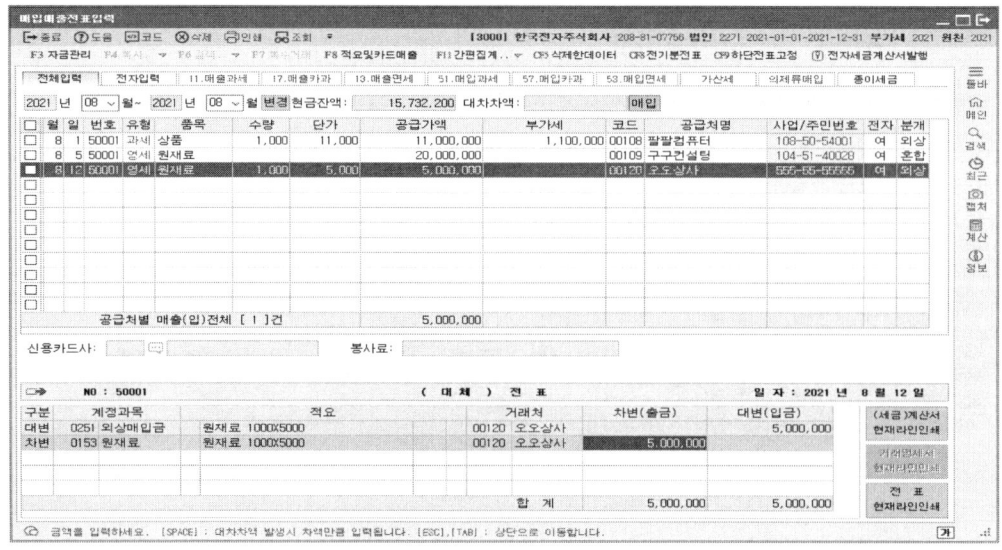

18) 8월 25일 : 육육무역에 구매확인서에 의하여 상품 5,000,000원을 매입하고 영세율전자세금계산서를 교부받고 대금은 당좌수표를 발행하여 지급하였다.

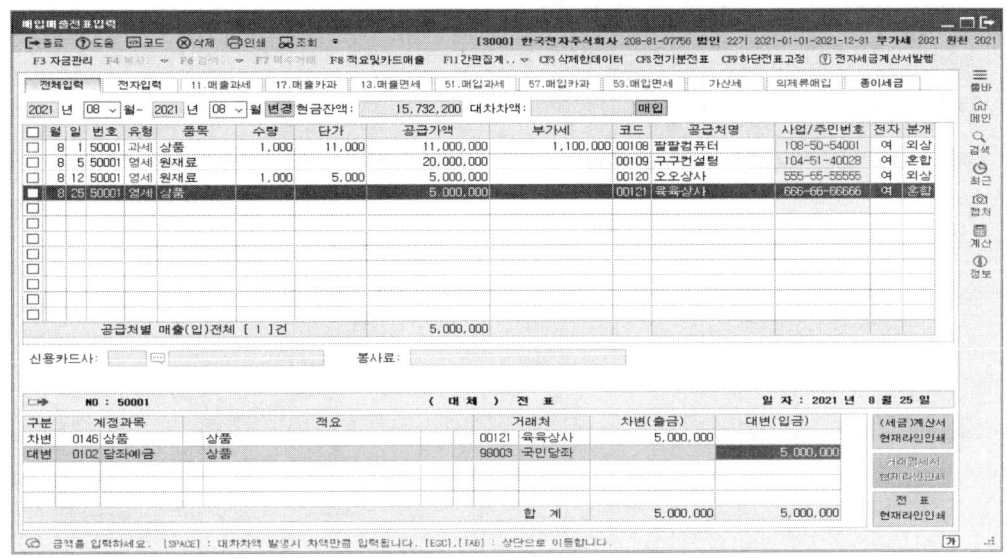

19) 9월 6일 : 우리상사에서 수출용 원재료 20,000,000원을 내국신용장에 의해 구입하고 영세율전자세금계산서를 교부받고 대금은 외상으로 하였다.

20) 9월 17일 : 대구무역으로부터 Local L/C에 의해 상품 500개 @ 13,000원을 납품받고 영세율전자세금계산서를 교부받았다. 대금은 자기앞수표로 지급하였다.

21) 9월 25일 : 공장 환경미화용 화초 300,000원을 생생농원에서 구입하고 계산서를 교부받고, 대금은 말일에 지급하기로 하였다. 화초는 소모품계정으로 처리한다.

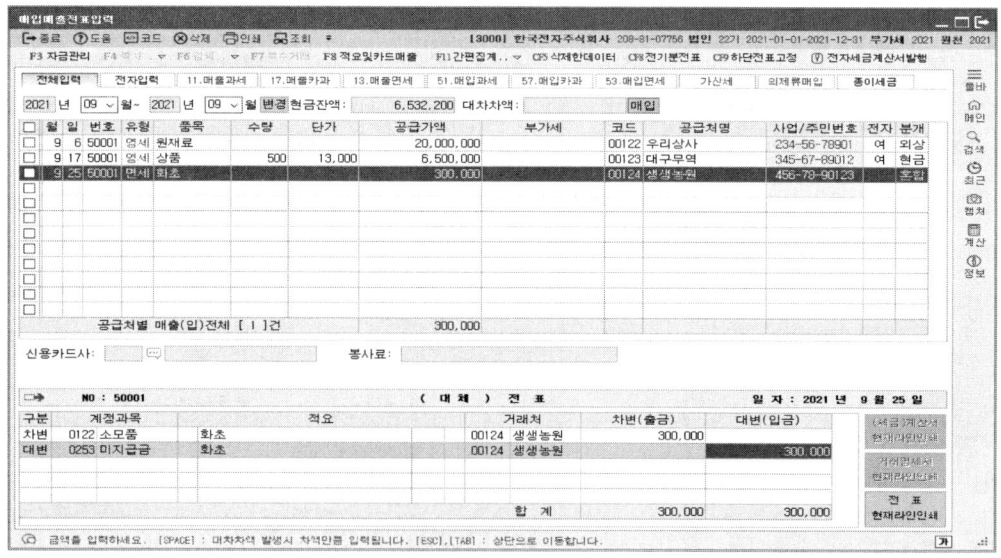

22) 10월 4일 : 고려학원(면세사업자)에서 학원생 운행용으로 사용하던 미니버스를 20,000,000원에 구입하고, 계산서를 수취하였으며 보통예금으로 이체하였다.

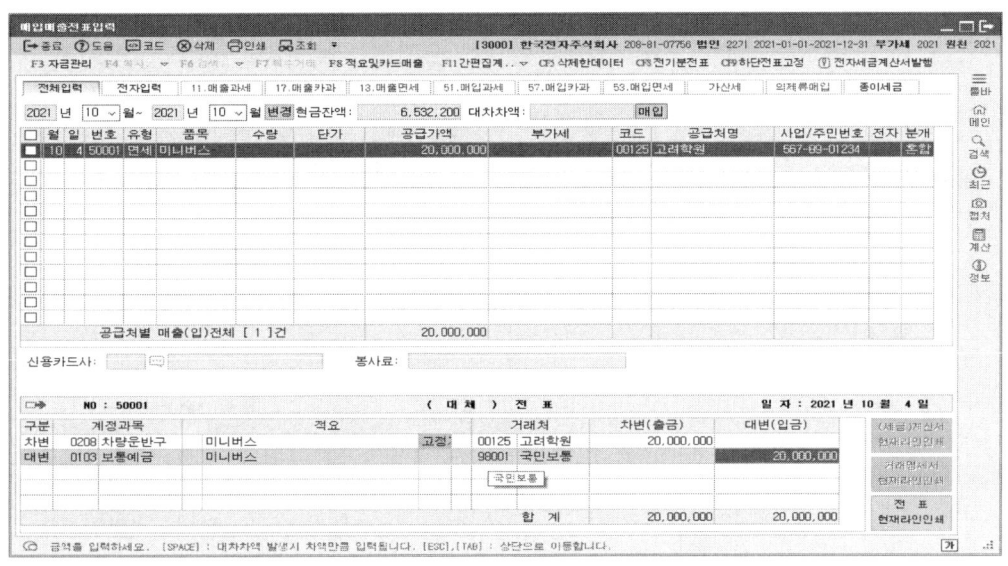

23) 10월 10일 : 대구청과에서 신규매출처에 선물로 증정하기 위해 사과(10박스, @30,000원)를 외상으로 구입하고 계산서를 교부받았다.

24) 10월 16일 : 교보문고로부터 회계부에서 필요한 조세법전을 360,000원에 현금으로 구입하고, 계산서를 교부받았다.

25) 10월 20일 : 영업부 직원 이갑순의 결혼식 축하화환 110,000원을 상상화원에서 계산서를 발급받아 구입하고 대금은 보통예금계좌에서 이체하였다.

26) 10월 25일 : 회사 창립기념 생산부의 거래처 선물용으로 한국수산으로부터 굴비 90상자, @100,000원에 구입하고 계산서를 수취하였다. 대금은 900,000원은 현금으로 지급하고 나머지는 어음을 발행하여 지급하였다.

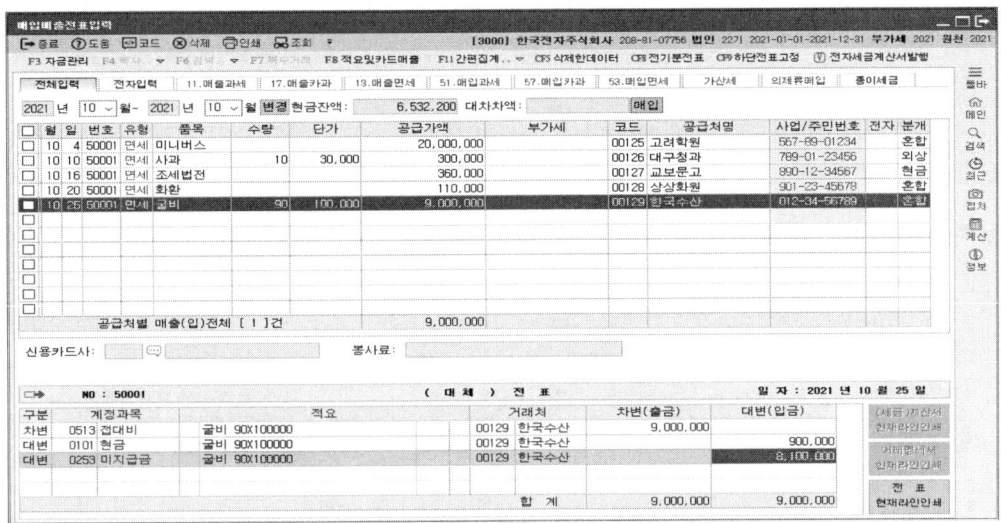

27) 10월 28일 : 한국한우에서 갈비세트 1,000,000원을 1개월후 지급조건으로 구입하고 계산서를 수취하였다. 이 중 30%는 복리후생차원에서 공장직원에게 제공하였고, 나머지는 매출거래처에 증정하였다.

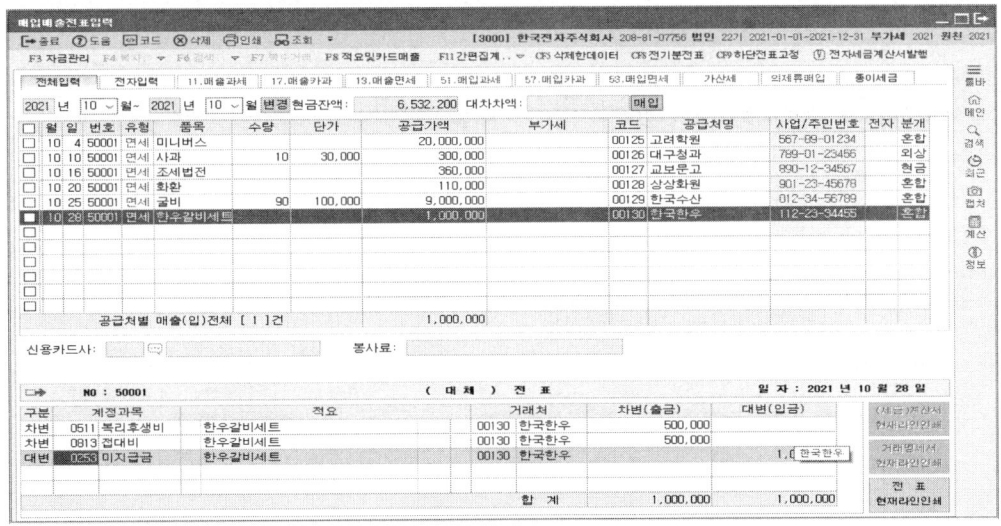

28) 10월 31일 : 한국캐피탈로부터 관리업무용 중고승용차(계약일 : 10월 1일, 운용리스, 3년 약정, 650,000원/월)의 10월분 리스료에 대한 계산서를 교부받았으며, 대금은 다름달 3일 지급하기로 하였다.

29) 11월 1일 : 영업부에서 사용할 업무용(비영업용) 승용차 13,000,000원(부가가치세 별도)을 한국자동차에서 할부로 구입하였으며, 전자세금계산서를 교부받았다.

30) 11월 4일 : 매출거래처의 신규지점개설을 축하하기 위해 우성산업으로부터 선물세트 1,500,000원(부가가치세 별도)에 매입하고 전자세금계산서를 수취한 후 650,000원은 당좌수표를 발행하여 지급하고 나머지는 나중에 지급하기로 하였다.

31) 11월 7일 : 영업사원의 업무용으로 사용하기 위해 한국렌터카로부터 2,000cc 급 승용차를 임차하고, 전자세금계산서(공급가액 2,000,000, 세액 200,000원)를 교부받았다. 단, 당월분 임차료는 다음달 1일에 지급하기로 하였다.

32) 11월 10일 : 본사 건물을 신축할 목적으로 건축물이 있는 토지를 구입하고 기존 건축물 철거와 관련하여 용역비용 3,000,000원(부가가치세 별도, 전자세금계산서 수취)을 ㈜경주용역에게 보통예금 계좌에서 이체하였다.

33) 11월 12일 : 매출거래처인 일일전자의 이도령과 서해횟집에서 회식하고, 440,000원(부가가치세 포함)을 현금으로 지급한 후 전자세금계산서를 수취하였다.

34) 11월 14일 : 영업부에서 사용할 소형승용자동차(1,500cc)를 현대자동차에서 취득하고 대금은 할부로 하기로 하고 자동차 운반과정에 운반비 150,000원(부가가치세 별도)발생하여 전자세금계산서를 교부받고 현금으로 지급하였다.

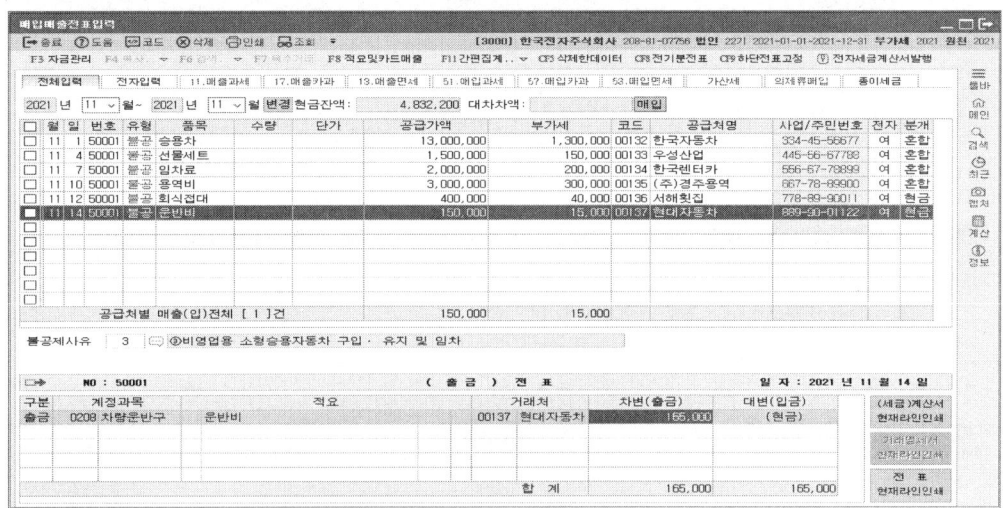

35) 11월 25일 : 영업부에서 사용할 4인용 승용차(공급가액 20,000,000원, 부가가치세 10%)를 기아자동차로부터 구입하고 전자세금계산서를 교부받았으며, 이미 지급한 계약금 2,000,000원을 제외한 나머지 금액을 서울캐피탈의 할부금융에서 10개월 상환약정을 하고 차입하여 지급하였다.

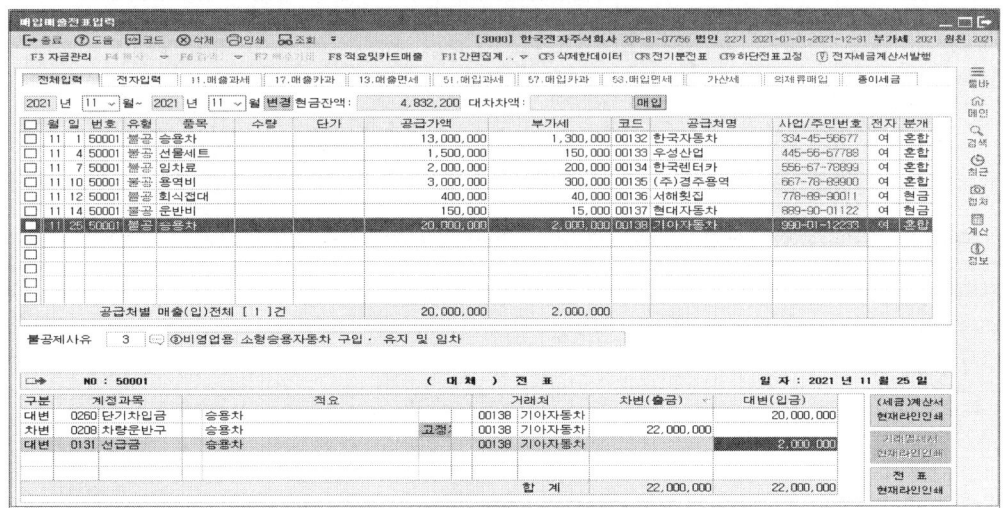

36) 11월 27일 : 수입품 공급가액 8,000,000원(부가가치세 800,000원) 원재료를 통관하면서 인천세관으로부터 수입세금계산서를 교부받았다. 부가가치세와 통관제비용 450,000원은 현금으로 지급하였다. 단, 미착재료 계정은 고려하지 말 것.

37) 11월 28일 : 미국 C co. 로부터 수입한 공장자동화 기계장비 33,000,000원(부가가치세 10% 별도)에 수령하면서 부산세관으로부터 전자세금계산서를 교부받고, 부가가치세를 현금으로 지급하였다.

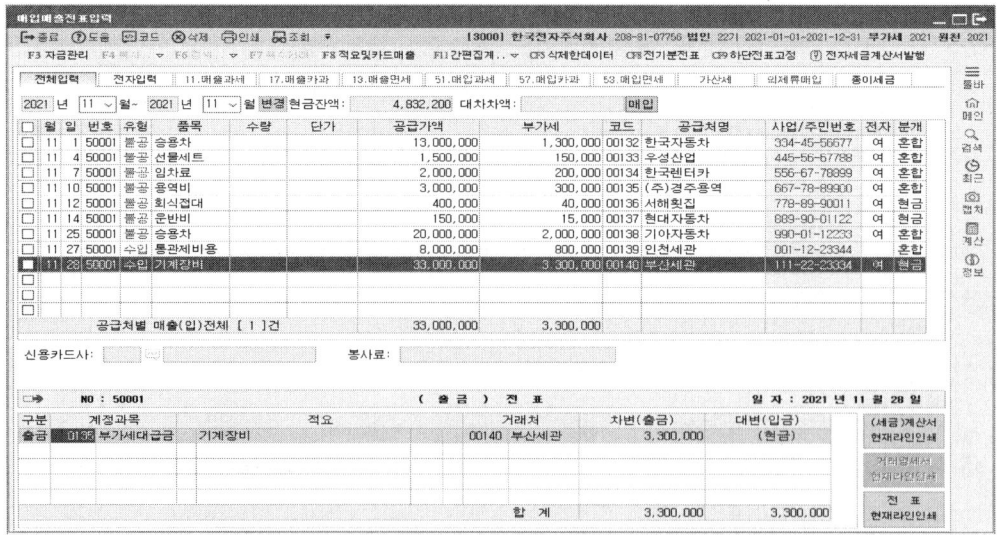

38) 11월 30일 : 해외거래처 B co. 로부터 원재료 부품을 수입하면서 통관 절차에 따라 부산세관으로부터 전자세금계산서(공급가액 5,200,000원, 부가가치세 10%)를 교부받고, 이에 대한 부가가치세를 현금으로 지급하였다.

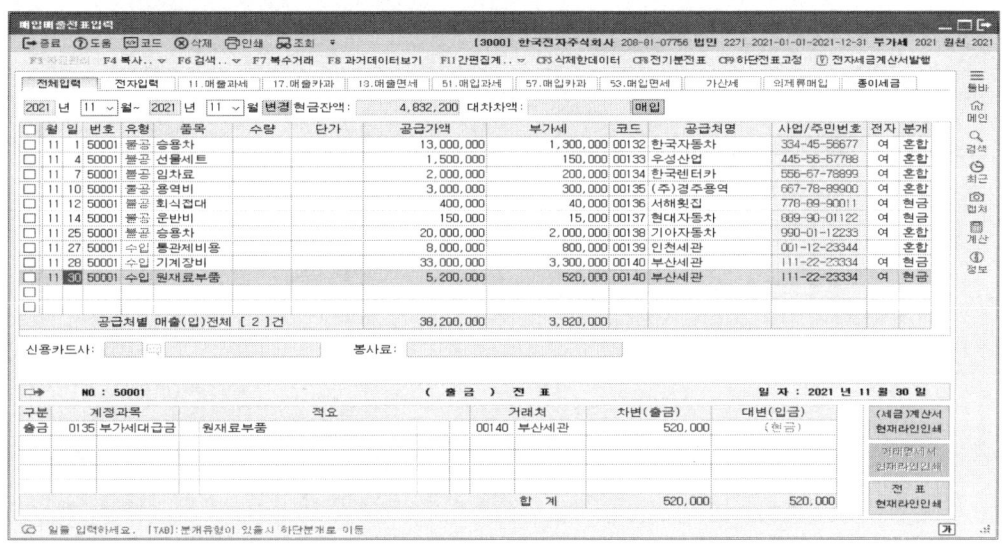

39) 12월 2일 : 영업부에서 회사제품 홍보를 위하여 ㈜대구에 티슈제작을 의뢰하면서 계약금 2,200,000원(부가가치세 200,000원 별도 기재됨)을 국민카드로 결재하였다.

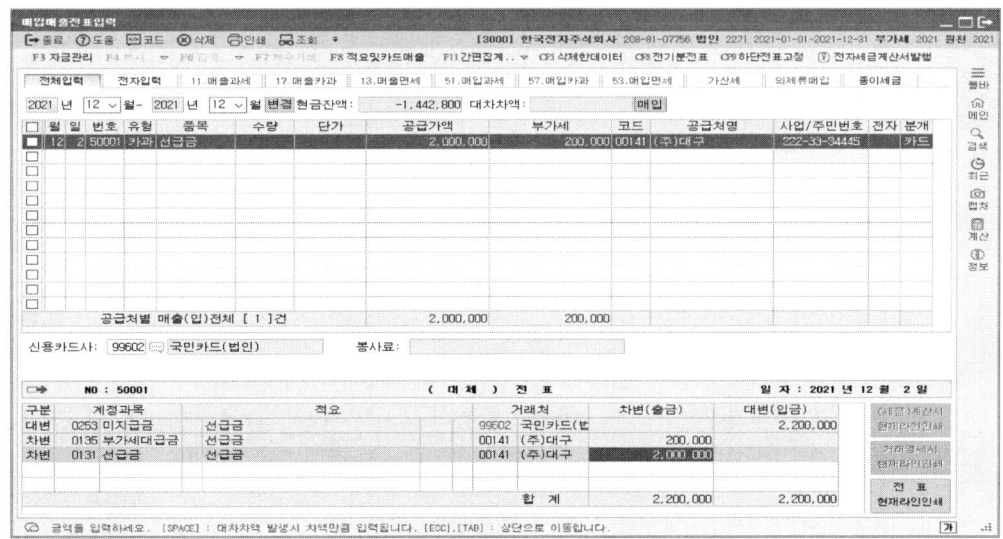

40) 12월 4일 : 경주식당에서 공장직원 11월분 식대 2,200,000(부가가치세 포함)을 국민카드로 결제하였다. 세금계산서는 수령하지 아니하였으며, 부가가치세 매입세액공제를 위한 요건은 모두 구비하였다.

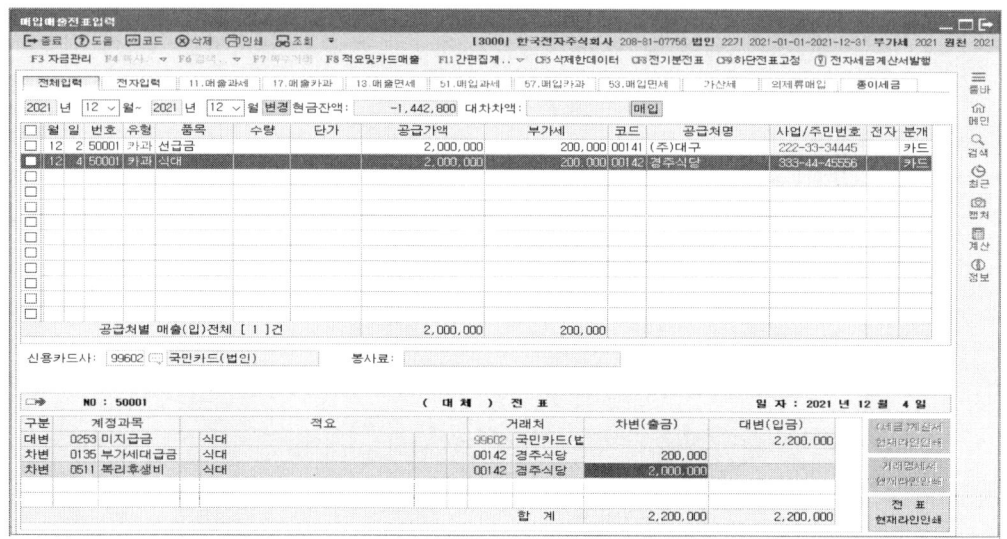

41) 12월 5일 : 12월 공장에서 사용할 공기청정기 2대(단가 1,000,000원, 부가가치세 별도)를 청정(주)에서 구입하였으며, 세금계산서는 수취하지 않고 우리카드로 결제하였다. 신용카드매출전표상에 공급가액과 세액을 구분 표시하여 받았다.

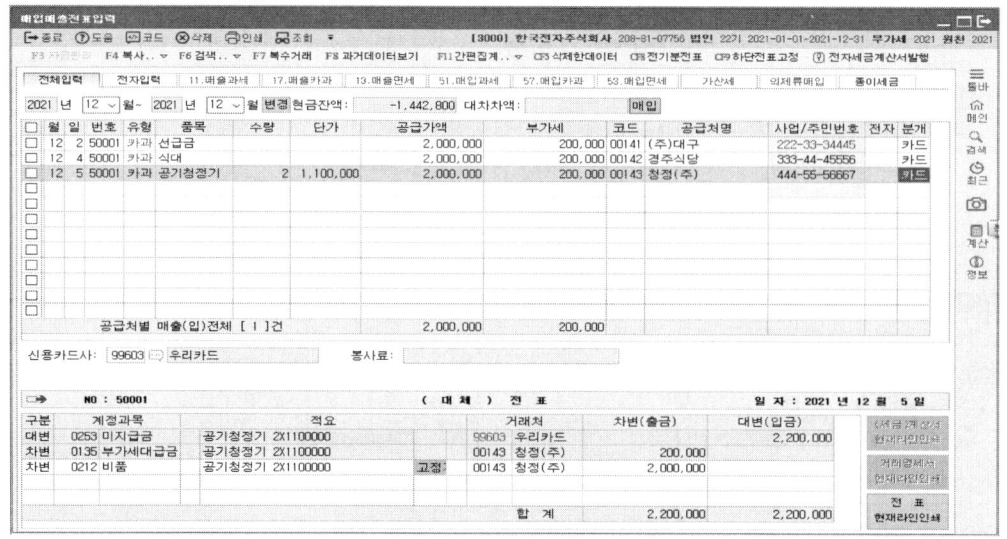

42) 12월 7일 : 광고전단지 인쇄대 6,050,000원(부가가치세 포함)을 한국광고에 국민카드로 결제하였다. (세법상 매입세액 공제 요건을 갖춤).

43) 12월 8일 : 공장에 설치 중인 기계장치의 성능을 시운전하기 위하여, 오오주유소에서 휘발유 1,100,000원(공급대가)을 구입하면서, 법인명의의 신용카드(삼성카드)로 결제하였다.

44) 12월 10일 : 본사 직원의 컴퓨터 교육용으로 컴퓨터 관련 서적 12권(단가 20,000원)를 교보문고에서 구입하고 대금은 삼성카드로 결제하였다.

45) 12월 11일 : 사내 식당에 사용할 쌀과 부식(채소류)을 ㈜ 가락상사에서 구입하고 대금 300,000원은 법인카드(국민카드)로 지급하였다. 사내식당은 야근하는 생산직 직원을 대상으로 무료로 운영되고 있다.

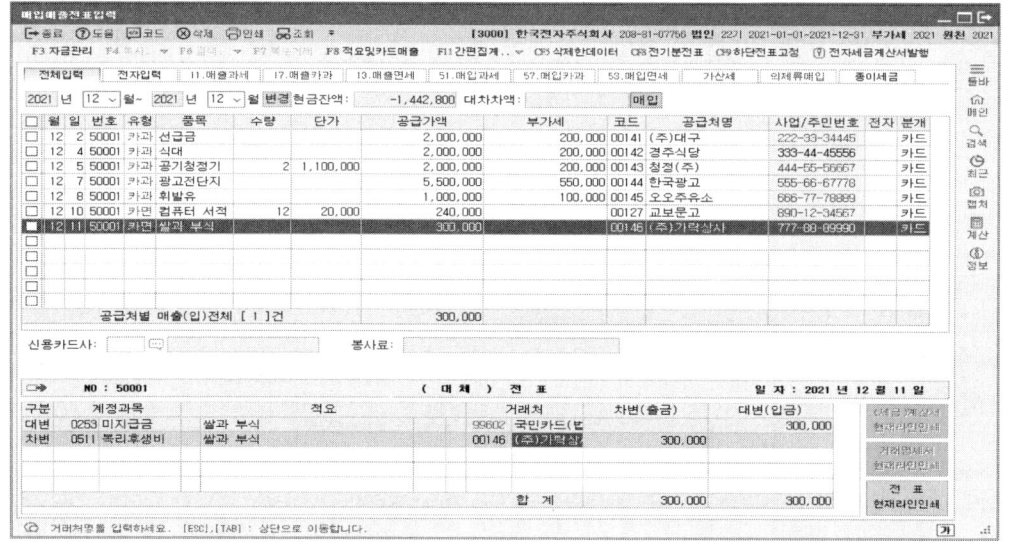

46) 12월 13일 : 한우상사(부가가치세 면세대상자)에서 한우갈비세트 1,100,000원을 법인 신용카드(국민카드)로 구입하고, 신용카드 매출전표를 수취하였다. 이 중 400,000원은 복리후생차원에서 공장직원들에게 제공하고 나머지는 매출거래처에 증정하였다.

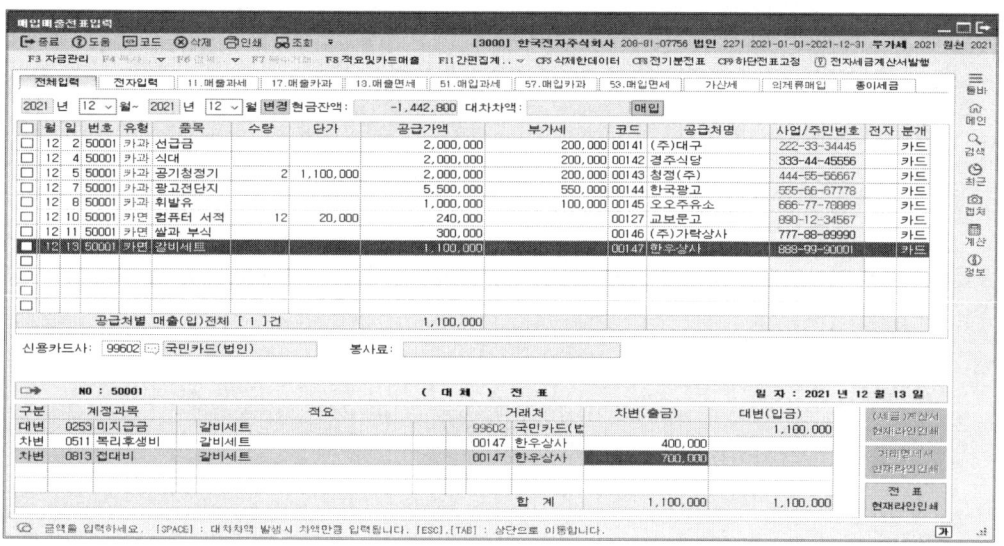

47) 12월 14일 : 매출처인 사사대리점의 창립기념일에 선물하기 위하여 한국화원으로부터 꽃을 200,000원에 구입하고 우리카드로 결제하였다.

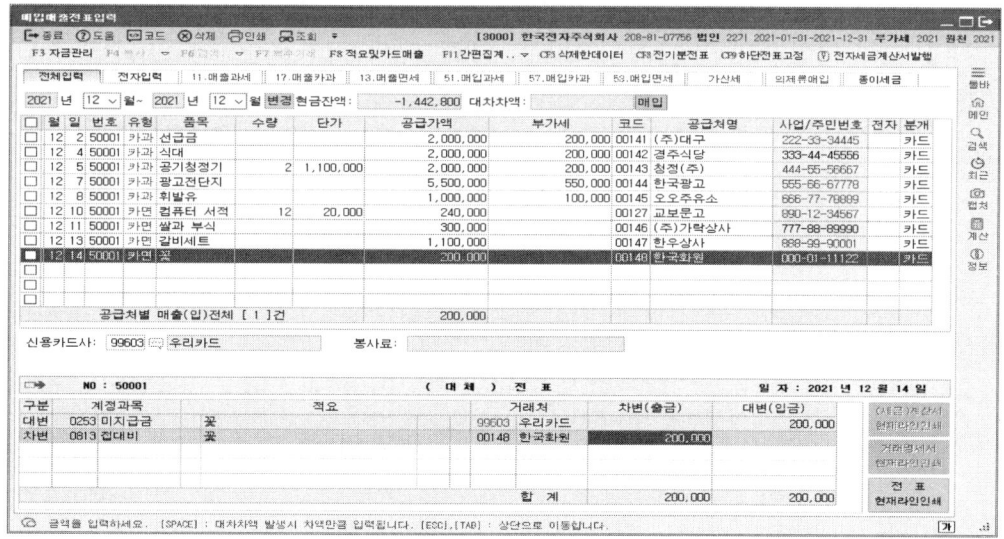

전산회계와 전산세무회계

48) 12월 15일 : 팔팔컴퓨터로부터 영업부에서 사용할 컴퓨터를 2,200,000원(부가가치세 포함)에 구입하고 현금영수증(지출증빙용, 승인번호 : 202012151)을 교부받았으며 대금은 당좌수표를 발행하여 지급하였다.

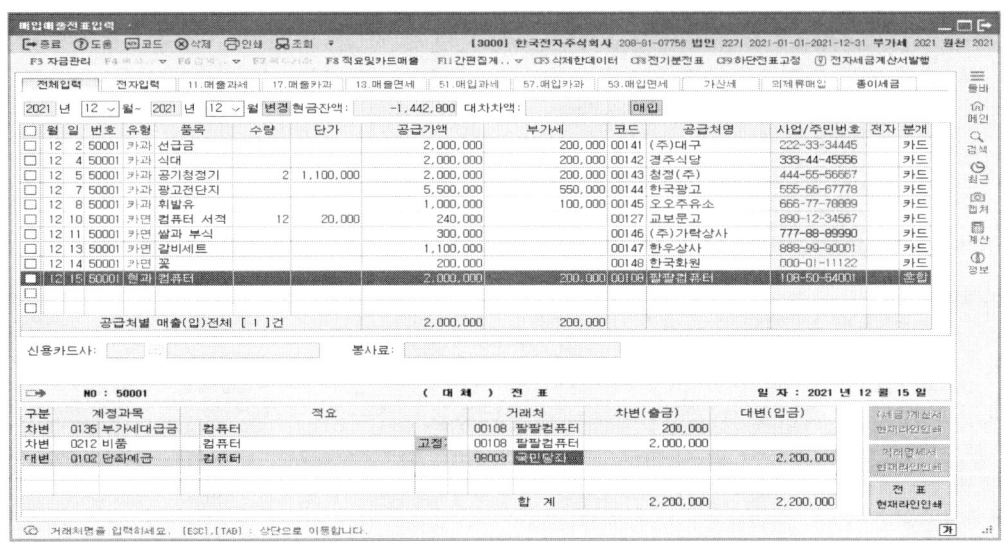

49) 12월 17일 : 영업부 직원의 야식대로 피자나라에서 피자 30,000원(부가가치세 별도)에 주문하고 현금영수증(지출증빙용)을 수취하였다.(승인번호 : 202012171)

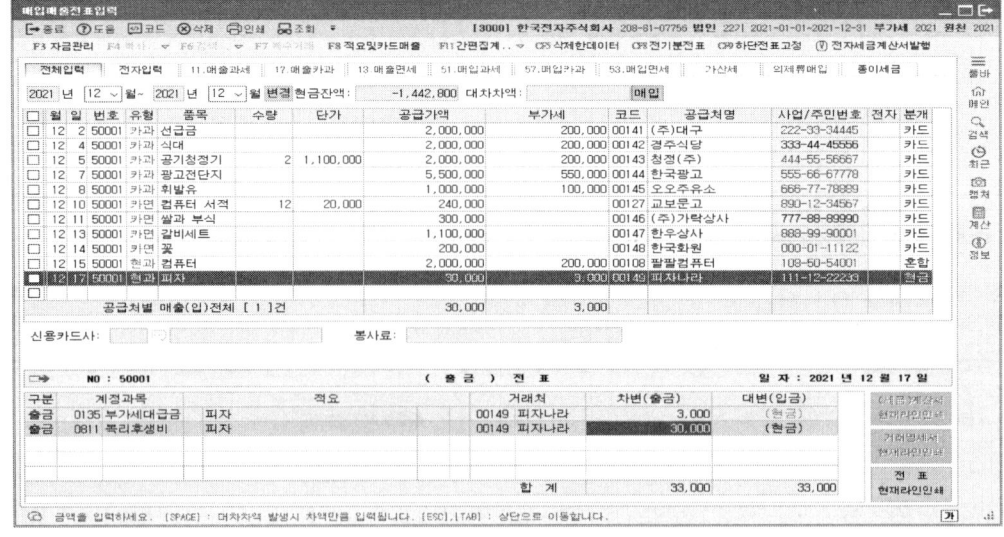

50) 12월 20일 : 생산부서 직원들에게 선물로 지급하기 위해 한국쌀 50포대를 한국정미소에서 구입하고 현금 1,200,000원을 결제하면서 현금영수증(지출증빙용)을 교부받았다.

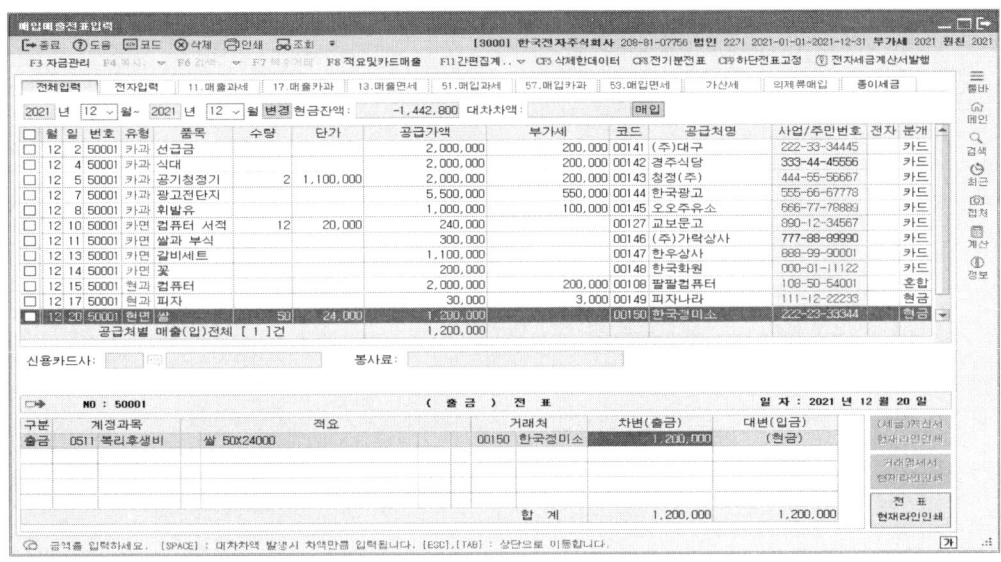

51) 12월 25일 : 영업부 사무실 신문구독료 30,000원을 한국신문사에 현금결제하고 지출증빙용 현금영수증을 교부받았다.

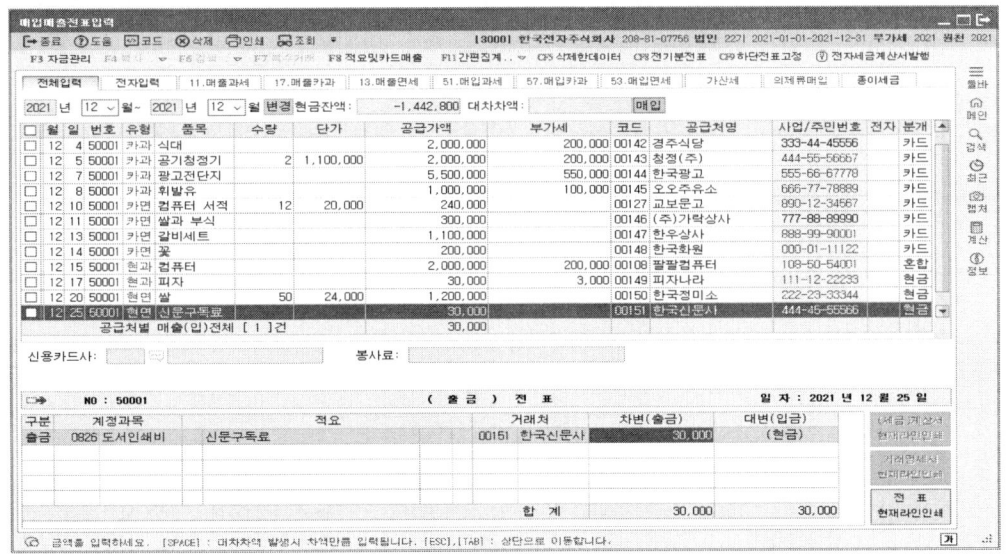

제 6 장

매입매출전표 입력2

제1절
매출전표 입력

매입매출전표 입력방법은 부가가치세가 발생한 거래자료의 입력은 화면 상단의 [전체입력] [전자입력] [11. 매출과세] [17. 매출카과] [13. 매출면세] [51. 매입과세] [57. 매입카과] [53. 매입면세] [가산세] [의제류매입] [종이세금] 탭 중에서 선택하여 입력할 수 있다.

01 매출전표 입력 방법

매출전표 입력방법은 [전체입력] [전자입력] [11. 매출과세] [17. 매출카과] [13. 매출면세] [가산세] [종이세금] 탭 중에서 선택하여 입력할 수 있다.

1) 유형

① 11. 과세 : 과세매출
  일반적인 세금계산서가 발행되는 매출거래로 재고자산 매출, 고정자산 매각, 수익등을 입력한다.

② 12. 영세 : 영세율
  영세율 세금계산서를 교부하는 매출거래로 영세율 적용대상 거래 중 세금계산서 발행 의무가 면제되지 않는 매출거래(내국신용장(Local L/C), 구매확인서에 의하여 공급되는 재화, 전문수출업체에 의한 대행수출)를 입력한다.

③ 13. 면세 : 계산서
  면세사업자로서 계산서를 발행한 매출거래를 입력한다.

④ 14. 건별 : 무증빙
  정규증빙(세금계산서, 계산서 등)이 없는 무증빙 매출과세거래, 간주공급 거래, 소매 매출 거래를 입력한다.

간주공급에 해당되는 거래는 다음과 같다.

㉠ 자가공급 : 자기 사업과 관련하여 생산하거나 취득한 재화를 자기 사업을 위하여 직접 소비하거나 사용하는 것.

㉡ 개인적 공급 : 자기 사업과 관련하여 생산하거나 취득한 재화를 사업과 관련없이 자기나 그 사용인이 개인적 목적으로 사용하거나 소비하는 것 중 사업자가 그 대가를 받지 아니하거나 현저히 낮은 대가를 받는 경우.

㉢ 사업상 증여 : 자기 사업과 관련하여 생산하거나 취득한 재화를 자기의 고객이나 불특정 다수인에게 증여하는 경우.

㉣ 폐업 시 잔존재화 : 사업자가 사업을 폐지하는 때에 사업장에 잔존하는 재화

⑤ 16. 수출 : 수출
재화를 직수출(영세율 적용대상 거래 중 세금계산서 발행의무가 면제되는 매출 거래를 입력한다.

⑥ 17. 카과 : 카드과세
과세 대상 거래의 신용카드 매출전표 발행분을 입력한다.

⑦ 18. 카면 : 카드 면세
면세대상 거래의 신용카드 매출전표 발행분을 입력한다.

⑧ 19. 카영 : 카드 영세
영세율 적용대상거래의 신용카드 매출전표 발행분을 입력한다.

⑨ 20. 면건 : 무증빙
무증빙의 면세매출 거래를 입력한다.

⑩ 21. 전자 : 전자화폐
전자적 결제수단으로의 매출 거래를 입력한다.

⑪ 22. 현과 : 현금 과세

현금영수증 과세 매출분을 입력한다.

⑫ 23. 현면 : 현금 면세

현금영수증 면세 매출분을 입력한다.

⑬ 24. 현영 : 현금 영세

현금영수증 영세 매출분을 입력한다.

2. 품목

① 품목란에는 거래 상품이나 제품 또는 상품 등의 품목을 입력한다.

② 복수거래

품목과 단가의 종류가 여러 가지 인 경우에 F7(복수거래) 단추를 클릭하여 복수거래내용(F7)란에 입력가능 개수 100개까지 거래 내역을 입력한다.

3. 단가와 공급가액

① 단가

거래를 할 때 매매단가를 입력한다. 단가가 없을 경우에는 Enter↵키를 누르면 공급가액 입력란으로 커서가 이동한다. 수량과 단가를 입력하면 공급가액과 부가가치세가 자동으로 계산되어 입력된다.

② 공급가액

공급가액은 부가가치세가 포함되지 않은 물품의 금액이고, 공급대가는 부가가치세가 포함된 물품의 금액이다. 공급대가가 주어지면 1.1로 나눈 금액으로 입력해야 한다. 수량과 단가를 입력하여 자동으로 계산할 수 있으며, 직접 공급가액을 입력하면 부가가치세가 10% 자동으로 반영된다. 유형 중 17. 카과, 22. 현과는 공급대가(부가가치세 포함금액)을 입력하면 공급가액과 부가가치세로 자동분리되어 반영된다.

4. 부가세(부가가치세)

부가가치세는 공급가액이 입력되면 자동으로 계산되며, 부가가치세를 직접 입력할 수도 있다. 유형이 12. 영세, 13. 면세, 18. 카면, 19. 카영, 23. 현면인 경우에는 부가가치세는 해당 사항이 없으므로 커서가 움직이지 않으므로 공란이 된다.

5. 공급처명 및 사업자 주민번호

① 공급처명

매입매출전표를 입력할 때는 반드시 거래처 코드를 입력해야 한다. 만약 거래처 코드를 입력하지 않으면 매출처별 세금계산표 합계표가 작성되지 않는다.

② 사업자 주민번호

거래처가 사업자인 경우에는 거래처 등록 메뉴에서 입력한 사업자 등록번호가 자동으로 반영되어 입력되며, 비사업자인 개인의 경우에는 주민등록번호가 반영된다. 해당거래처가 주민등록기재분 경우에는 거래처 등록 내용 중 수정(Tab) 중 4. 주민등록기재분 해당숫자인 1. 여를 입력하면 세금계산서 합계표에도 자동반영된다. 또는 거래처 코드란에 아무것도 입력하지 않고, 거래처명란에 주민등록번호를 기재해도 세금계산서 합계표에 자동으로 반영된다.

6. 전자(전자세금계산서)

전자세금계산서(electronic tax invoice)는 사업자가 물품 등을 판매할 시 물품 등을 구매하는 자로부터 부가가치세를 징수하였다는 거래 사실을 증명하기 위한 전자문서이다. 전자란에 이미 젔자세금계산서를 발행한 경우에는 1. 여를 입력하면 된다. 그러나 매입매출전표에 입력하면서 전자세금계산서를 발행하면 1. 여를 체크하지 않고, 전자세금계산서 발행 메뉴에서 발행하면 매입매출전표 메뉴 전자란에 반영이 된다.

7. 분개

분개란은 매입매출거래의 회계처리를 위한 곳이다. 분개번호(0 : 분개없음, 1 : 현금, 2 : 외상, 3 : 혼합, 4 : 카드, 5 : 추가)를 선택한다. 현금과 외상 거래인 경우에는 자동적으로 분개가 된다. 나머지 거래는 계정과목을 추가로 입력하여야 한다.

① 분개없음 : 0
　㉠ 실제로 분개가 필요없는 경우 : 매일의 거래를 거래 명세표만 발행하여 일반전표 입력메뉴에 입력하고 부가가치세 신고와 관련된 세금계산서 발행은 월말에 1건으로 발행한 경우 세금계산서 합계표와 신고서 작성 및 세금계산서 발행을 위해 매입매출전표 입력 메뉴에서 입력하는 경우이다.

　㉡ 분개가 필요하지만 나중에 처리하고자 하는 경우 : 부가가치세 신고가 임박하여 신고 자료를 취합하는 경우가 많아서 많은 시간이 소요되므로 '분개없음'으로 선택하여 부가가치세 신고를 한 후에 분개를 하고자 할 경우이다.

② 현금 : 1
전액 현금 거래일 경우에만 사용한다. 부가세 예수금과 기본계정으로 자동 분개된다. 단, 부가세 예수금을 제외한 계정과목을 수정하거나 추가 입력이 가능하다.

③ 외상 : 2
일반적 상거래에서 발생한 외상거래일 경우에만 사용한다. 차변 계정은 외상매출금으로 대변 계정은 부가세예수금과 기본 계정으로 자동 분개된다. 외상매출금, 부가세 예수금은 수정이 불가능하며, 기본 계정은 수정 및 추가 입력이 가능하다.

④ 혼합 : 3
현금과 외상 이외의 거래로서 대변계정은 부가세예수금과 기본계정으로 자동 분개되어 나타나며, 차변계정은 직접 입력을 한다. 그리고 상거래 이외의 경영활동에서 발생한 거래들도 처리한다.

⑤ 카드 : 4
과세나 영세 및 면세 매출분에서 외상매출금이나 미수금 등으로 분개한 다음 신용카드

매출전표로 결제한 경우인데 환경등록 메뉴에서 외상매출금, 미수금 계정과목은 신용카드 기본계정인 카드채권으로 설정되어 있어야 한다.

⑥ 추가 : 5
환경등록 메뉴에서 추가계정을 설정한 경우에 선택하여 거래를 입력할 수 있다.

제 2 절
매출전표 입력 사례

1) 1월 2일 : 일일전자에 제품 10,000,000원(부가가치세 1,000,000원)을 매출하고 전자세금계산서를 교부하고 대금은 현금 5,000,000원을 받고 나머지는 외상으로 하였다.

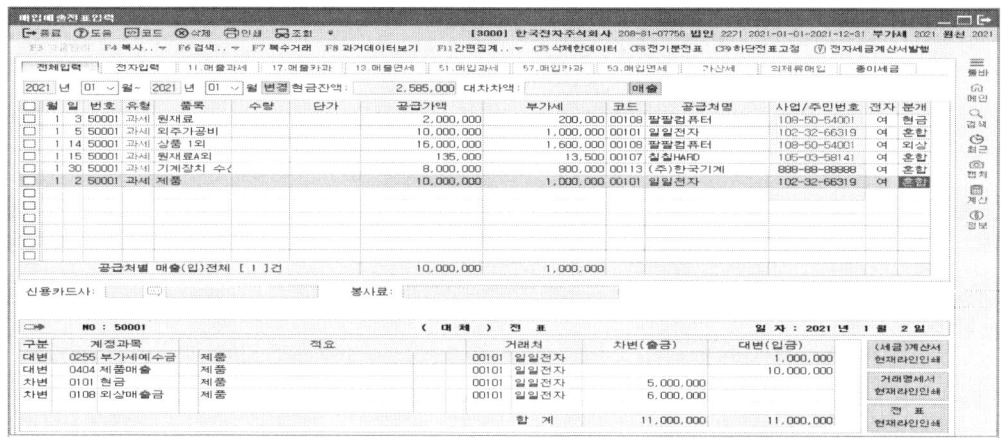

2) 1월 5일 : 이이전자에 상품 8,000,000원(공급가액)에 인도하고 전자세금계산서를 교부하였다. 단 전월에 계약금으로 받은 800,000원을 제외한 잔액은 다음달 말일에 수취하기로 하였다.

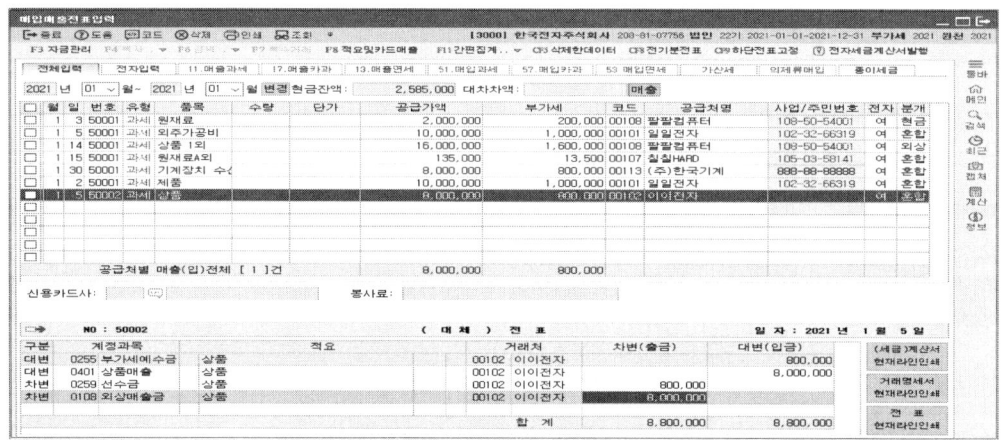

3) 1월 8일 : 관리부에서 사용하던 컴퓨터를 한국컴퓨터에 400,000원(부가가치세 별도)에 매각하고 전자세금계산서를 발행하였다. 매각대금은 전액 현금으로 수취하였고, 컴퓨터의 취득가액은 1,500,000원, 감가상각누계액은 1,300,000원이며, 매각시 감가상각비는 고려하지 않는다.

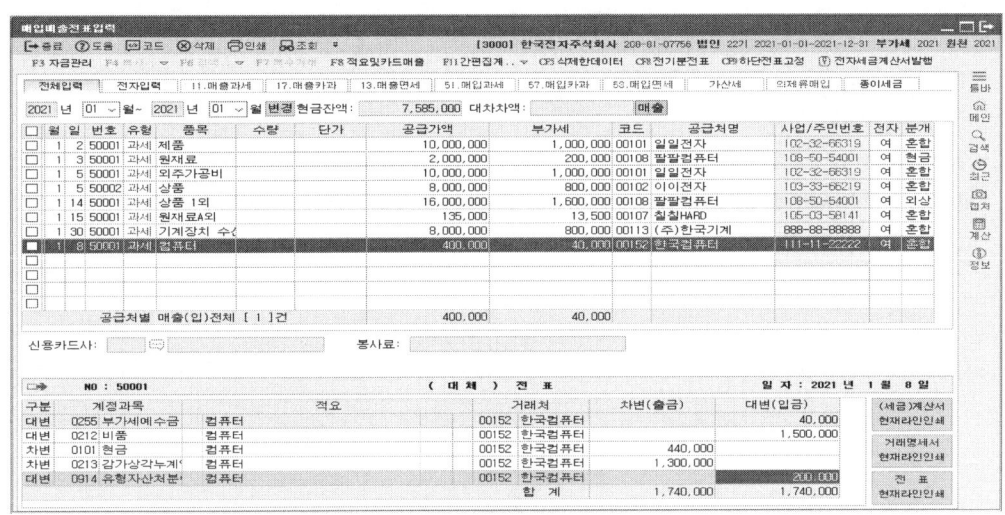

4) 1월 10일 : 일일전자에 제품A 10개 @100,000원, 제품 B 30개 @120,000원의 2가지 거래를 하고 전자세금계산서를 교부하고 대금은 현금으로 수취하였다.

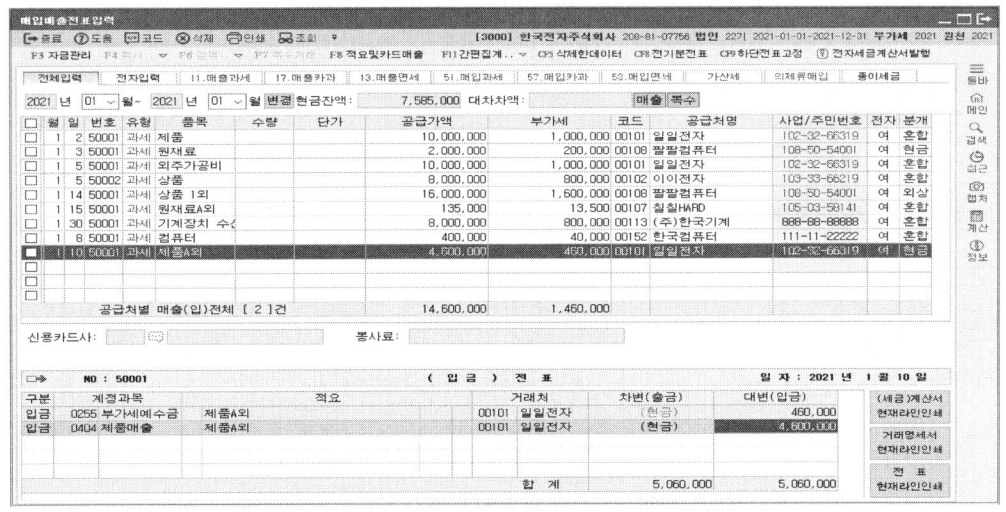

5) 1월 13일 : 일일전자에 제품 10,000,000원(부가가치세 별도)에 판매하고 전자세금계산서를 교부하였다. 판매대금은 일일전자의 이이전자에 대한 외상매출채권을 이이전자의 동의하에 인수하였고, 나머지는 보통예금으로 입금되었다.

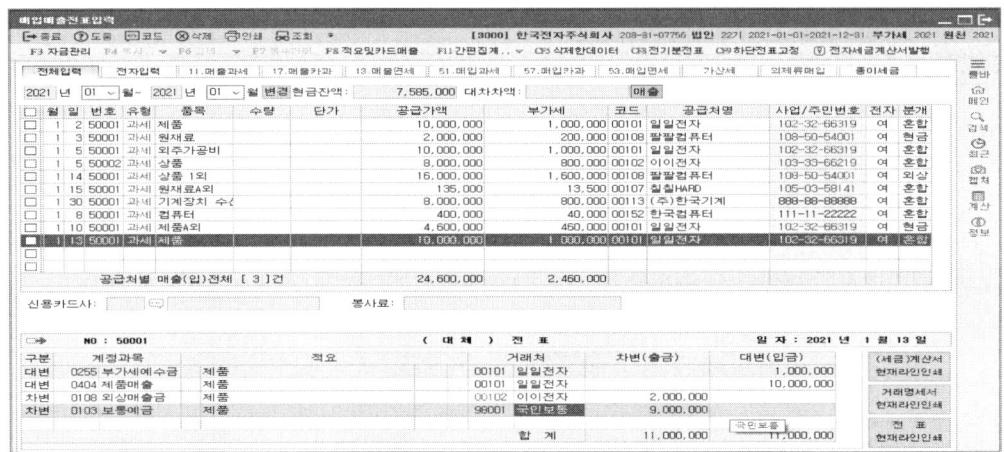

6) 1월 15일 : 이이전자에 상품 4,000,000원을 판매하고 전자세금계산서를 교부하였다. 공급대가 4,400,000원 중 동사에 대한 선수금 잔액 500,000원을 차감한 잔액은 약속어음으로 받았다.

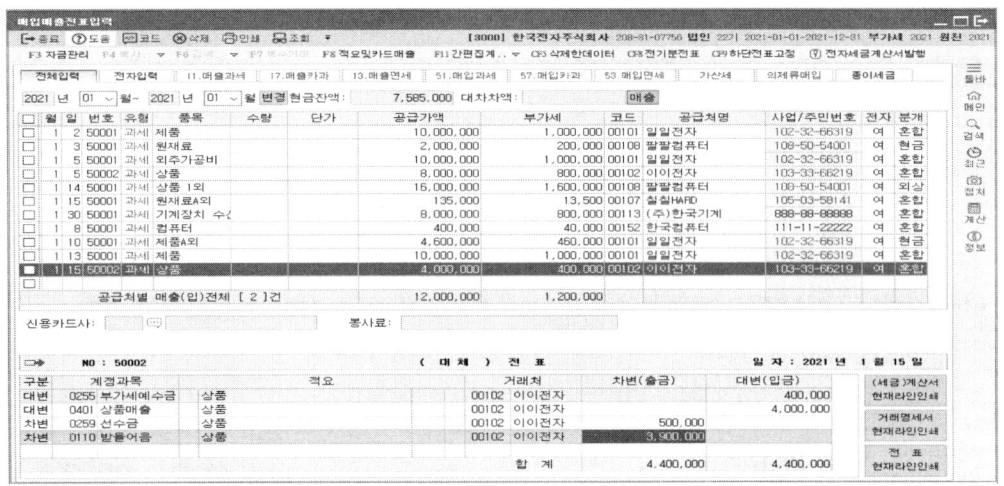

7) 1월 16일 : 이이전자에 1월 5일에 판매한 상품 중 하자가 발견되어 공급대가 220,000원을 반품받고, 전자세금계산서를 교부한 후 대금은 외상채권과 상계하였다.

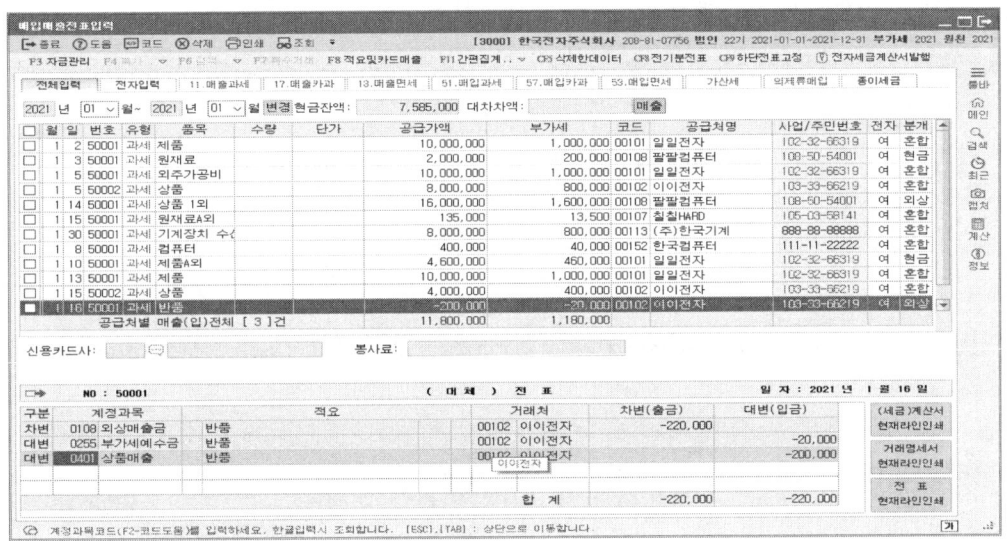

8) 1월 20일 : 삼삼산업에 제품 제조과정에서 발생한 부산물(공급가액 500,000원, 부가가치세 50,000원)을 외상으로 판매하고 전자세금계산서를 교부하였다. (계정코드 412. '부산물매출'계정을 등록하여 회계처리 할 것.)

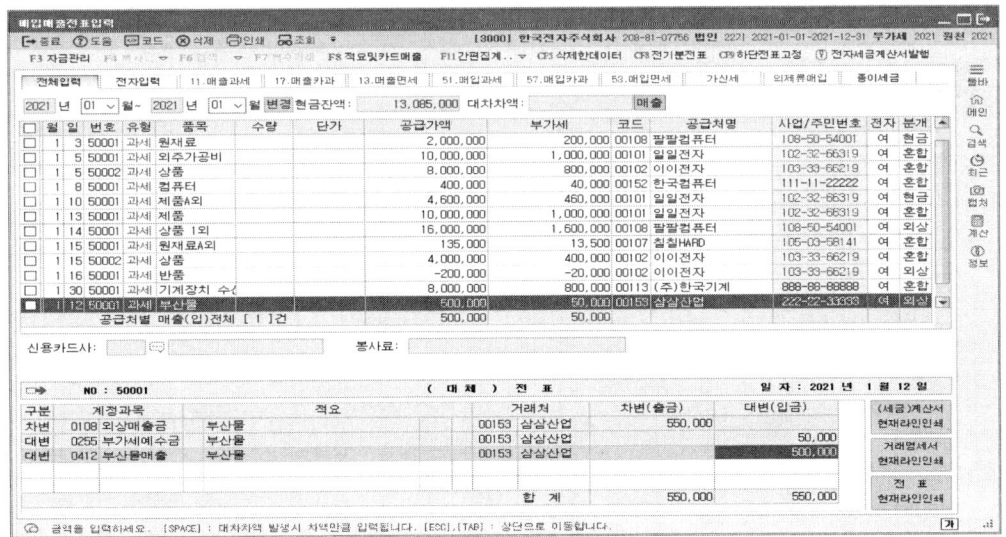

9) 1월 25일 : 제품제조에 사용하던 기계를 사사대리점에 990,000원(부가가치세 포함)에 매각하고 전자세금계산서를 교부하였으며, 대금은 외상으로 하였다. 단, 기계장치의 취득가액은 1,200,000원이고 감가상각누계액은 500,000원이다.

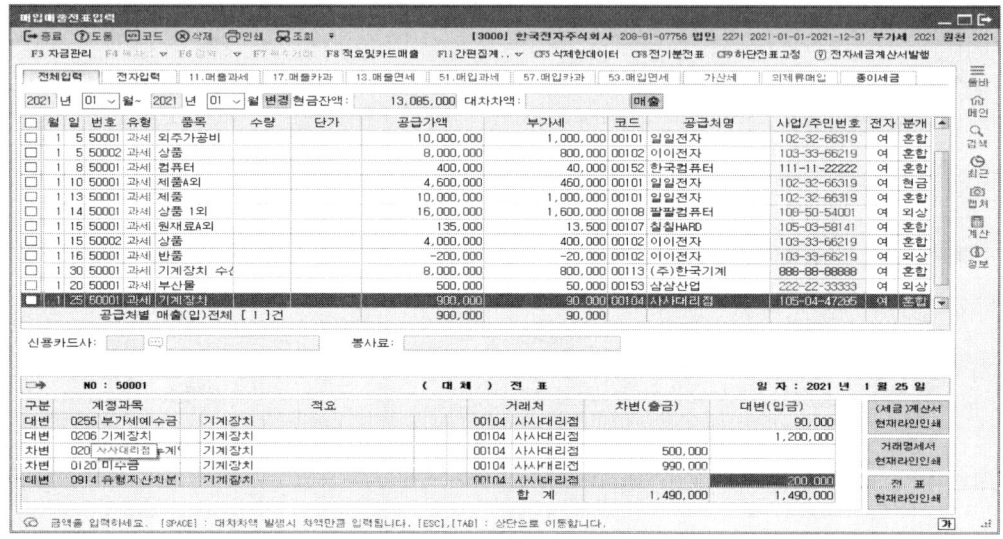

10) 1월 31일 : 일일전자에 제품 200,000,000원(부가가치세 별도)을 판매하고 전자세금계산서를 교부하였다. 대금중 1/2은 약속어음을 받고, 1/2은 외상으로 하였다.

11) 2월 4일 : 이이전자에 상품 11,000,000원(부가가치세 포함)에 매출하고 전자세금계산서를 발행하였으며, 대금은 자기앞수표로 받았다.

12) 2월 7일 : 사사대리점에 제품 20,000,000원(부가가치세 별도)을 판매하고, 대금은 국민카드로 결제하였으며, 전자세금계산서를 발행하였다.

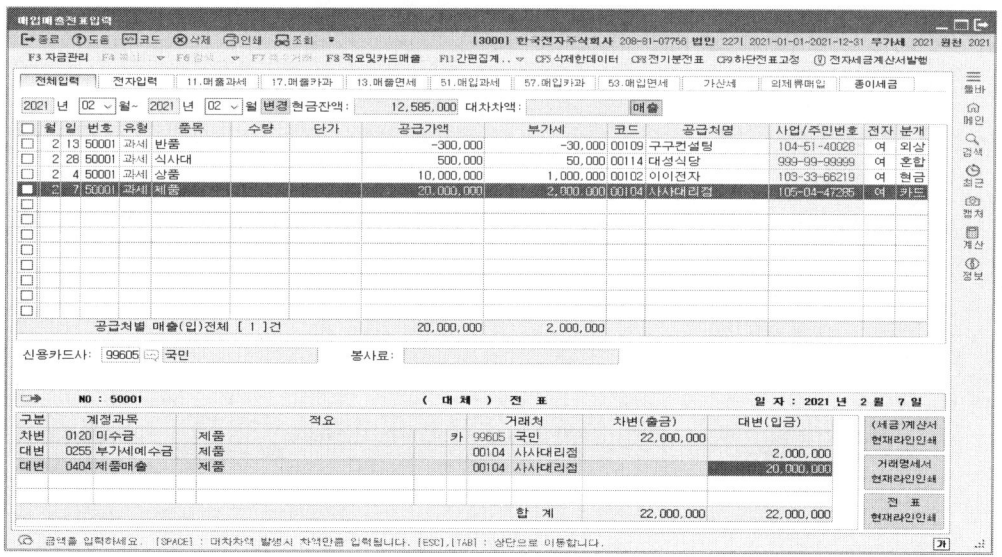

전산회계와 전산세무회계

13) 2월 12일 : 비사업자인 김서울에게 상품 3,000,000원(부가가치세 별도)을 현금으로 판매하고 전자세금계산서를 발행하였다. (주민번호 : 571214-1010218)

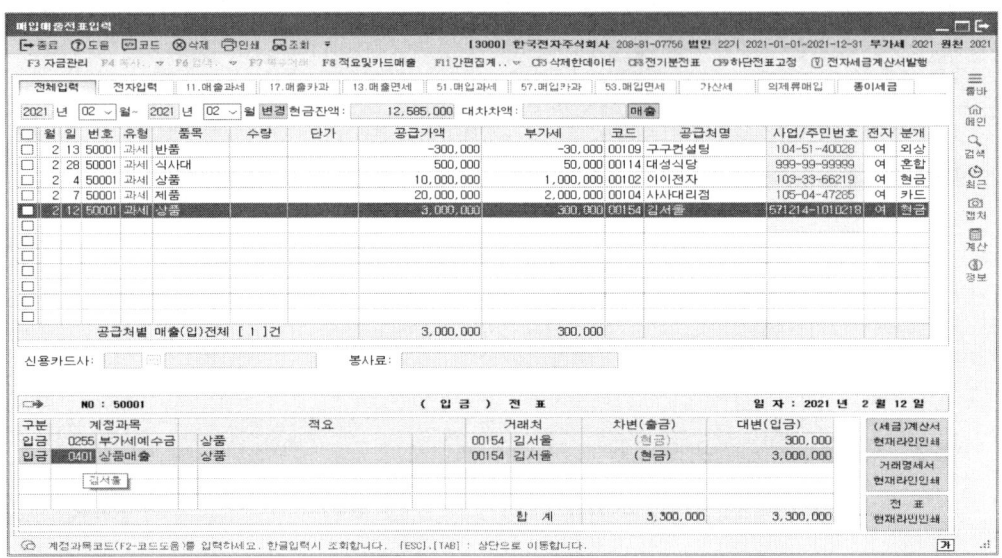

14) 2월 18일 : 오오상사에 수출용 제품 32,000,000원을 납품하고 영세율 세금계산서를 교부하였으며, 대금은 외상으로 하였다.

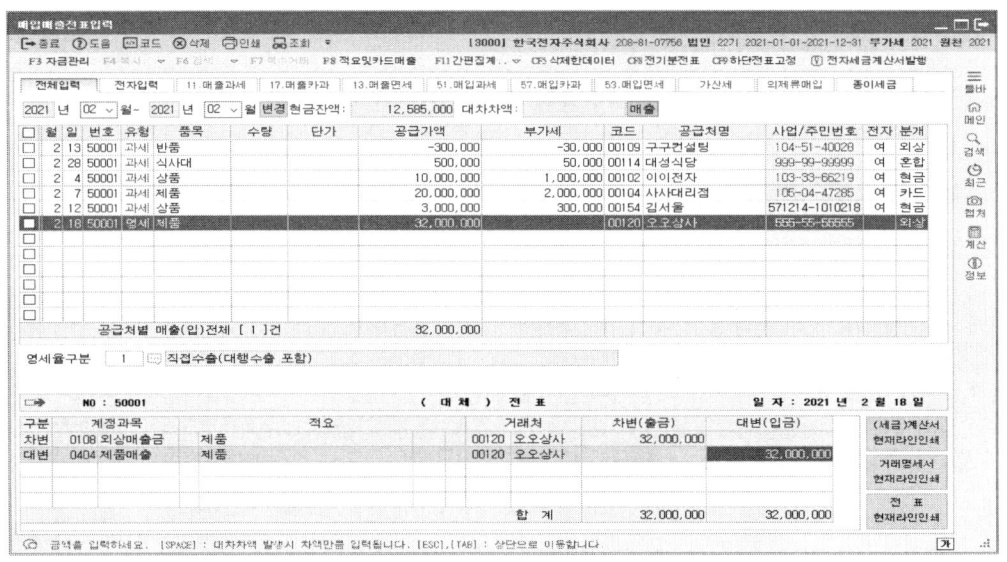

15) 2월 25일 : 수출대행 업체인 ㈜ 서울상사에 하나은행 발행 구매확인서에 의하여 상품 (공급가액 5,000,000원)을 매출하고, 영세율세금계산서를 교부하였으며, 대금은 선수금 500,000원을 상계하고 외상으로 하였다.

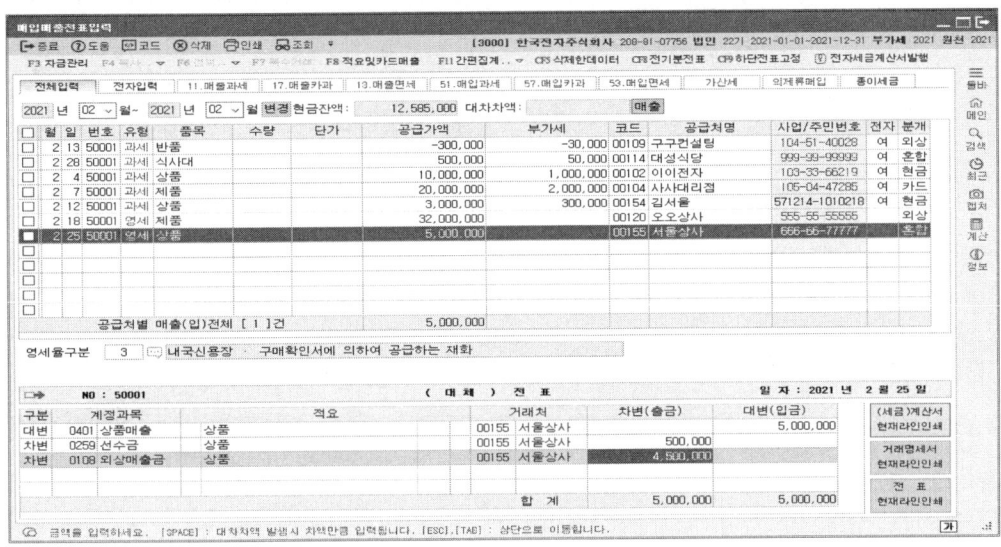

16) 2월 28일 : 수출대행업체인 ㈜ 인천무역에 Local L/C에 의하여 제품(공급가액 4,000,000원)을 매출하고 영세율세금계산서를 교부하였으며, 대금은 보통예입되었다.

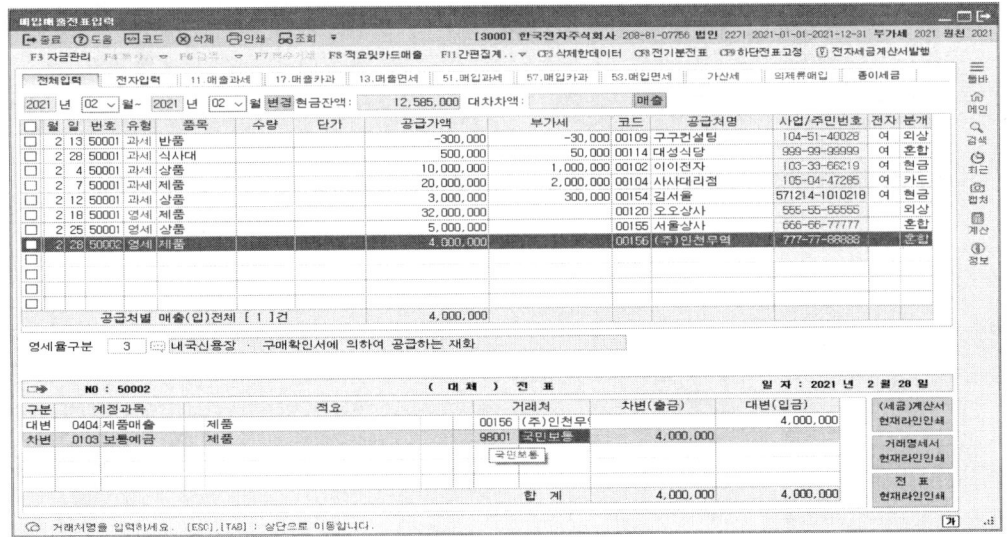

17) 3월 5일 : 수출업체인 부산상사에 Local L/C에 의하여 상품 2,000,000원(공급가액)을 납품하고, 영세율세금계산서를 교부하였으며, 대금은 부산상사 발행 당좌수표로 받았다.

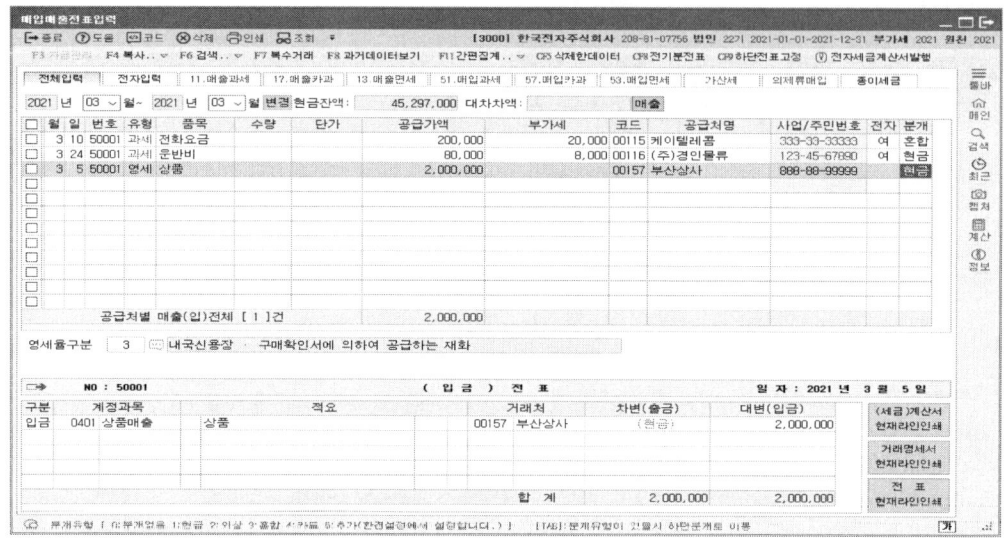

18) 3월 10일 : 수출업자인 부산상사에 제품 3,000,000원을 납품하고 영세율전자세금계산서를 교부하였으며, 대금은 계약금으로 받은 300,000원을 제외한 잔액은 약속어음으로 받았다.

19) 3월 20일 : 수출대행업체인 ㈜ 인천무역에 상품(10개, 단가 100,000원)을 납품하고 영세율전자세금계산서를 발행하였으면 대금은 외상으로 하였다.

20) 3월 28일 : 수출업자인 부산상사에 Local L/C에 의하여 상품 15개, 단가 120,000원을 납품하고, 영세율전자세금계산서를 발행하였으며, 대금은 외상으로 하였다.

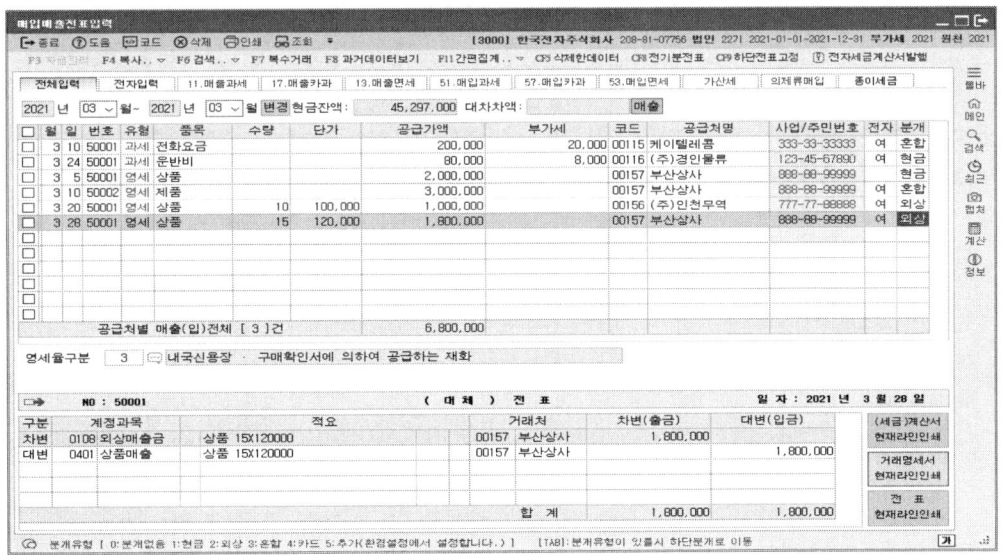

21) 4월 4일 : 당사 제품(원가 5,000,000원, 시가 6,000,000원)을 매출처 일일전자에 선물로 제공하였다.

22) 4월 10일 : 판매용 상품 330,000원(공급대가)을 현금으로 소매판매하고, 영수증을 발행하였다.

23) 4월 20일 : 비사업자인 김서울에게 제품 공급대가 1,100,000원을 소매로 판매하고, 영수증 발행 후 대금은 현금으로 수령하였다.

24) 4월 25일 : 판매하기로 구입한 유류(원가 90,000원, 시가 100,000원)를 회사 업무용 소형승용차 유지비로 소비하였다.

25) 5월 1일 : A Co.에 상품 10,000달러(환율 : 1,200원/1달러)를 직수출하고, 대금은 전액 이달말 일에 미국 달러화로 받기로 하였다.

26) 5월 10일 : C Co. 에 수출할 제품(30,000달러: 환율 : 1,300원/1달러)을 부산항에서 선적 완료하고, 이미 받은 계약금으로 받은 3,000달러(계약일 환율 : 1,200원/1달러)를 받아 원화로 환가하여 보통예금계좌에 입금하였으며, 나머지 수출대금은 5월말 일에 받기로 하였다.

27) 5월 16일 : 수출신고서에 의해 미국 D Co. 에 제품 1,000,000원을 외상으로 직수출하였다.

28) 5월 20일 : 중국 상해상사에 상품(공급가액 10,000위안 환율 : 180위안/1원)을 선적완료하고 대금은 외상으로 하였다.

29) 5월 26일 : 일본 동경상사에 제품 20,000,000앤(환율 1,000원/100앤)을 직수출하면서 동사 거래은행에서 발행한 수출신용장을 수취하고 수출신고를 하였다.

30) 6월 14일 : 이도령에게 제품 330,000원(부가가치세 포함)을 판매하고 대금은 국민카드로 결제하였으며, 신용카드 매출전표를 발행하였다.

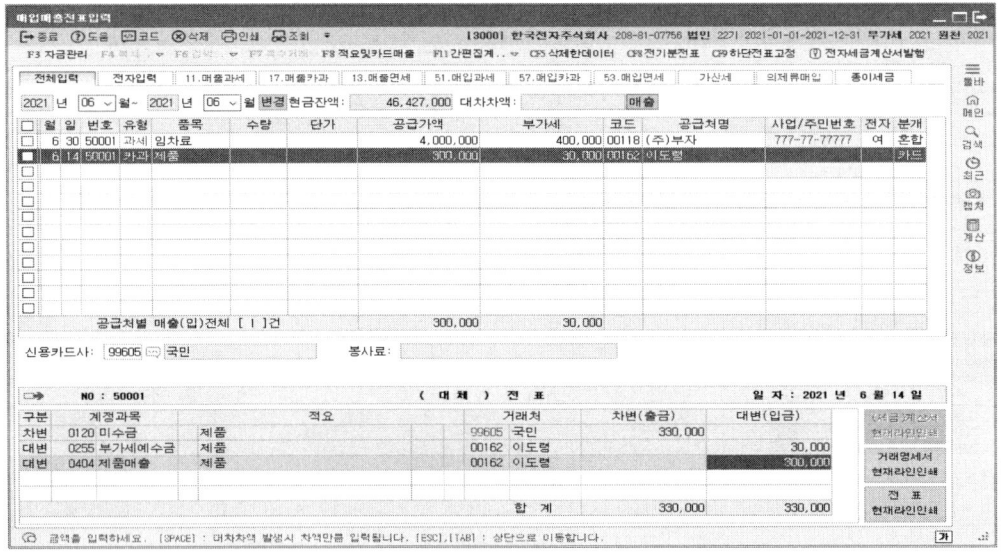

31) 6월 20일 : 김춘향에게 상품 1,000,000원(부가가치세 별도)을 매출하고 결제는 국민카드로 하였다.

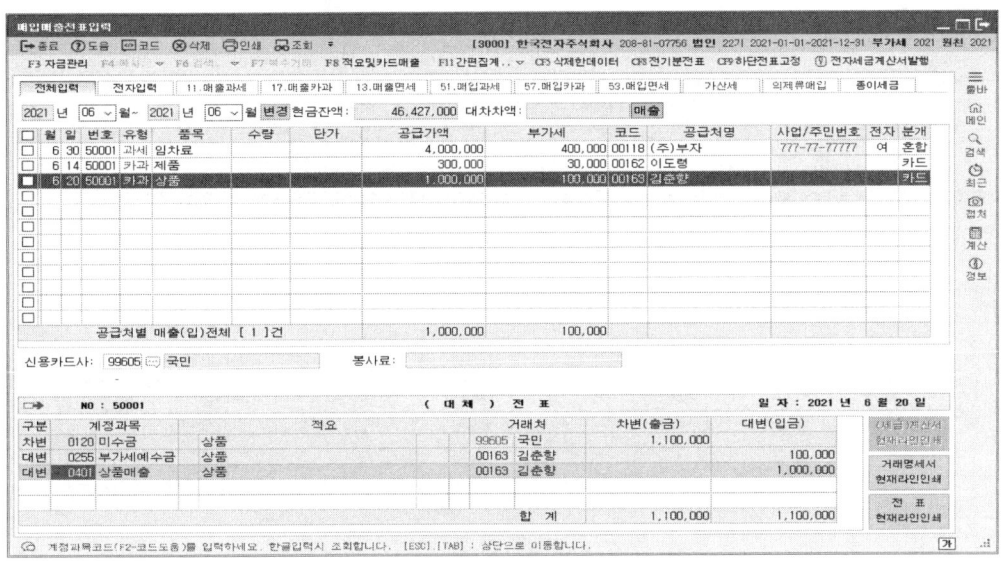

32) 7월 15일 : 비사업자인 박강원에게 제품을 판매하고, 판매대금 440,000원(부가가치세 포함)은 비씨카드로 결제받았다.

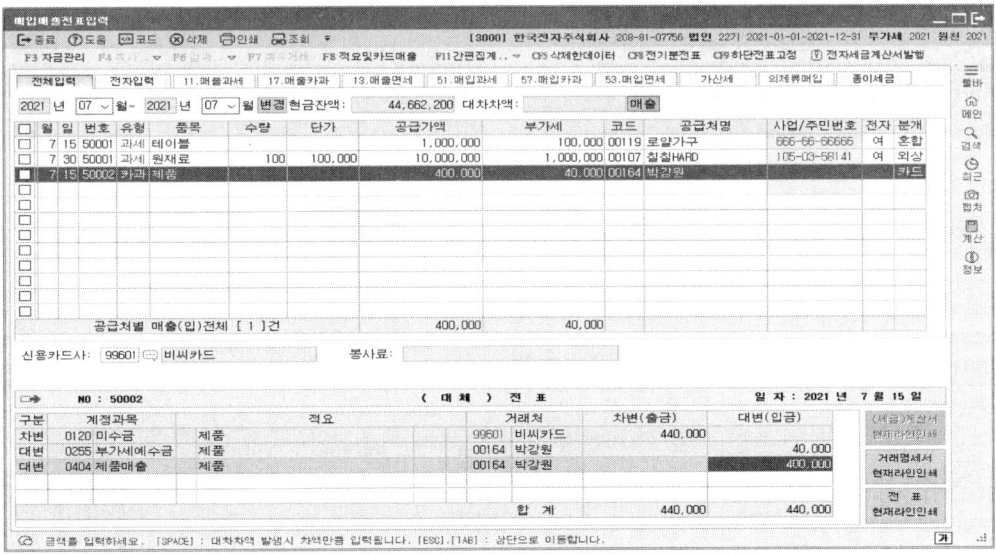

33) 8월 20일 : 개인 최인천에게 상품(도서)을 20,000원(면세 적용)에 판매하고 결제는 하나카드(신용카드)로 하였다.

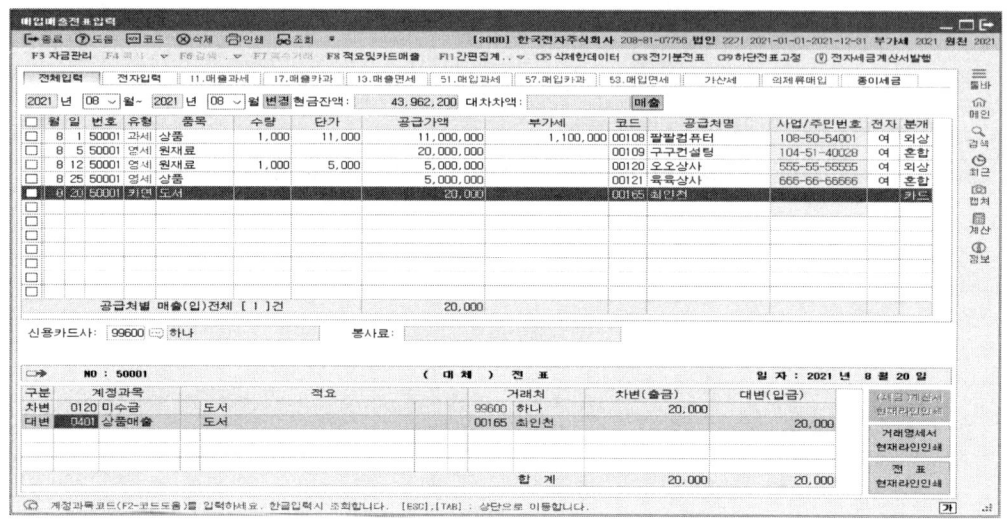

34) 9월 25일 : 직원 식사를 위해 구입하였던 쌀 10kg을 쌀판매점인 경주상회에 200,000원에 판매하고 국민카드로 결제 받았다. 쌀 판매는 당사의 사업과 관련된 부수재화에 해당하지 않고, 구입당시 쌀의 구입원가는 200,000원이고 저장품으로 처리하였다.

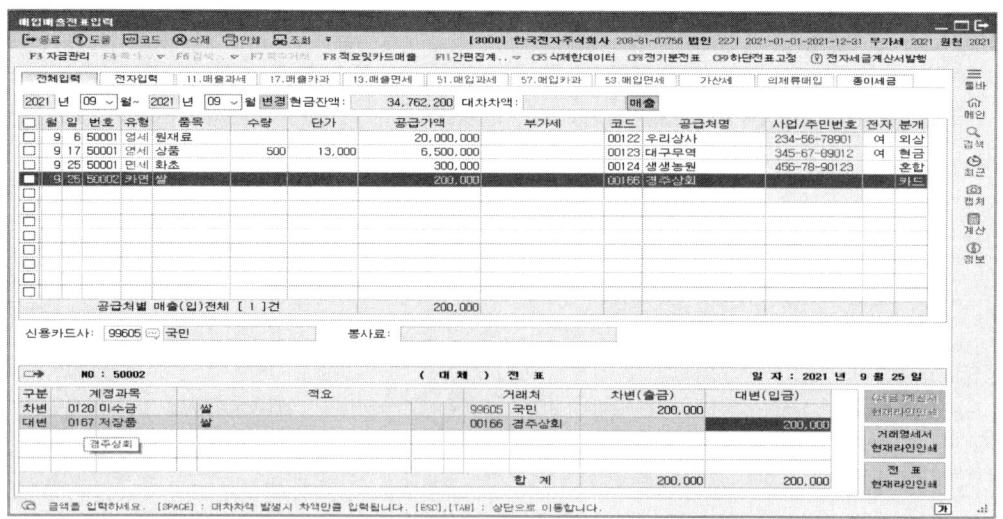

35) 10월 25일 : 김철수에게 제품 220,000원(부가가치세 포함)에 현금으로 판매하고 현금영수증을 교부하여 주었다.

36) 11월 25일 : 한제주 씨(비사업자)에게 상품 110,000원(부가가치세 포함)에 현금으로 판매하고 현금영수증을 교부하였다.

37) 12월 25일 : 공장에서 사용하던 기계장치(취득가액 800,000원, 감가상각누계액 200,000원)를 울산대리점에 550,000원(부가가치세 포함)에 판매하였다. 대금은 자기앞수표로 받고, 현금영수증을 발급하였다.

제 3 절
전자세금계산서 발행

01　전자세금계산서 입력 방법

　법인 사업자는 2011년 1월부터 직전연도의 사업장별 재화 및 용역의 공급가액의 합계액이 3억원 이상인 개입사업자는 2014년 7월부터 전자세금계산서의 발급 의무가 있다. 전자세금계산서의 발행은 매출자가 해야 한다. 국세청 홈텍스를 이용하여 발급하던지, 전자세금계산서 발급대행 사업자의 시스템을 이용하여 발급할 수 있다.

1. 전자세금계산서가 발행된 매출거래

　전자세금계산서 발행 입력화면에서 입력한다.

2. 전자세금계산서가 이미 발행된 경우와 재화 구입하면서 받은 전자세금계산서

　매입매출전표 입력메뉴의 [전자]여부에 1. 여를 입력하면 된다.

3. 매입매출전표를 입력하면서 전자세금계산서를 발행하는 경우

　[전자]여부에 전혀 체크하지 않고 입력을 마치며, 다시 전자세금계산서 발행 입력 메뉴에서 전자세금계산서를 발행함으로써 매입매출전표 입력 메뉴의 [전자]여부에 반영한다.

전산회계와 전산세무회계

02 실습 사례

  5월 10일 : 이이전자에 제품(공급가액 1,000,000원, 부가가치세 별도)을 판매하고 전자세금계산서를 발행하였다(전자 발행 담당자 : 이대구, 담당자 이메일 주소 : tax@naver.com). 대금 중 500,000원은 현금으로 받았고 나머지는 어음으로 받았다. 본 매출거래는 매입매출전표 입력에서 [전자]여부를 실제로 전자세금계산서 발행을 통해 입력하는 방법을 사용한다.

제6장 매입매출전표 입력2

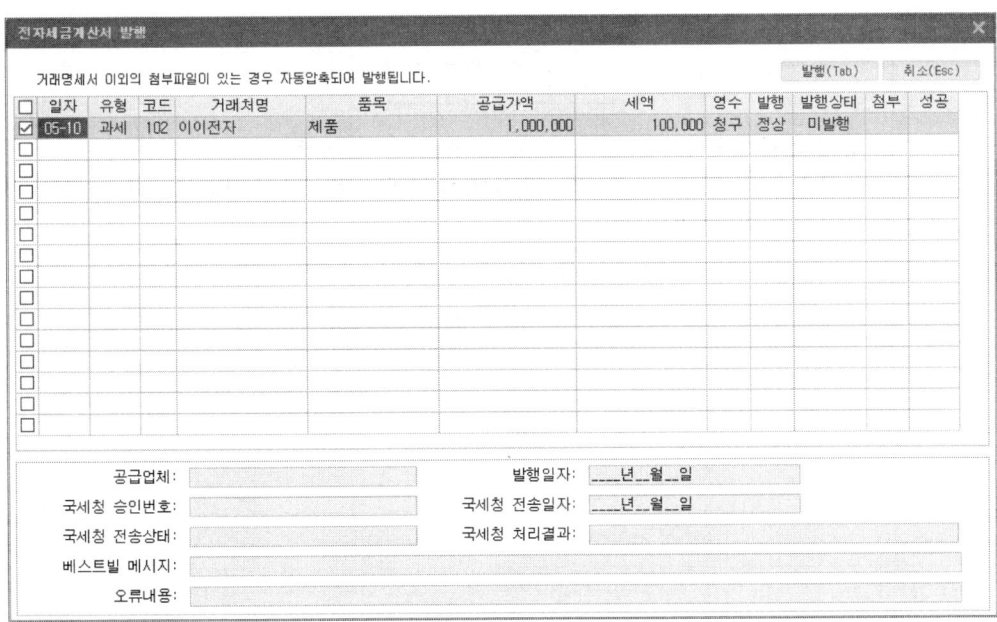

전자세금계산서 1건을 발행하시겠습니까?

※ 국세청전송은 전자세금계산서 발행 후 익일에 전송되오니,
[F11 신고현황재집계]를 통해 반드시 국세청전송상태를 확인하시기 바랍니다.

※교육용 또는 시험용에서는
전자세금계산서 발행과 동시에 국세청 전송상태가 '전송성공'이 되며,
발행취소(삭제) 또한 가능합니다.

※ 아이디 : kacpta | 비밀번호 kacpta

전자발행과 E-Mail재발송을 실행해도 국세청과 거래처에 전송되지 않습니다.

예(Y)   아니오(N)

베스트빌 로그인

아이디: kacpta   □ 저장
비밀번호: ******

매입매출전표등 프로그램이 실행되어 있으면
신고현황재집계 완료 후 매입매출전표등을 재조회하고
작업하시기 바랍니다.
 (비밀번호 사용불가 특수문자 : %)

확인(Tab)   취소(Esc)

제6장 매입매출전표 입력2

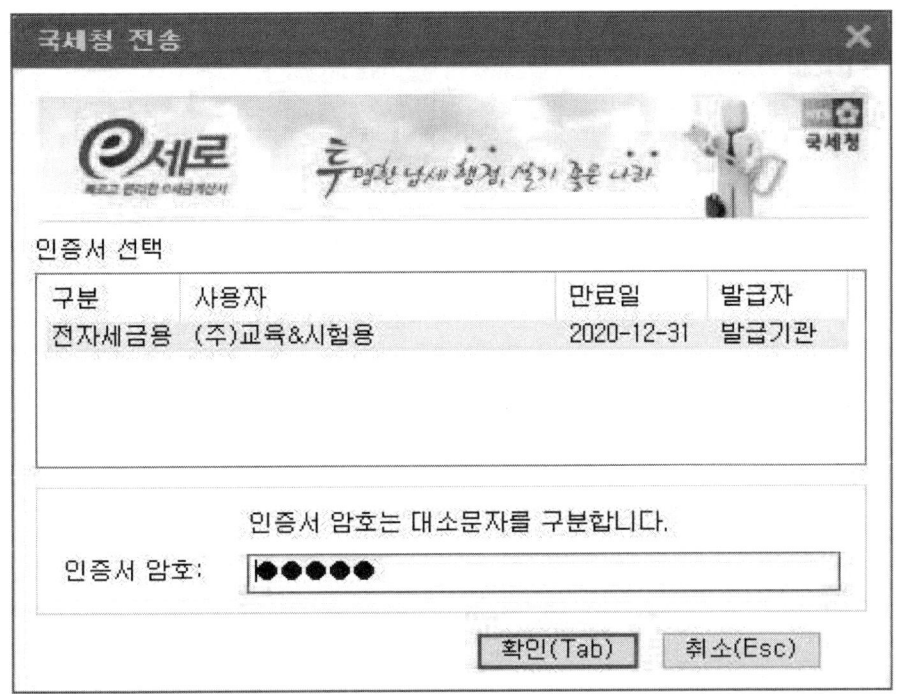

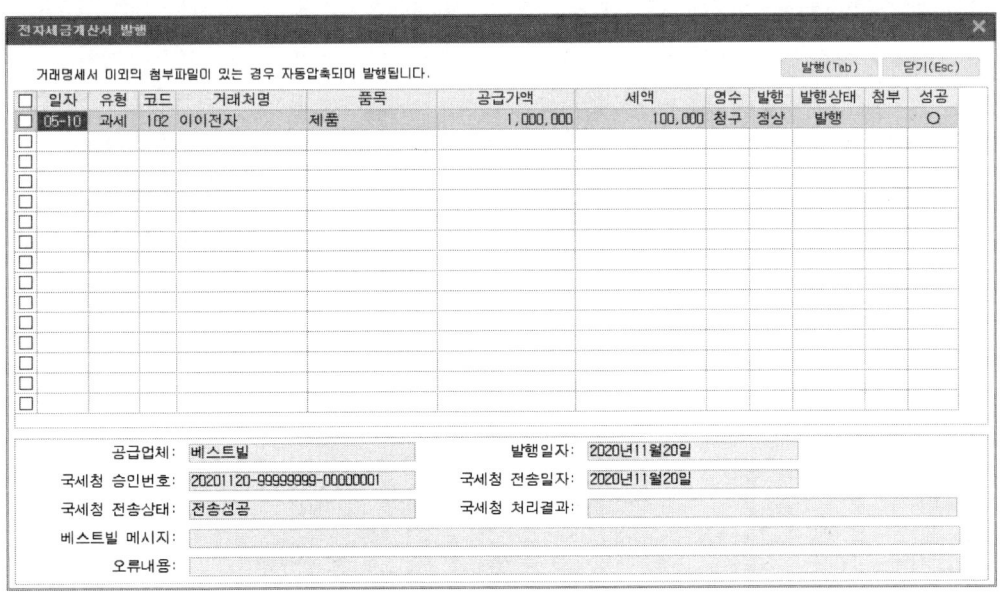

전산회계와 전산세무회계

제 7 장

고정자산 및 감가상각과 자금관리

제 1 절
고정자산 및 감가상각

01 고정자산 등록과 감가상각 입력 방법

1. 고정자산 등록

① 자산 계정과목

감가상각을 하는 대상인 유형자산과 무형자산 항목의 계정과목을 입력한다. 툴바의 코드키를 이용하거나, 도움단추를 클릭하여 나타나는 화면에서 해당코드를 선택한다.

② 자산코드/명

자산코드는 6자리수를 입력하고 자산명은 한글은 10자, 영문은 20자 이내로 구체적인 품목명을 입력한다.

③ 취득년월일

해당자산을 취득한 일자를 입력한다.

④ 상각방법

감가상각 방법을 정률법과 정액벙 중 선택을 한다.

⑤ 기본등록사항

㉠ 기초가액 : 유형자산 - 전기말 취득가액 또는 당기에 취득한 자산의 취득원가, 무형자산 - 전기 장부가액을 입력한다.

㉡ 전기말 상각 누계액(-) : 전기말 감가상각누계액을 입력한다.

㉢ 전기말 장부가액 : 기초가액에서 전기말 상각누계액이 차감되어 자동으로 계산되어진 금액이 표시된다.

㉣ 당기 중 취득 및 당기 증가(+) : 당기 중에 취득한 것이나 증가된 금액을 입력한다.

㉤ 당기 감소(일부양도, 매각, 폐기)(-) : 당기 중에 감소된 것으로 일부 양도나 매각 또는 폐기된 금액을 입력한다.
전기말 상각누계액(당기감소분)(+) : 당기 감소분에 해당하는 자산의 전기말 상각누계액을 입력한다.

㉥ 전기말 자본적지출 누계액(+)(정액법만) : 감가상각방법인 정액법인 경우에 전기말 자본적 지출 누계액을 입력한다.

㉦ 당기 자본적지출액(즉시상각분)(+) : 당기 자본적 지출액으로 즉시 상각분의 금액을 입력한다.

㉧ 전기말 부인누계액(+)(정률만 상각자산에 가산) : 전기말 자산의 부인 누계액을 입력한다.

㉨ 전기말 의제상각 누계액(-) : 전기말에 발생한 의제상각 누계액을 입력한다.

㉩ 상각대상금액 : 위 ㉠에서부터 ㉨까지 가감한 금액이 자동으로 표시된다.

㉪ 내용연수/상각률(월수) : 해당 자산의 내용연수를 입력하면, 상각률은 자동 계산되어 표시된다.

㉫ 상각범위액(한도액)(10×상각률) : 상각 범위액이 있을 경우 표시된다.

㉬ 회사계상액 : 회사가 계상한 금액이 표시된다.

㉭ 경비구분 : 비유동자산의 용도에 따라 감가상각비의 해당경비를 선택하는데, 1. 500번대(제조), 2. 600번대(도급), 3. 650번대(보관) 4. 700번대(분양경비) 5. 750번대(운송) 6. 800번대(판매비와 관리비) 중 해당번호를 입력한다.

㉮ 당기말 상각누계액 : 전기말 상각누계액과 당기상각비의 합계액이 자동으로 계산되어 표시된다.

㉯ 당기말 장부가액 : 기초가액에서 당기말 상각누계액을 차감한 금액이 자동으로 계산되어 표시된다.

㉰ 당기 의제상각비 : 당기에 발생한 의제 상각비를 입력한다.

㉱ 전체 양도일자 : 해당자산의 전체를 양도한 일자를 입력한다.

㉲ 전체 폐기일자 : 해당자산의 전체를 폐기한 일자를 입력한다.

㉳ 업종 : 내용연수의 적정여부를 판단하기 위하여 도움단추를 누르면 나타나는 업종코드에서 해당업종을 선택한다.

⑥ 추가등록사항

㉠ 사용부서코드 ; 해당자산을 사용하는 부서코드를 선택 입력한다.

㉡ 프로젝트 : 프로젝트와 관련된 자산이면 해당 프로젝트를 선택 입력한다.

㉢ 현장코드 : 현장에서 관련된 자산이면 해당 현장을 선택 입력한다.

㉣ 특별상각율 : 해당자산이 특별 상각을 하는 경우 상각율을 입력한다.

㉤ 특별상각비 : 해당 자산의 특별상각비를 입력한다.

㉥ 특례내용연수적용여부 : 특례 내용연수가 적용되는가 여부를 0. 부, 1. 여를 선택하여 입력하고 해당 연수를 입력한다.

㉦ 규격 : 해당 자산의 규격을 입력한다.

㉧ 모델 : 해당 자산의 모델을 입력한다.

㉨ 취득수량 : 취득한 수량을 입력한다.

㉩ 구입처 : 구입을 한 거래처를 입력한다.

㉪ 제작사 : 해당자산의 제작회사를 입력한다.

자산변동처리 : 해당자산의 변동 이력을 관리하기 위하여 표의 내용을 입력하여 관리한다.

2. 실제사례

계정과목	코드	자산명	취득연도	상각방법	기초가액	전기말 상각누계액	내용연수	용도
기계장치	100	제어장치	2018. 7.10	정률법	20,000,000	5,000,000	8년	공장
차량운반구	200	화물차	2019. 10.2	정률법	29,000,000	3,500,000	8년	공장
비품	300	에어컨	2018. 8. 1	정률법	3,000,000	1,500,000	5년	사무실

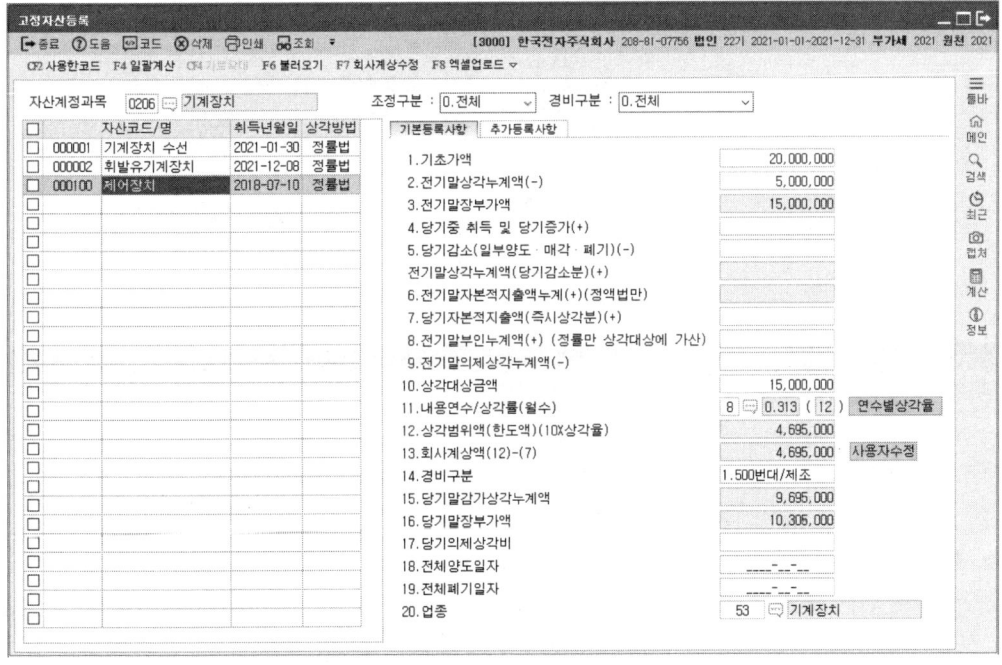

전산회계와 전산세무회계

제7장 고정자산 및 감가상각과 자금관리

02 감가상각비

1. 미상각분 감가상각비

고정자산 등록메뉴의 입력사항을 반영하여 미상각분에 대한 감가상각이 자동으로 표시 되어진다.

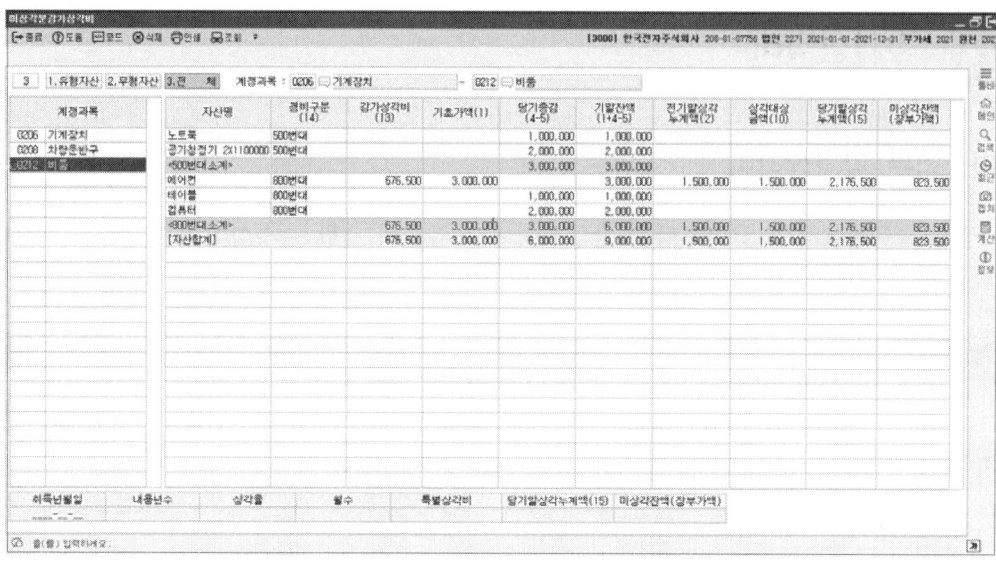

2. 양도자산 감가상각비

고정자산 등록메뉴에서 당기 중 양도된 자산이 있을 경우 입력사항이 자동으로 반영되어 표시되며 양도자산의 감가상각비는 양도일자를 입력하면 월할상각법이 적용되어 자동으로 감가상각비가 표시된다.

3. 고정자산 관리대장

고정자산 관리대장 메뉴를 클릭하면 계정과목별 또는 전체 계정과목을 선택한 범위내에서 원가경비별로 고정자산과 감가상각비 내역을 조회할 수 있다.

제 2 절
자금 관리

1. 받을어음 현황

2. 지급어음 현황

제7장 고정자산 및 감가상각과 자금관리

3. 일일자금명세(경리일보)

4. 예적금현황

제 8 장
근로소득관리와 원천징수

제1절
사원 등록과 부서 등록

01 | 사원 등록

1. 사원 등록 방법

원천징수 탭에서 근로소득관리의 하위메뉴로 사원등록에서 사원을 등록할 수 있다.

① 사번
사원번호로 10자리까지 입력할 수 있고, 사원코드 형태에 따라 문자나 숫자를 입력한다.

② 성명
사원의 이름을 입력한다.

③ 주민(외국인)번호
1: 주민등록번호, 2: 외국인 등록번호, 3: 여권번호를 선택하고 해당 번호를 입력한다.

④ 기본사항
㉠ 입사년월일 : 사원이 입사한 일자를 입력한다.

㉡ 내/외국인 : 1. 내국인, 2. 외국인을 선택하여 입력한다.

㉢ 외국인 국적 : 도움코드 버튼을 사용하여 조회 후 입력한다. 외국인의 경우 체류자격을 조회하여 입력한다.

㉣ 주민 구분 : ③에서 입력한 것이 자동적으로 나타난다.

㉤ 거주 구분 : 1. 거주자, 2. 비거주자를 선택하여 입력한다.

ⓑ 거주지국 코드 : 코드 도움 버튼을 사용하여 조회 후 입력한다.

ⓢ 국외근로제공 : 0. 부, 1. 월 100만원 비과세, 2. 월 300만원 비과세, 3. 전액 비과세를 선택하여 입력한다.

ⓞ 단일세율 적용 : 0, 부, 1. 여를 선택하여 입력한다.

ⓩ 외국법인 파견근로자 : 0. 부, 1. 여를 선택하여 입력한다.

ⓒ 생산직등 여부 : 0. 부, 1. 여를 선택하여 입력한다.
연장근로 비과세 : 0. 부, 1. 여를 선택하여 입력한다.
전년도 총급여 : 전년도 총급여액을 입력한다.

ⓚ 주소 : 사원의 주소를 우편번호 검색으로 조회한 후 입력한다.

ⓔ 국민연금보수월액 : 국민연금의 보수월액을 입력한다.
국민연금납부액 : 국민연금의 납부액을 입력한다.

ⓟ 건강보험보수월액 : 건강보험료의 보수월액을 입력한다.
건강보험료 경감 : 0. 부, 1. 30% 경감, 2. 50% 경감, 3. 60% 경감, 4. 10% 경감을 선택하여 입력한다.
건강보험납부액 : 건강보험료 납부액을 입력한다.
장기요양보험적용 : 0. 부, 1. 여를 선택하여 입력한다.
장기요양보험납부액 : 장기요양보험료 납부액을 입력한다.

ⓗ 고용보험적용 : 0. 부, 1. 여를 선택하여 입력한다.
(대표자 여부 : 0. 부, 1. 여를 선택하여 입력한다.)
고용보험보수월액 : 고용보험료 보수월액을 입력한다.
고용보험납부액 : 고용보험료 납부액을 입력한다.

㉠ 산재보험 적용 : 0. 부, 1. 여를 선택하여 입력한다.

㉡ 퇴사년월일 : 퇴사일자를 입력한다.

⑤ 부양가족명세
　　㉠ 연말관계 : 0. 소득자 본인, 1. 소득자의 직계존속, 2. 배우자의 직계존속, 3. 배우자, 4. 직계비속(자녀 + 입양자), 5. 직계비속(4. 제외), 6. 형제자매, 7. 수급자(1-6 제외), 8. 위탁아동(만 18세 미만)을 선택하여 입력한다.

　　㉡ 성명 : 부양가족의 이름을 입력한다.

　　㉢ 내/외국인 : 1. 내국인, 2. 외국인을 선택하여 입력한다.

　　㉣ 주민(외국인) 번호 : 주민등록번호, 외국인번호, 여권번호를 입력한다.

　　㉤ 나이 : 주민번호를 입력하면 자동으로 계산되어 입력된다.

　　㉥ 부녀자 : 0. 부, 1. 여를 선택하여 입력한다.

　　㉦ 한부모 : 0. 부, 1. 여를 선택하여 입력한다.

　　㉧ 경로우대 : 만 70세 이상으로 0. 부, 1. 여를 선택하여 입력한다.

　　㉨ 장애인 : 0. 부, 1. 장애인복지법, 2. 국가유공자등, 3. 중증환자등을 선택하여 입력한다.

　　㉩ 자녀 : 7세 이상 20세 이하인 경우 해당되며, 0. 부, 1. 여를 선택하여 입력한다.

　　㉪ 출산입양 : 0. 부, 1. 여를 선택하여 입력한다.

　　㉫ 위탁관계 : 코드 도움 버튼을 조회하여 입력한다.

⑥ 추가사항
　　㉠ 급여이체 : 은행을 조회하여 입력하고 계좌와 예금주를 입력한다.

　　㉡ 전화번호 : 일반 전화번호와 휴대폰 번호를 입력한다.

　　㉢ 부서 : 코드 도움 버튼을 사용하여 조회 후 입력한다.

　　㉣ 직종 : 코드 도움 버튼을 사용하여 조회 후 입력한다.

ⓜ 직위 : 코드 도움 버튼을 사용하여 조회 후 입력한다. (임원인 경우 0. 부, 1. 여를 표시)

ⓑ 현장 : 코드 도움 버튼을 사용하여 조회 후 입력한다.

ⓢ 호봉 : 코드 도움 버튼을 사용하여 조회 후 입력한다.

ⓞ 이메일 : 이메일 주소를 입력한다.

ⓩ 회계처리(급여) (상여금) : 도움 버튼을 사용하여 계정과목을 선택하여 입력한다.

ⓒ 학자금상환공제여부 : 0. 부, 1. 여를 선택하여 입력한다.
원천공제통지액 : 원천공제할 금액을 입력한다.

ⓚ 중소기업취업감면여부 : 0. 부, 1. 여를 선택하여 입력한다.
나이(만) ; 자동으로 입력된다.
감면기간 : 감면기간을 입력한다.
감면율 : 1. 100%, 2. 50%, 3. 70%, 4. 90%를 선택하여 입력한다.
감면입력 : 1. 급여입력, 2. 연말입력을 선택하여 입력한다.

ⓣ 소득세 적용율 : 1. 100%, 2. 80%, 3. 120%를 선택하여 입력한다.

ⓟ 두루누리사회보험여부 : 0. 부, 1. 여를 선택하여 입력한다.
고용보험적용율 : 0. 부, 1. 30%, 2. 80%, 3. 90%를 선택하여 입력한다.
국민연금적용율 : 0. 부, 1. 30%, 2. 80%, 3. 90%를 선택하여 입력한다.

전산회계와 전산세무회계

2. 실제 사례

사번	성명	입사일	주민번호	부서	주소	국민연금 보수월액	건강보험 보수월액	직종	직위	호봉
19970101	한국민	1997.01.02	700105-1276928	총무부	서울 서초구 서초대로 3-4	4,500,000	5,500,000	관리직	대표이사	없음
19970102	이대구	1997.01.02	750506-1012980	경리부	서울 강남구 역삼로 106	4,000,000	5,000,000	사무직	부장	3
19980501	장경주	1998.05.01	790912-2845673	영업부	서울 영등포구 국제금융로 10	3,000,000	4,000,000	사무직	과장	4
20000701	최인천	2000.07.01	821225-1212345	자재부	서울 강서구 등촌로 3	2,500,000	3,000,000	사무직	대리	2
20011001	서광주	2001.10.01	750210-1189234	회계부	대구 수성구 동원로 5	2,000,000	2,500,000	사무직	사원	5
20020301	하서울	2002.03.01	730630-1452362	생산부	대구 동구 신암남로 1	1,500,000	2,000,000	생산직	사원	3

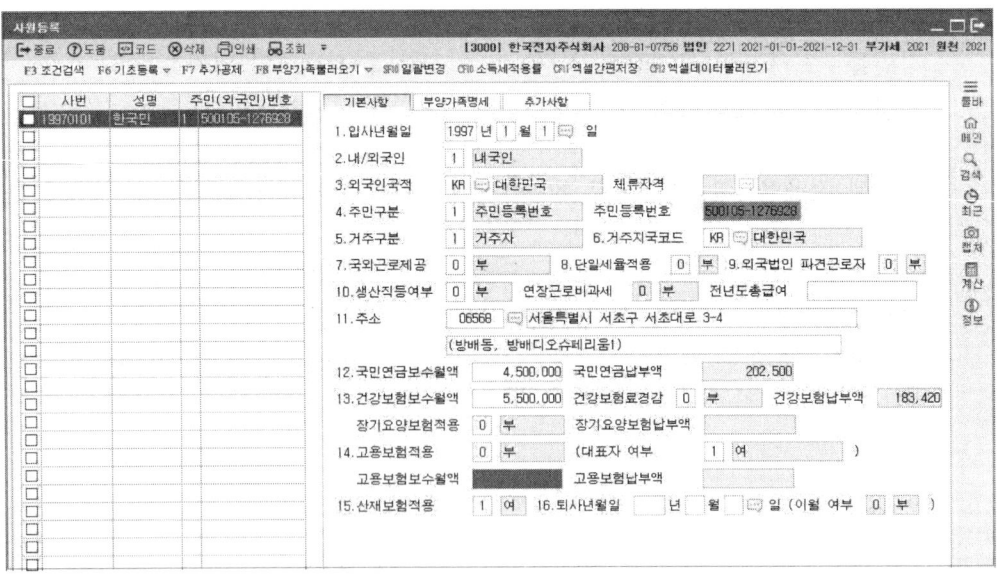

제8장 근로소득관리와 원천징수

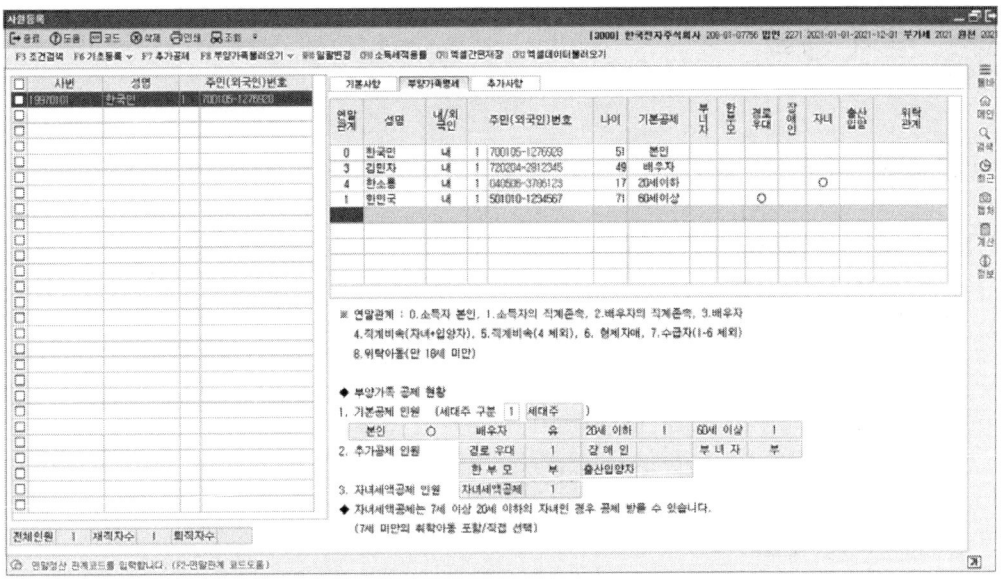

02 부서 등록

1. 부서 등록 방법

원천징수에서 기초코드 등록 메뉴의 부서등록에서 부서를 등록할 수 있다.

① 코드
2자리수의 부서코드를 입력한다.

② 부서명
부서명을 30자 이내로 입력한다.

③ 사원관련 자료

㉠ 사원 코드 : 부서 코드에 연계된 사원코드를 입력한다.

㉡ 성명 : 사원명을 입력한다.

㉢ 원천코드 : F2를 누르면 사원등록을 한 해당사원의 자료를 가져온다.

㉣ 입사일자 : 원천코드에서 조회한 자료가 입력된다.

㉤ 전화번호 : 전화번호를 입력한다.

㉥ 휴대폰 : 휴대폰 번호를 입력한다.

㉦ 은행명 : 은행명을 조회하여 입력한다.

㉧ 계좌번호 : 계좌번호를 입력한다.

㉨ 예금주 : 예금주의 이름을 입력한다.

㉩ 변동 사유 : 변동사유를 입력한다.

㉪ 변동일자 : 변동일자를 입력한다.

㉫ 사용여부 : 0. 부, 1. 여를 선택하여 입력한다.

2. 실제 사례

부서코드	부서명	사원성명
01	영업부	장경주
02	경리부	이대구
03	자재부	최인천
04	총무부	한국민
05	회계부	서광주
06	생산부	하서울

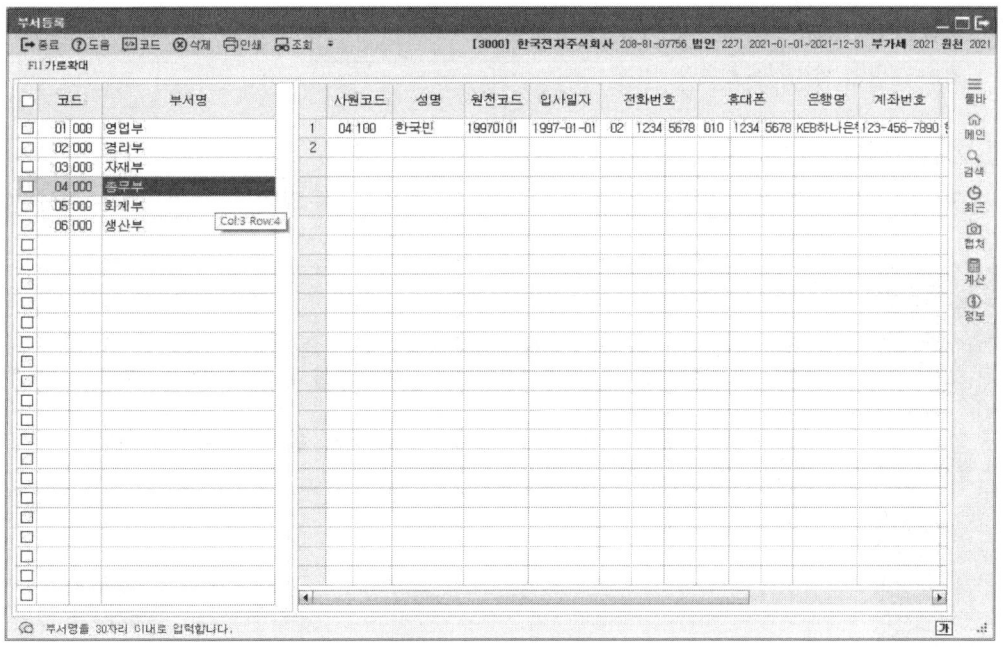

제 2 절
급여 자료 입력

01 급여 자료 입력 방법

원천징수탭에서 근로소득관리의 하위 메뉴인 급여자료입력 메뉴에서 입력을 할 수 있다.

1. 귀속연월과 지급년월일

① 귀속연월

　귀속연월을 선택한다.

② 지급년월일

　귀속연월을 선택하면 환경등록에서 설정한 급여산정기준일이 다음과 같이 표시된다.

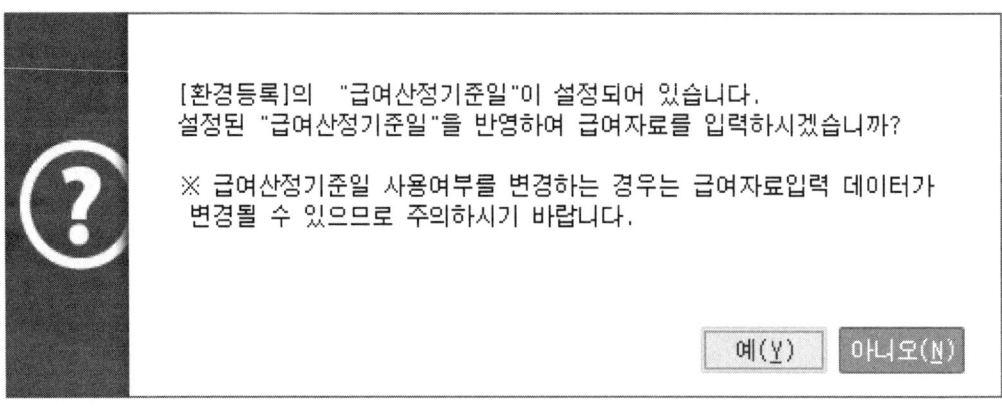

2. 급여항목과 공제항목

F4 수당공제 등록 버튼을 사용하여 회사에서 지급하는 급여항목과 공제항목을 추가하거나 순서를 재배열할 수 있다.

① 급여항목

　　㉠ 기본급 : 급여의 기본급을 입력한다.

　　㉡ 상여 : 상여금을 입력한다.

　　㉢ 직책수당 : 직책수당을 입력한다.

　　㉣ 월차수당 : 월차수당을 입력한다.

　　㉤ 식대 : 식대를 입력한다.

　　㉥ 자가운전보조금 : 자가운전보조금을 입력한다.

　　㉦ 야간근로수당 : 야간근로수당을 입력한다.

② 공제항목

　　㉠ 국민연금 : 국민연금을 입력한다.

　　㉡ 건강보험 : 건강보험료를 입력한다.

　　㉢ 장기요양보험 : 장기요양보험료를 입력한다.

　　㉣ 고용보험 ; 고용보험료를 입력한다.

　　㉤ 학자금 상환 : 학자금 상환액을 입력한다.

02 실제 사례

급여항목으로 성과수당을 추가하고 공제항목으로 노동조합비를 추가한다.

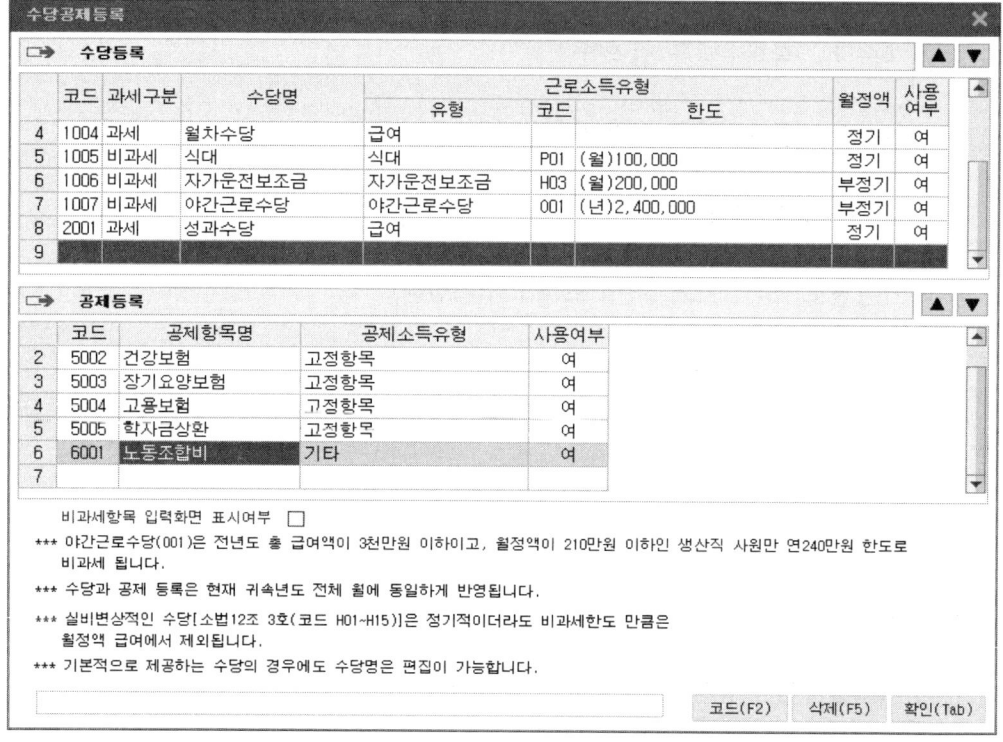

성명	기본급	직책수당	월차수당	성과수당	야간 근로수당	식대/ 자가운전보조금	노동조합비
장경주	4,000,000	400,000	140,000	500,000	100,000	100,000/200,000	한국민과 이대구를 제외한 사원에게 5,000원 차감.
이대구	5,000,000	500,000	150,000	500,000	0		
최인천	3,000,000	300,000	130,000	300,000	50,000		
한국민	6,000,000	600,000	160,000	600,000	100,000		
서광주	2,000,000	0	200,000	300,000	200,000		
하서울	1,500,000	0	200,000	700,000	300,000		

제8장 근로소득관리와 원천징수

한국민

이대구

장경주

최인천

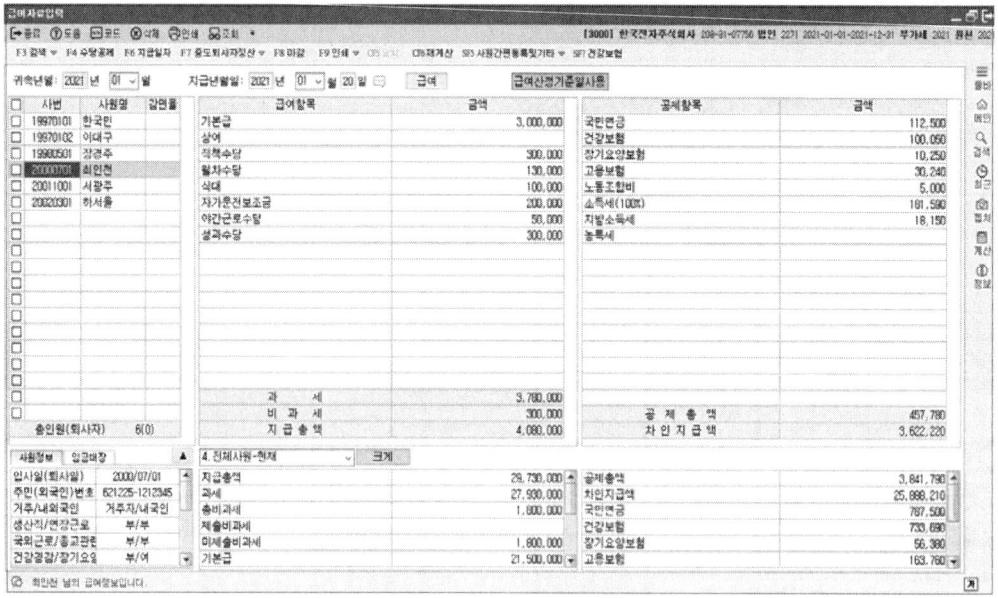

제8장 근로소득관리와 원천징수

서광주

하서울

전산회계와 전산세무회계

일용직 사원등록(박인턴)

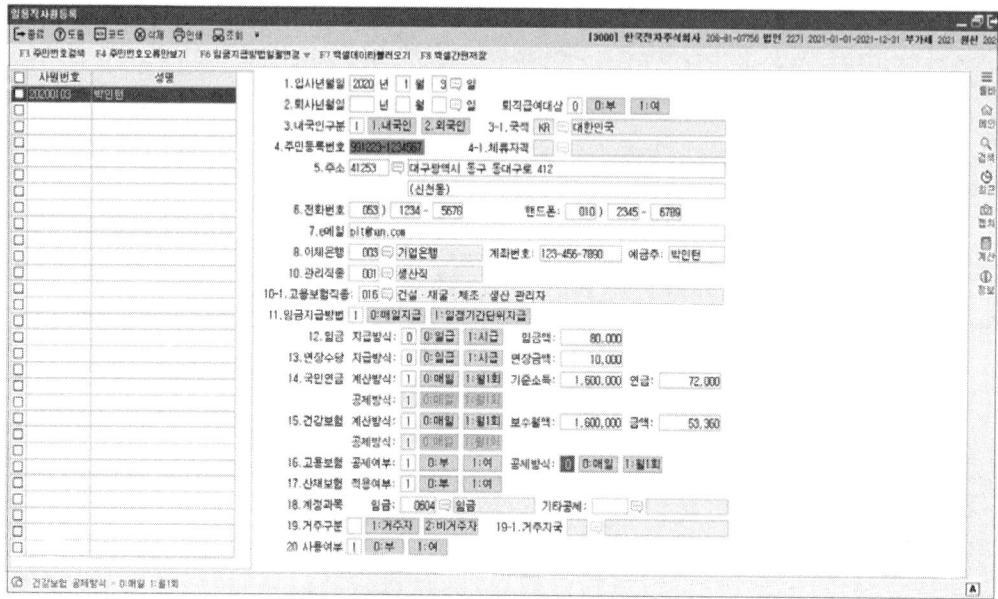

일용직 급여자료 입력

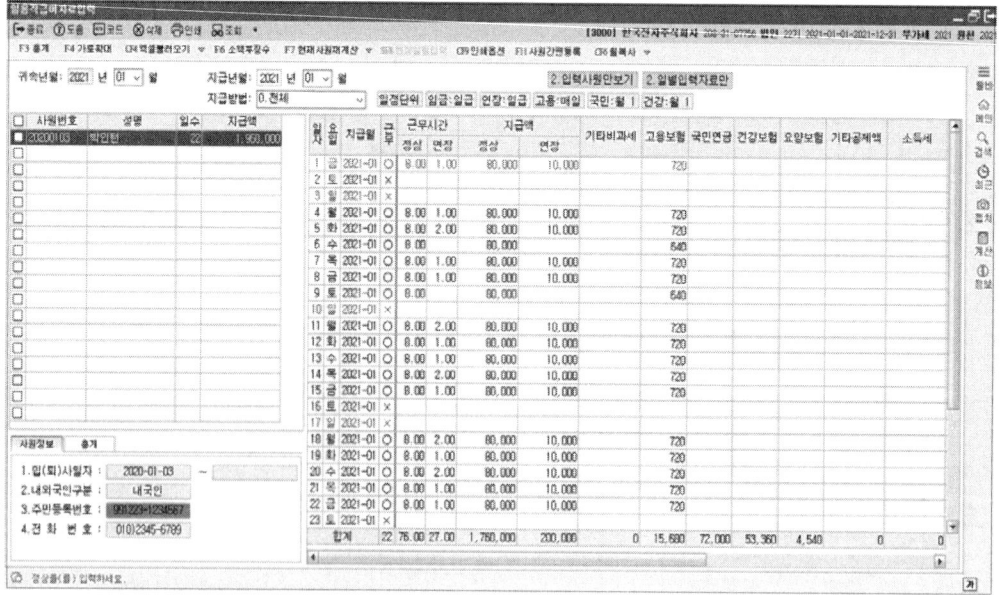

제8장 근로소득관리와 원천징수

제 9 장
근로소득관리와 연말정산

제 1 절
근로소득관리

01 근로소득 관리 방법

1. 원천징수이행상황신고서

원천징수이행상황신고서는 원천징수탭에서 근로소득관리의 하위메뉴에서 실행한다.

① 원천징수명세 및 납부세액
  원천징수한 명세와 납부세액이 표시된다.

② 원천징수이행상황신고서 부표
  원천징수이행상황에 대한 시고서 부표로 비과세 소득등이 표시된다.

③ 원천징수세액 환급신청서
  원천징수세액 중 환급을 신청하는 금액을 입력한다.

④ 기납부세액 명세서
  이미 납부한 세액에 대한 명세가 표시된다.

⑤ 전월 미환급세액 조정명세서
  전월에 미환급된 세액을 조정하는 명세가 표시된다.

⑥ 차월이월 환급세액 승계명세
  차월에 이월할 환급세액의 조정명세가 표시된다.

2. 소득자별 근로소득 원천징수부

회사 사원들 개인별 근로소득 원천 징수액을 표시된다. 사원을 클릭하면 해당 사원의 근로소득 원천징수액이 표시된다.

제9장 근로소득관리와 연말정산

02 실제 사례

원천징수이행상황신고서

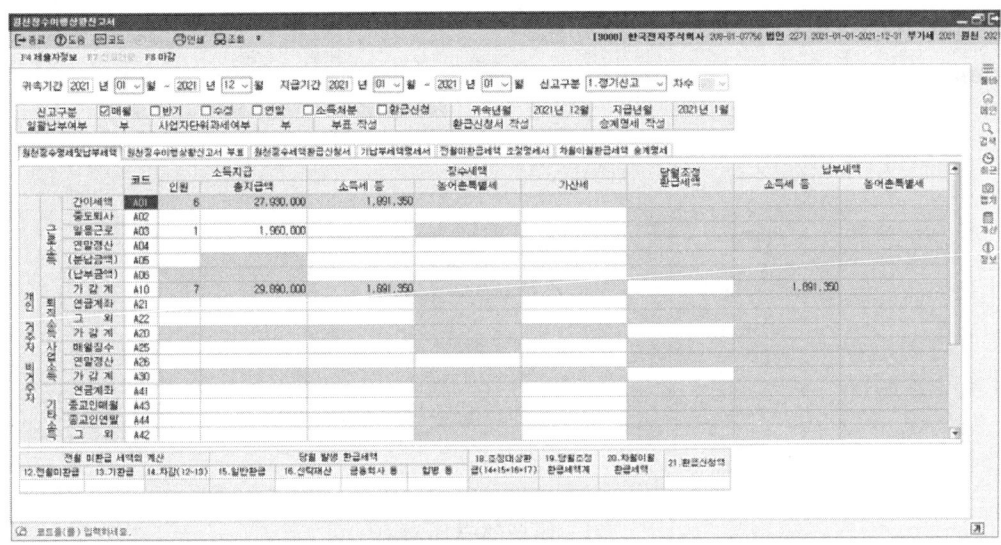

원천징수이행상황신고서 부표

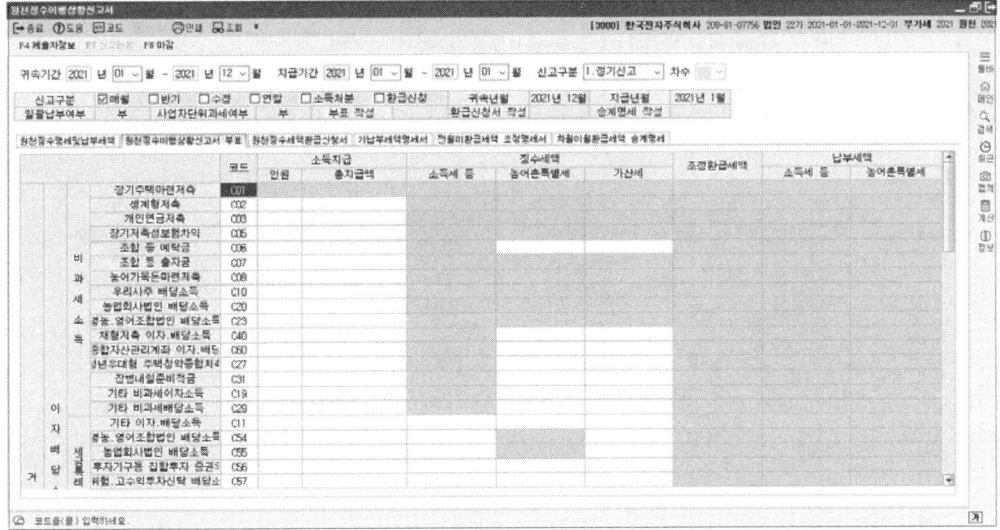

전산회계와 전산세무회계

원천징수세액환급신청서

기납부세액명세서

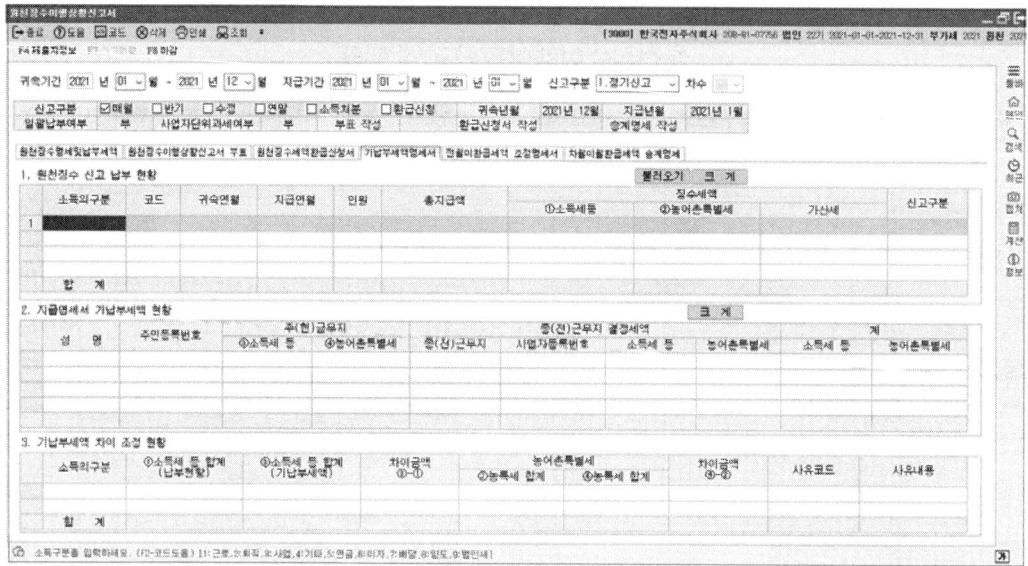

전월 미환급세액 조정명세서

차월이월환급세액 승계명세

소득자별근로소득원천징수부

제 2 절
연말정산

01 연말정산 추가자료 입력 밥법

연말정산의 시기는 주된 근부지의 연말정산의무자가 해당과세기간의 다음 연도 2월분 근로소득 또는 퇴직자가 퇴직하는 달의 근로소득을 지급하는 때이다. 이 메뉴에서는 사원등록과 급여자료 입력 메뉴에서 입력하지 못한 특별공제 등의 자료를 추가로 입력하기 위한 것이다.

① 소득명세
   개인 사원별 소득명세가 표시된다.

② 부양가족
   개인 사원들의 부양가족에 대한 보험료, 의료비, 교육비를 국세청 자료 또는 기타로 입력할 수 있다.

③ 연금저축 등 I
   연금저축을 가입한 경우에 다음과 같이 입력한다.

   ㉠ 1. 연금계좌 세액공제 - 퇴직연금계좌 : 연금계좌 중 퇴직연금을 가입한 경우에 퇴직연금의 계좌와 금액을 입력한다. 퇴직연금과 과학기술인공제회 등으로 구분하여 입력한다.

   ㉡ 2. 연금계좌 세액공제 - 연금저축계좌 : 연금계좌 중 연금저축을 가입한 경우에 개인연금저축과 연금저축을 구분하여 입력한다.

   ㉢ 3. 주택마련저축공제 : 주택마련저축을 가입한 경우에 해당사항을 입력한다.

④ 연금저축 등 Ⅱ
   ㉠ 4. 장기집합투자증권저축 소득공제 : 장기집합투자증권저축의 해당사항을 입력한다.

   ㉡ 5. 중소기업 창업투자조합 출자등에 대한 소득공제 : 중소기업 창업투자조합 출자에 관한 사항을 입력한다.

⑤ 월세, 주택임차
   ㉠ 월세액 세액공제 명세 : 월세가 있는 경우 세액에 대한 명세를 입력한다.

   ㉡ 거주자간 주택임차 차입금 원리금 상환액 소득공제 명세

   ㉮ 금전소비대차 계약내용 : 금전 소비대차의 계약내용을 입력한다.

   ㉯ 임대차 계약내용 : 임대차 계약내용을 입력한다.

⑥ 연말정산 입력
   연말정산 입력은 위 ①에서 ⑤까지를 제외한 나머지 그밖의 소득공제에 해당하는 사항을 입력한다.

   ㉠ 소기업, 소상공인 공제부금 : 소기업이나 소상공인 공제부금을 가입한 경우 해당사항을 입력한다.

   ㉡ 투자조합 출자 등 소득공제 : 투자조합 출자 등이 잇을 경우 해당사항을 입력한다.

   ㉢ 신용카드 등 사용액

      ㉮ 전통시장/대중교통 제외 신용카드, 직불/선불카드, 현금영수증 : 전통시장이나 대중교통을 제외한 신용카드나 직불카드 및 선불카드와 현금영수증 사용분을 입력한다.

      ㉯ 도서공연 등 사용분 : 도서나 공연들에 사용한 카드에 대한 내용을 입력한다.

      ㉰ 전통시장 사용분 : 전통시장에서 사용한 신용카드의 내용을 입력한다.

      ㉱ 대중교통 사용분 : 대중교통을 이용하면서 사용한 신용카드릐 내용을 입력한다.

   ㉣ 우리사주조합 출연금 : 우리사주 조합에 대한 출연금을 입력한다.

㉮ 고용유지 중소기업근로자 : 고용유지 중소기업근로자인 경우에 해당사항을 입력한다.

　　　㉯ 기부금

　　　　㉠ 정치자금기부금 : 10만원을 이하와 초과하는 경우 구분하여 입력한다.

　　　　㉡ 법정기부금(전액) : 법정기부금을 입력한다.

　　　　㉢ 우리사주조합 기부금 : 우리 사주 조합에 대한 기부금을 입력한다.

　　　　㉣ 지정기부금(종교단체외) : 종교단체 이외의 지정기부금을 입력한다.

　　　　㉤ 지정기부금(종교단체) : 종교단체에 대한 지정기부금을 입력한다.

2. 근로소득, 세액공제신고서

근로소득에 대한 세액공제신고 내용을 입력한다.

3. 신용카드 소득공제신청서

신용카드 사용에 대한 소득공제신청 내역을 입력한다.

4. 기부금 명세서

기부금 지출에 대한 명세를 입력한다.

5. 근로소득원천징수 영수증

근로소득에 대한 원천징수한 부분에 대한 영수증이 표시된다.

6. 근로소득자료 제출 집계표

근로소득에 대한 자료를 제출하는 집계 내역이 표시된다.

02 실제 사례

한국민

성명	보험료 (보장성보험)	의료비	교육비	퇴직연금	개인연금저축
한 국 민	20,000			100,000	50,000
김 민 자		30,000			
한 소 룡			300,000		
한 민 국		50,000			

한국민 사원의 소득명세

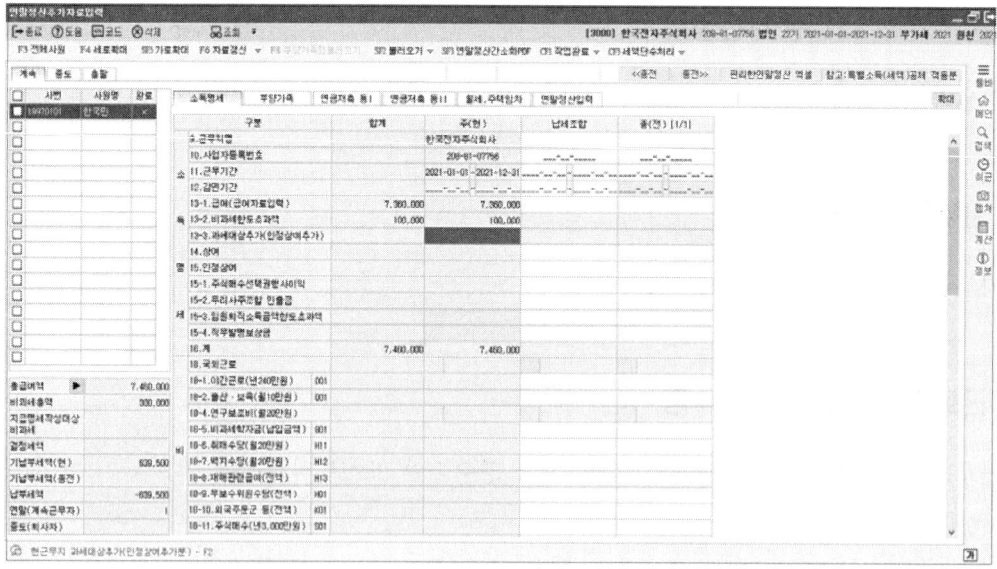

제9장 근로소득관리와 연말정산

보험료

자료구분	국세청	급여/기타	정산	최종반영금액
국민연금_직장		202,500		202,500
국민연금_지역				
합 계		202,500		202,500
건강보험료-보수월액		183,420		183,420
장기요양보험료-보수월액				
건강보험료-소득월액(지역)				
기요양보험료-소득월액(지역)				
합 계		183,420		183,420
고용보험료				
보장성보험-일반		20,000		20,000
보장성보험-장애인				
합 계		20,000		20,000

▶국세청에서 제공하는 국민연금/건강(장기요양)보험료 PDF 자료 안내
1. 해당 금액은 참고용으로 [연말정산자료입력] 탭에는 반영하지 않습니다.
2. 해당 금액은 최종반영금액에 합산되지 않습니다.

확인(Esc)

의료비

(2021) 년 의료비 지급명세

지급처			의료비 공제대상자				지급명세				13.산후조리원 해당여부 (7천만원이하)
9.의료증빙코드	8.상호	7.사업자등록번호	성명	내/외	5.주민등록번호	6.본인등해당여부	10.건수	11.금액	11-1.실손의료보험금	12.난임시술비해당여부	
국민건강보험			김민자	내	720204-2812345	3	X	1	30,000		X	X
국민건강보험			한민국	내	501010-1234567	3	X	1	50,000	30,000	X	X
			합계				2	80,000	30,000		

일반의료비(전액공제) | 일반의료비(그 외) 80,000 | 난임시술비 | 장애인·건강보험산정특례자

난임시술비 해당여부 1.해당 2.해당하지 않음   삭제(F5)   확인(Esc)

교육비

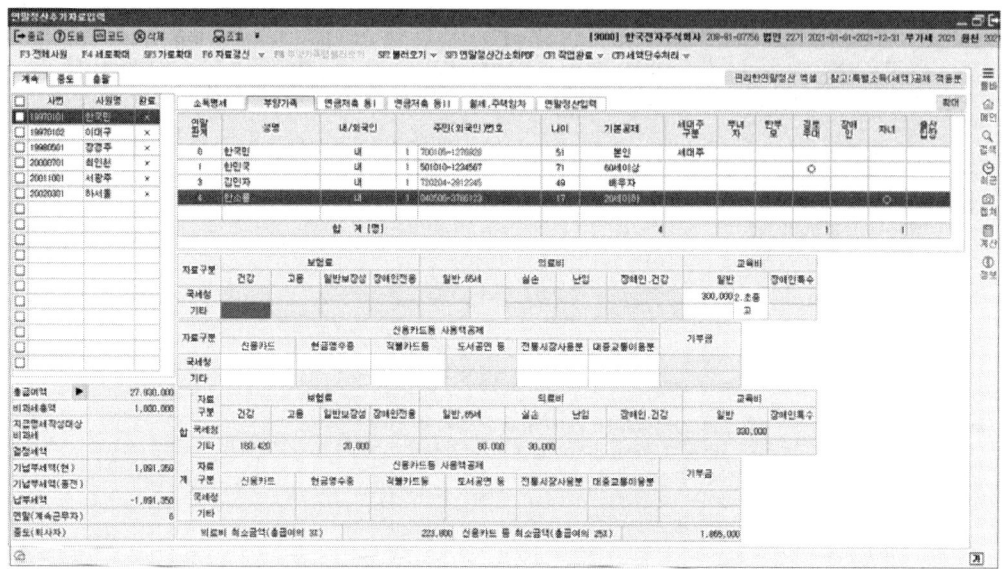

연금저축

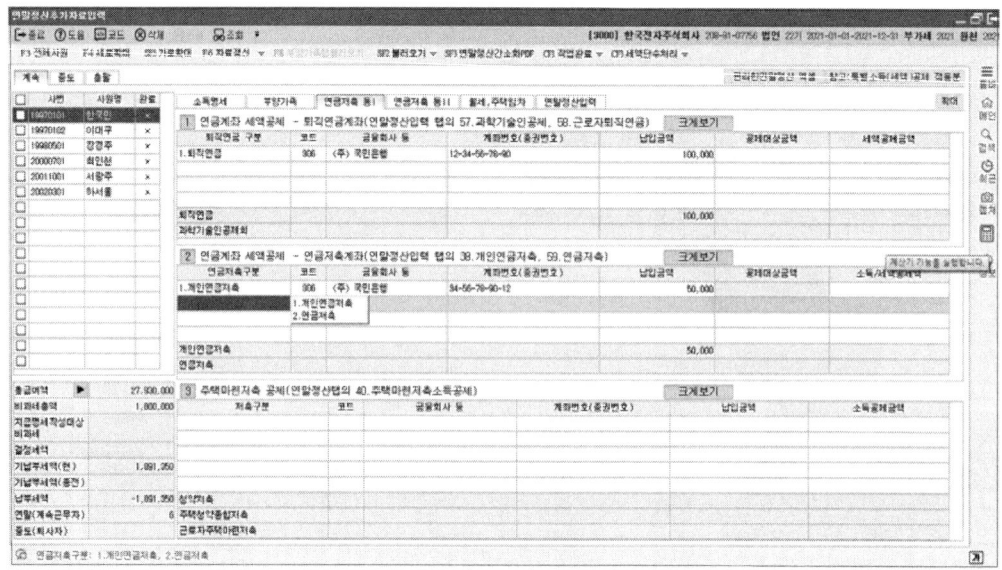

신용카드 등 사용액

성명	신용카드	직불/선불카드	현금영수증	전통시장	대중교통
한국민	1,000,000	2,000,000	500,000	300,000	20,000

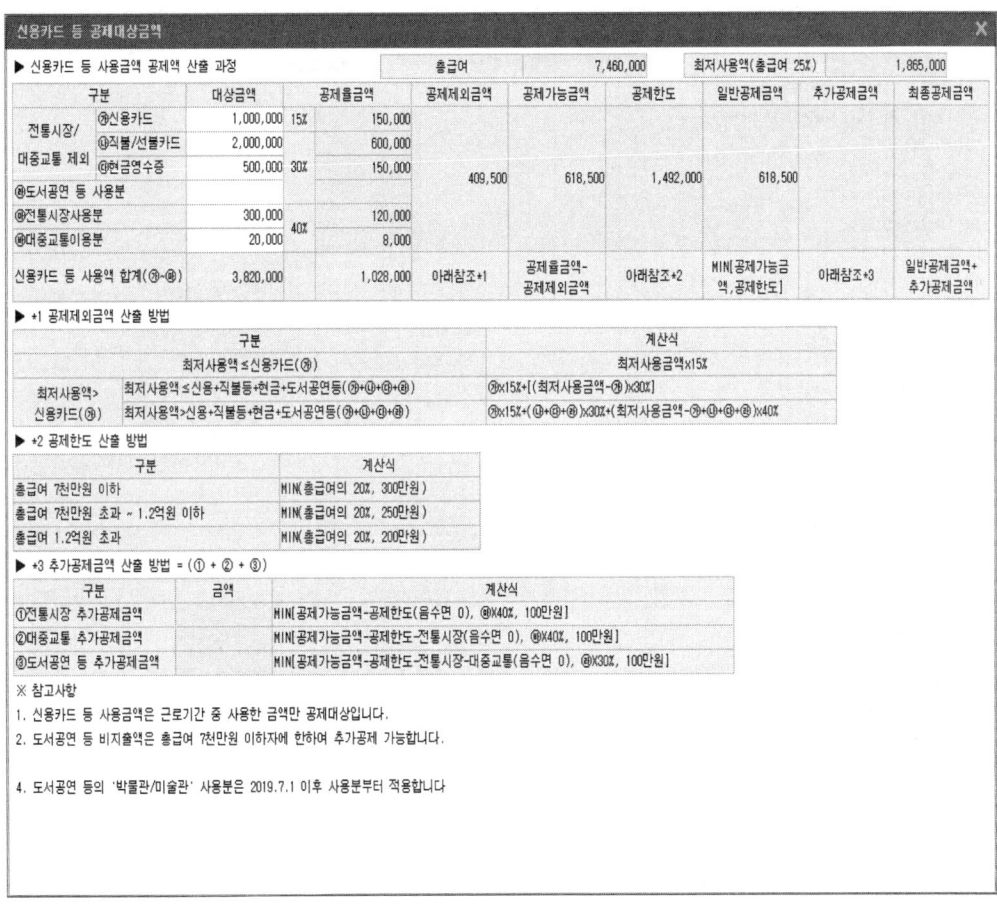

전산회계와 전산세무회계

기부금 내역

성명	정치자금기부금	법정기부금	우리사주조합 기부금	종교단체외 기부금	종교단체
한 국 민	100,000	50,000	20,000	30,000	200,000

구분	지출액	공제대상금액	공제금액
정치자금 기부금(10만원 이하분)	100,000	100,000	
정치자금 기부금(10만원 초과분)			
법정이월(2013년)			
법정이월(2014년)			
법정이월(2015년)			
법정이월(2016년)			
법정이월(2017년)			
법정이월(2018년)			
법정이월(2019년)			
법정당해기부금	50,000		
우리사주조합기부금	20,000		
종교단체외이월(2013년이전)			
종교단체이월(2013년이전)			
종교단체외이월(2014년)			
종교단체외이월(2015년)			
종교단체외이월(2016년)			
종교단체외이월(2017년)			
종교단체외이월(2018년)			
종교단체외이월(2019년)			
종교단체외 당해기부금	30,000		
종교단체이월(2014년)			
종교단체이월(2015년)			
종교단체이월(2016년)			
종교단체이월(2017년)			
종교단체이월(2018년)			
종교단체이월(2019년)			
종교단체 당해기부금	200,000		

기부금 지출액

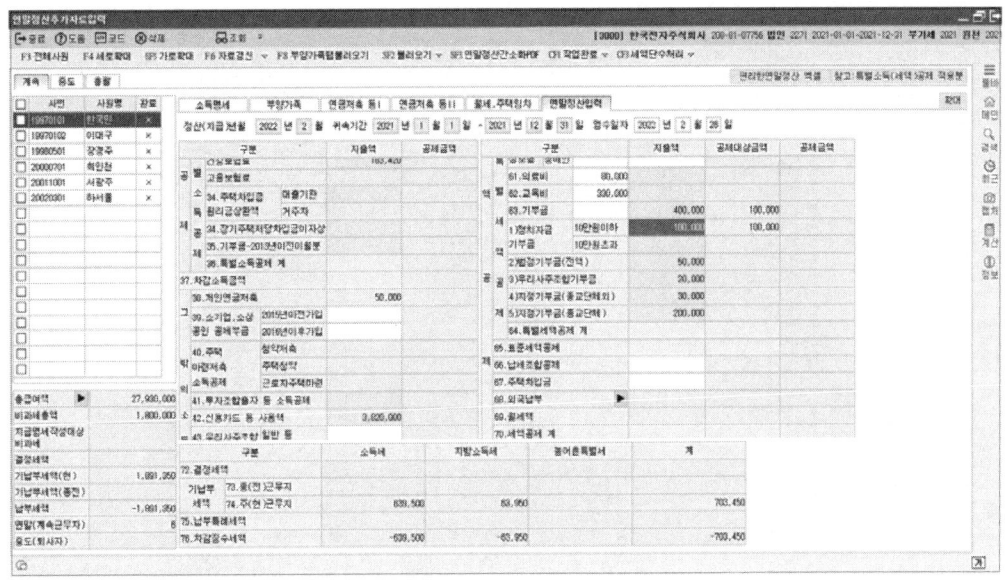

F6. 자료 갱신

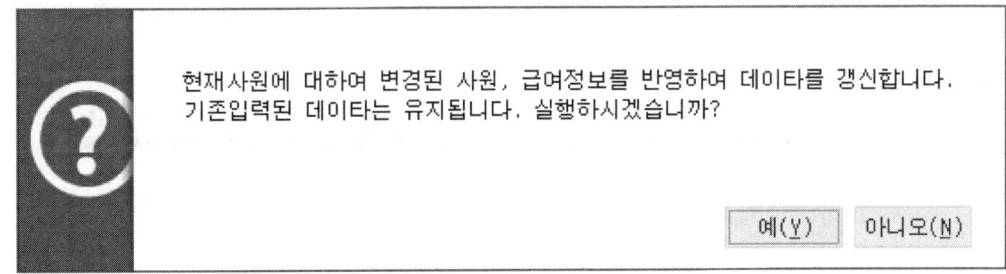

전산회계와 전산세무회계

CF1. 작업완료

근로소득. 세액공제신고서

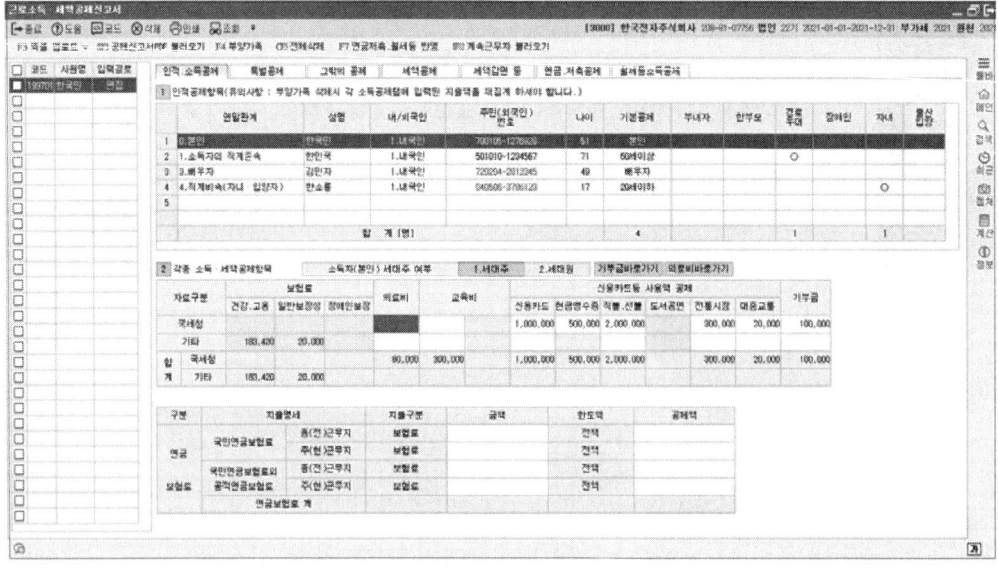

제9장 근로소득관리와 연말정산

그밖의 공제

세액공제

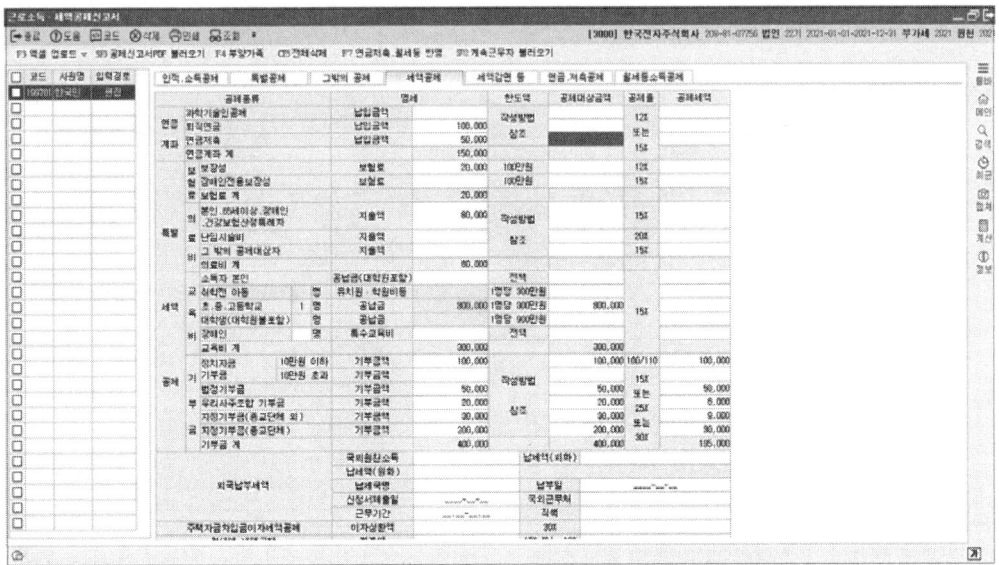

신용카드소득공제신청서

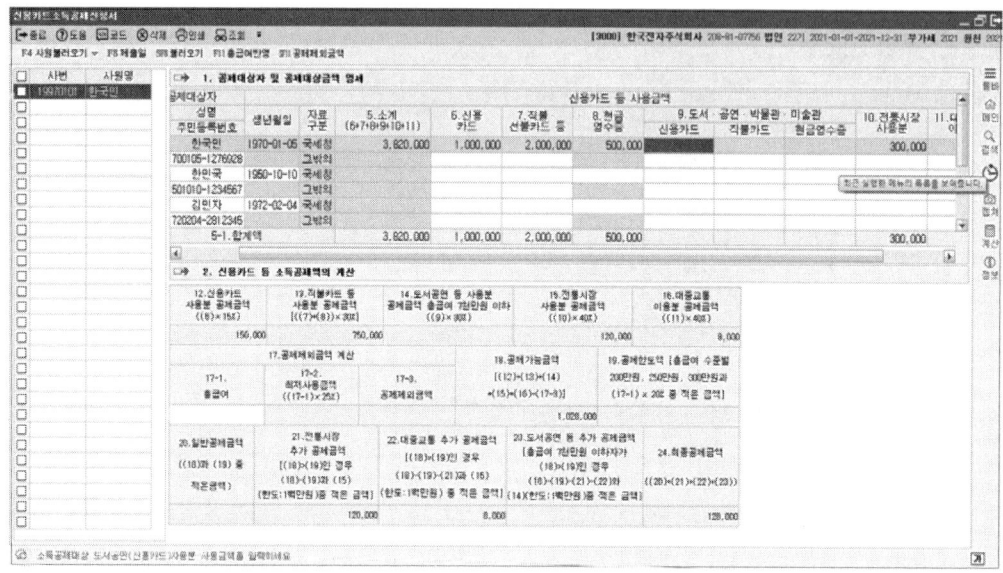

기부금명세서

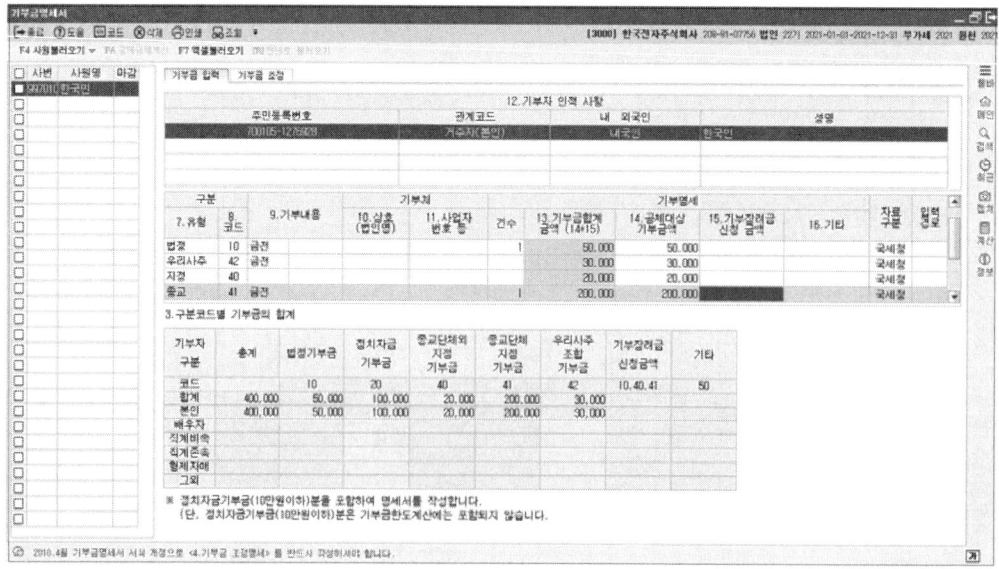

기부금 조정명세

근로소득원천징수영수증

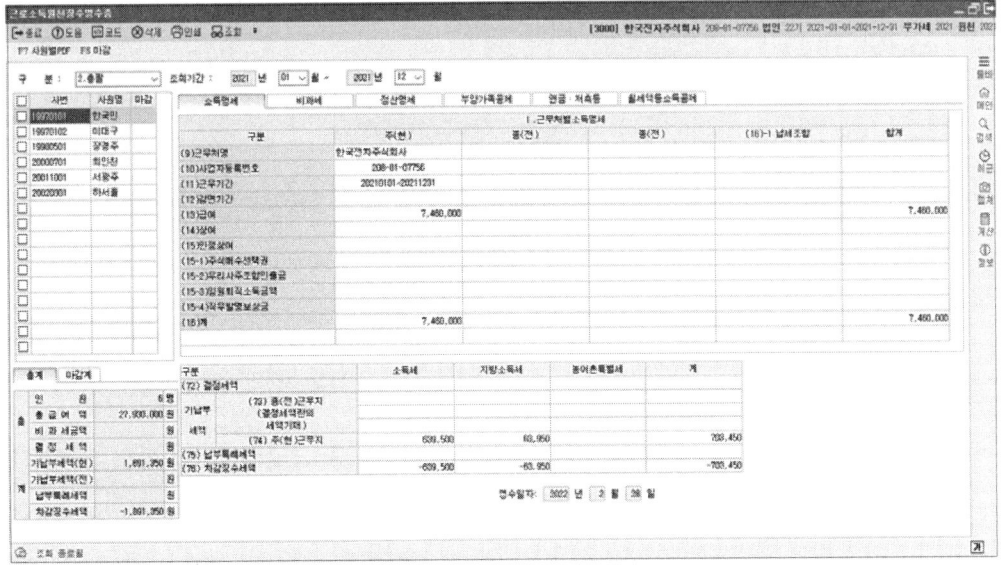

전산회계와 전산세무회계

근로소득자료제출집계표

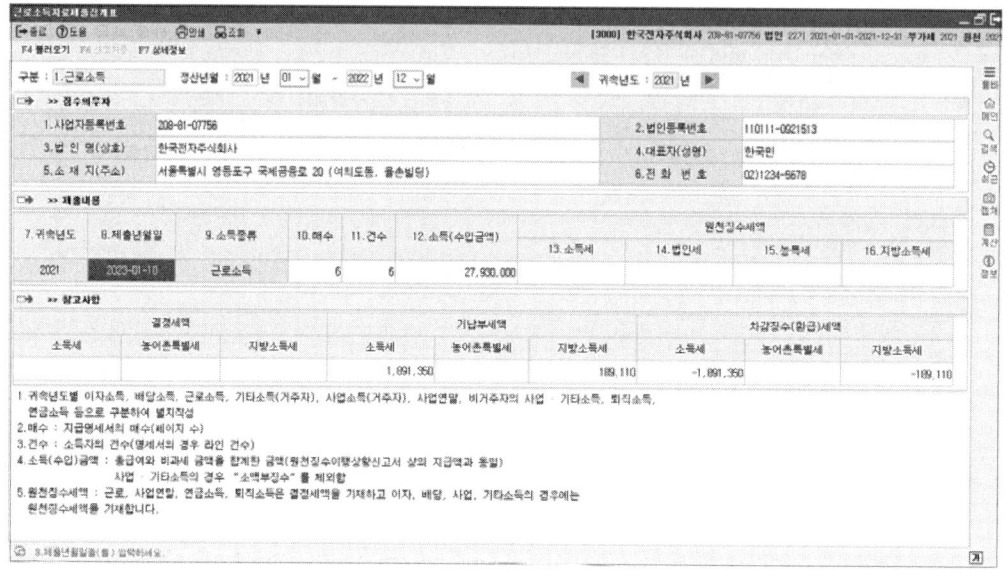

제10장

부가가치세 신고

제1절
부가가치세

01   부가가치세의 기초

1. 부가가치세 의의

부가가치세(VAT : Value Added Tax)는 상품(재화)의 거래나 서비스(용역)의 제공과정에서 얻어지는 부가가치(이윤)에 대하여 과세하는 세금이다. 부가가치세의 세액은 10%이다. 즉 부가가치세 납부세액은 매출세액(매출액 × 10%)−매입세액(매입액 × 10%)으로 계산된다.

① 매출세액

    ㉠ 과세분 : 세금계산서 발급분, 매입자 발행 세금계산서, 신용카드, 현금영수증 발행분, 기타(정규영수증 외 매출분)을 입력한다.

    ㉡ 영세율(수출) : 영세율이나 수출과 관련된 매출분을 입력한다.

    ㉢ 예정신고 누락분 : 예정신고 누락분이 있으면 입력한다.

    ㉣ 대손세액 가감 : 대손세액에 대한 가산 및 감소할 부분을 입력한다.

② 매입세액

    ㉠ 세금계산서 수취분 ; 일반 매입분과 고정자산 매입분을 입력한다.

    ㉡ 예정신고누락분 : 예정신고에서 누락된 부분을 입력한다.

    ㉢ 매입자 발행 세금계산서 : 매입자가 발행한 세금계산서를 입력한다.

    ㉣ 기타공제 매입세액 : 신용카드 매출전표 등 과 의제매입세액 및 재활용 폐자원 매입세액 그리고 고금의제매입세액, 과세사업전환 매입세액, 재고매입세액, 변제 대손세액을 입력한다.

㉻ 공제받지못할 매입세액(불공) : 공제받지못할 매입세액을 입력하는데, 이는 차감 되어진다.

③ 경감. 공제 세액 : 신용카드 매출전표 발행공제 등(일반매입분과 고정자산 매입분)과 기타경감, 공제세액(전자신고세액공제, 전자세금계산서 발급세액공제, 택시운송사업자 경감세액, 대리납부세액공제, 현금영수증사업자 세액공제, 기타를 입력한다.

④ 차가감 납부(환급세액) : [납부(환급세액) = ① 매출세액 - ② 매입세액] - ③ 경감. 공제 세액 - 예정신고 미환급세액 - 예정고지세액 - 금지금 매입자 납부특례 기납부세액 + 가산세액으로 계산한다.

2. 부가가치세 간주공급

① 자가공급
사업과 관련하여 생산하거나 취득한 재화를 자기 사업을 위하여 직접 소비. 사용하는 것으로 다음과 같은 것이 있다.

　㉠ 면세 전용(사업 관련 취득재화를 면세 사업을 위해 전용해 사용)

　㉡ 비영업용 소형승용차와 그 유지를 위한 재화

　㉢ 직매장 반출(자기사업관련 생산 혹은 취득재화를 자기의 다른 사업장에 반출)

예외적으로 A/S 목적 사용, 연구개발 목적 사용, 기계장치 등의 수선 목적 사용, 비품으로 전용, 전시목적의 반출은 자가 공급에 해당되지 않는다.

② 개인적 공급
자기의 사업과 관련하여 생산하거나 취득한 재화를 사업과 직접 관계없이 자기나 그 사용인의 개인적 목적으로 사용. 소비하는 것 중 사업자가 그 대가를 받지 아니하거나 현저히 낮은 대가를 받는 경우이다.

예외적으로 매입세액이 공제되지 아니한 재화, 무상공급하는 작업복, 작업모 및 작업화, 직장 체육비와 직장연회비와 관련된 재화는 개인적 공급에 해당되지 않는다.

③ 사업상 증여

자기의 사업과 관련하여 생산하거나 취득한 재화를 자기의 고객이나 불특정 다수인에게 증여하는 경우이다.

예외적으로 매입세액이 공제되지 아니한 재화, 대가를 받지 아니한 견본품 제공, 광고 선전 목적으로 불특정 다수인에게 증여하는 재화인 증정품은 사업상 증여에 해당되지 않는다.

④ 폐업시 잔존재화

사업자가 사업을 폐지하는 때에 사업장에 잔존하는 재화이다.

02 부가가치세의 처리

1. 부가가치세 예정 신고

부가가치세 예정신고는 1년에 2회를 한다. 제 1 기 부가가치세 예정신고 과세대상기간 1월 1일부터 3월 31일까지로 4월 1일부터 4월 25일 사이에 납부한다. 그리고 제 2 기 예정신고 과세대상기간 7월 1일부터 9월 30일까지로 10월 1일부터 10월 25일 사이에 납부한다.

2. 부가가치세 확정 신고

부가가치세 확정신고는 1년에 2회를 한다. 제 1 기 부가가치세 확정신고 과세대상기간 1월 1일부터 6월 30일까지로 7월 1일부터 7월 25일 사이에 납부한다. 그리고 제 2 기 확정신고 과세대상기간 7월 1일부터 12월 31일까지로 다음해 1월 1일부터 1월 25일 사이에 납부한다.

제10장 부가가치세 신고

03 실제 사례

제 1 기 예정신고 : 1월 1일부터 3월 31일까지 조회

3월 31일 전표 처리

4월 25일 납부 전표처리

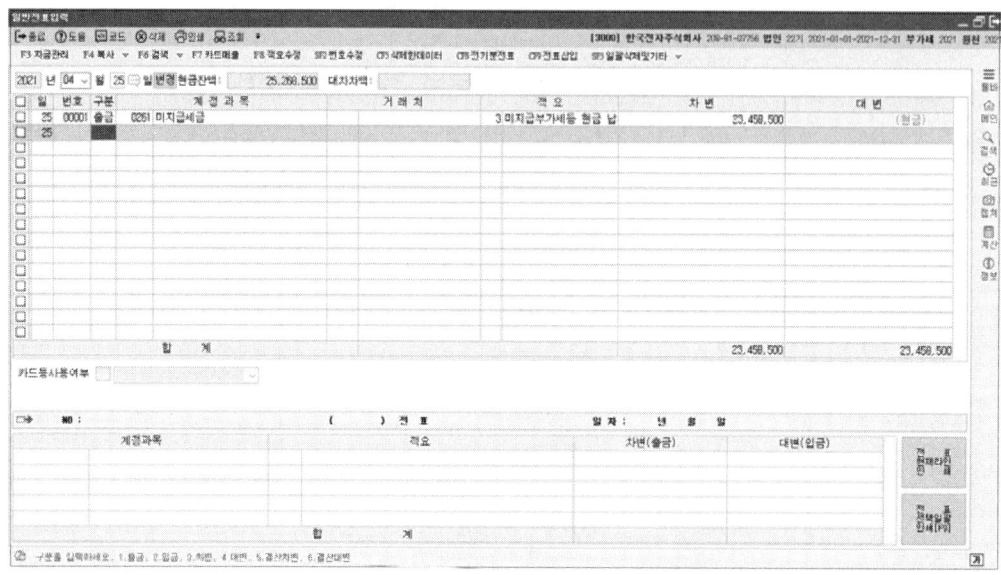

제 1 기 확정신고 : 4월 1일부터 6월 30일까지 조회

6월 30일 전표처리

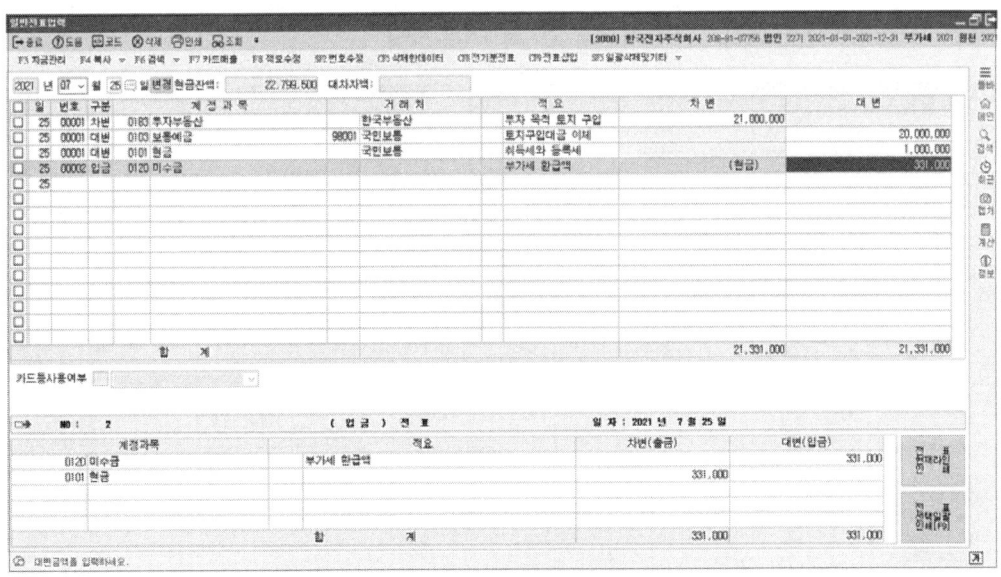

전산회계와 전산세무회계

제 2 기 예정신고 : 7월 1일부터 9월 30일까지 조회

9월 30일 전표처리

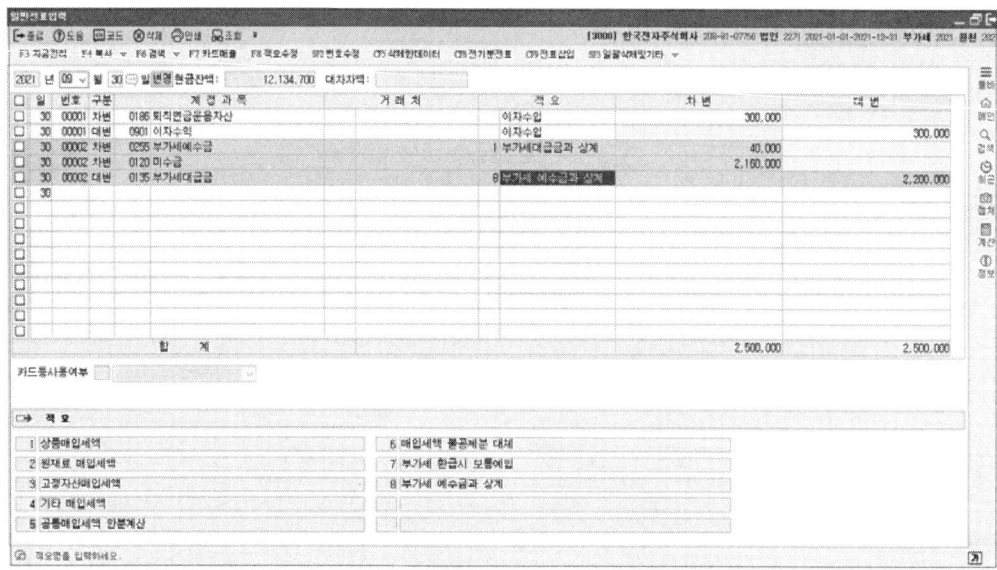

제10장 부가가치세 신고

10월 25일 전표처리

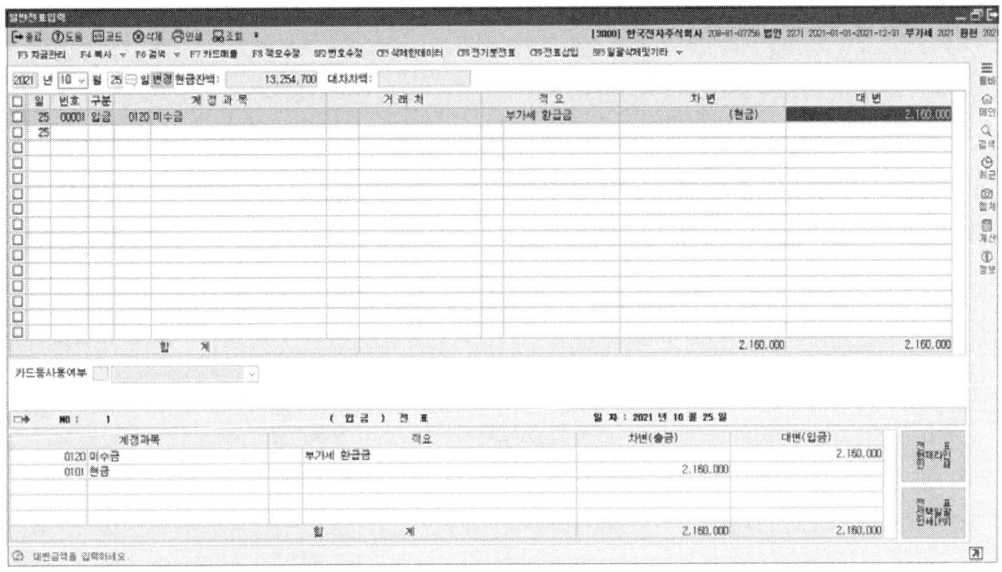

제 2 기 확정신고 : 10월 1일부터 12월 31일까지 조회

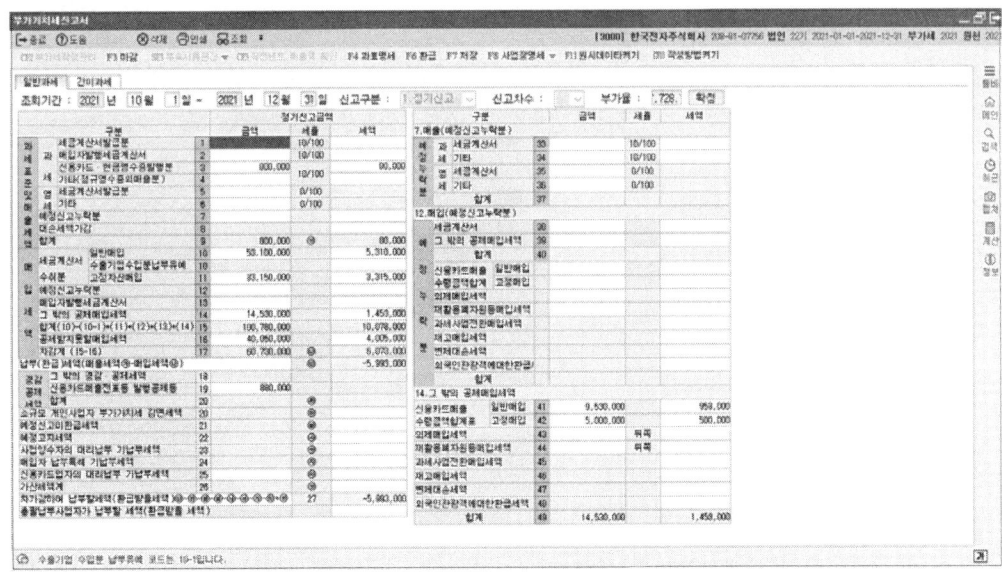

12월 31일 전표처리

제 2 절
부가가치세 신고서

01 부가가치세의 신고서 작성방법

1. 부가가치세 신고서

부가가치세 신고서는 과세기간에 대한 부가가치세 과세표준과 납부세액(또는 환급세액) 등을 기재하여 관할 세무서에 신고하는 서류이다. 여기에는 부가가치세 신고기간, 사업자 인적사항, 일반과세자 부가가치세 신고서의 내용, 사업장 명세, 국세환급금 계좌신고, 과세표준 명세 등이 기재된다.

2. 부가가치세 신고서 작성방법

① 부가가치세 신고서 상단
   [예정, 확정, 기한후과세표준, 영세율등조기환급] 중에서 해당되는 란에 표시를 한다.

② 일반과세
   일반과세자의 부가가치세 신고내용을 입력한다. 간이과세 탭을 누르면 간이과세자의 부가차시세 신고내용을 입력한다.

 ㉠ 조회기간 : 조회기간을 입력한다.

 ㉡ 신고구분 : 1. 정기신고 만 할 수 있다.

 ㉢ 신고차수 : 신고차수를 입력한다.

 ㉣ 부가율 : 부가율이 매출세액과 매입세액의 비율로 표시된다.

 ㉤ 과세표준 및 매출세액

  ㉮ 과세 : 세금계산서발급분, 매입자발행세금계산서, 신용카드 현금영수증 발행분, 기타(정규영수증외 매출분)을 입력한다.

  ㉯ 영세 : 세금계산서발급분, 기타로 나누어 입력한다.

  ㉰ 예정신고누락분 : 예정신고 누락분을 입력한다. 과세, 영세로 나누어 입력한다.

  ㉱ 대손세액가감 : 대손세액을 가산하든지 감산한다.

  ㉲ 합계 : 매출세액 합계를 입력한다.

 ㉥ 매입세액

  ㉮ 세금계산서 수취분 : 일반매입, 수출기업수입분 납부유예, 고정자산 매입을 입력한다.

제10장 부가가치세 신고

㉯ 예정신고누락분 : 예정신고누락분을 입력한다. 신용카드매출수령금액합계, 의제매입세액, 재활용폐자원등 매입세액, 고금의제매입세액, 과세사업전환매입세액, 재고매입세액, 변제대손세액, 외국인 관광객에 대한 환급세액을 입력한다.

㉰ 매입자발행세금계산서 : 매입자발행세금계산서 분을 입력한다.

㉱ 그밖의 공제매입세액 : 그밖의 공제매입세액을 입력한다. 신용카드매출수령금액합계표, 의제매입세액, 재활용폐자원등 매입세액, 고금의제매입세액, 재고매입세액, 변제대손세액을 입력한다.

㉲ 합계 : ㉮에서 ㉱까지 합계액을 입력한다.

㉳ 공제받지못할매입세액 : 공제받지못할 매입세액을 입력한다.

㉴ 차감계 ; ㉲에서 ㉳를 차감한 금액을 입력한다.

⊗ 납부(환급)세액(매출세액-매입세액) : 납부세액 또는 환급세액을 입력한다.

⊚ 경감공제세액 : 그밖의 경감공제세액, 신용카드매출전표 등 발행공제 등을 입력하여 합계를 입력한다.

㊈ 소규모 개인사업자 부가가치세 감면세액 : 소규모 개인사업자인 경우 부가가치세 감면세액을 입력한다.

㊉ 예정신고미환급세액 : 예정신고 미환급세액이 있는 경우 세액을 입력한다.

㋖ 예정고지세액 : 예정고지세액을 입력한다.

㋤ 사업양수자의 대리납부 기납부세액 : 사업양수자의 대리납부 기납부세액을 입력한다.

㋥ 매입자 납부특례 기납부세액 : 매입자 납부특례 기납부세액을 입력한다.

㋩ 신용카드업자의 대리납부 기납부세액 : 신용카드업자의 대리납부 기납부세액을 입력한다.

㉮ 가산세액계 : 가산세액계를 입력한다.

㉯ 차가감하여 납부할세액(환급받을세액) : ⊗에서 ㋩까지 차감하고 ㉮를 더하여 입력한다.

㉰ 총괄납부사업자 납부할 세액(환급받을 세액) : 총괄납부사업자가 납부할 세액(환급받을 세액)을 입력한다.

③ 사업장 명세

사업장의 기본현황, 월 기본경비를 기재하는 것으로 음식업, 숙박업 및 기타서비스업을 영위하는 사업자가 확정신고시나 폐업신고시에만 작성하며, 예정신고시에는 작성하지 않는다.

02 실제 사례

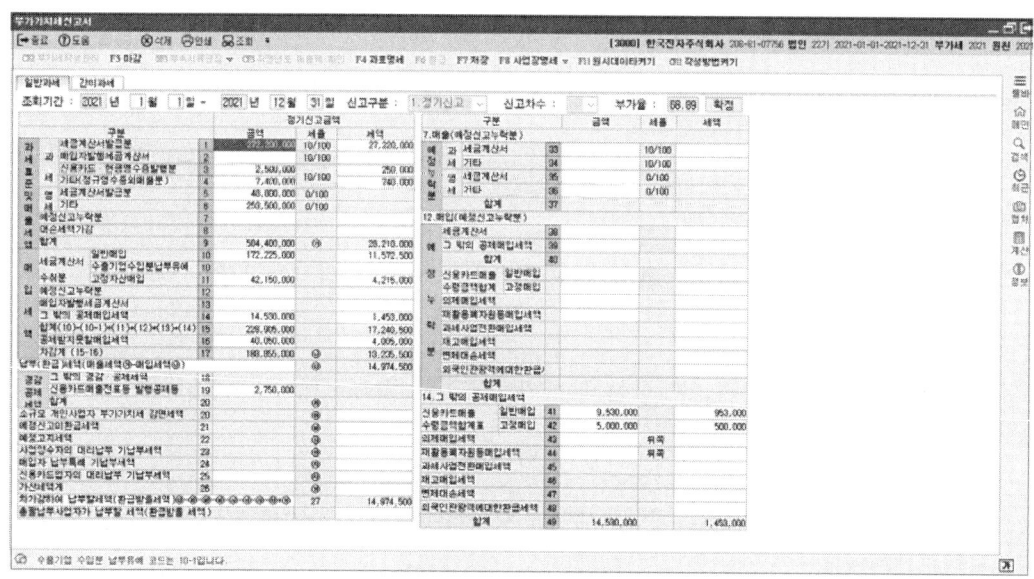

제 3 절
세금계산서 합계표와 계산서 합계표

01 세금계산서 합계표와 계산서 합계표

1) 세금계산서 합계표와 계산서 합계표

　세금계산서 합계표는 과세사업자가 세금계산서를 교부하였거나 교부 받은 경우에 매출처 및 매입처별로 작성하여 부가가치세 신고서에 첨부하여 관할 세무서에 제출하여야 할 서류이다.

　계산서 합계표는 사업자가 과세기간 종료일부터 31일이내에 매출츠처 및 매입처별로 작성하여 제출하여야 할 서류이다.

2. 세금계산서 합계표와 계산서 합계표 입력방법

① 세금계산서 합계표 입력방법
　㉠ 매출부분 : 매입매출전표 입력메뉴에서 11. 과세, 12. 영세 등으로 입력된 내용이 자동적으로 반영된다. 누락된 경우 [CF4. 세금계산서 추가] 버튼을 클릭하여 입력한다.
　㉡ 매입부분 : 매입매출전표 입력메뉴에서 51. 과세, 52. 영세, 54. 불공, 55. 수입 등으로 입력한 내용이 자동적으로 반영된다. 누락된 경우 [CF4. 세금계산서 추가] 버튼을 클릭하여 입력한다.

② 계산서 합계표 입력방법
　매입매출전표 입력메뉴에서 면세로 입력된 내용이 자동적으로 반영된다.누락된 경우 [CF4. 계산서 추가] 버튼을 클릭하여 입력한다.

02 실제 사례

세금계산서 합계표 (매출)

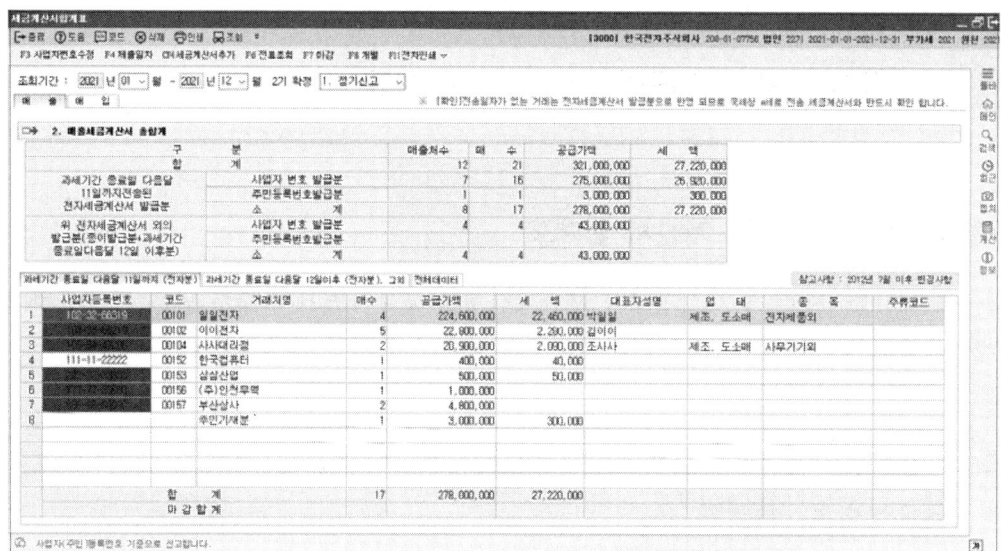

세금계산서 합계표 (매입)

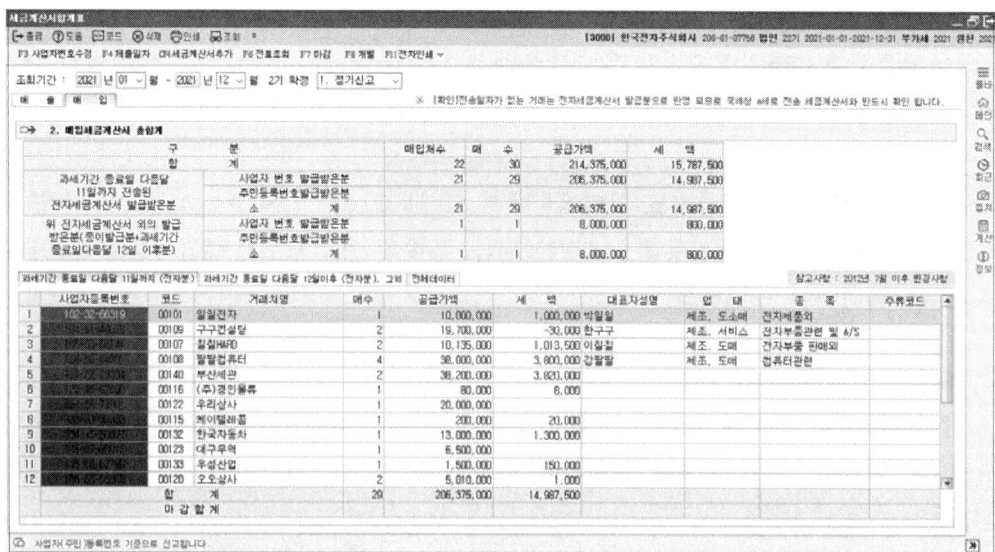

제10장 부가가치세 신고

계산서 합계표 (매출)

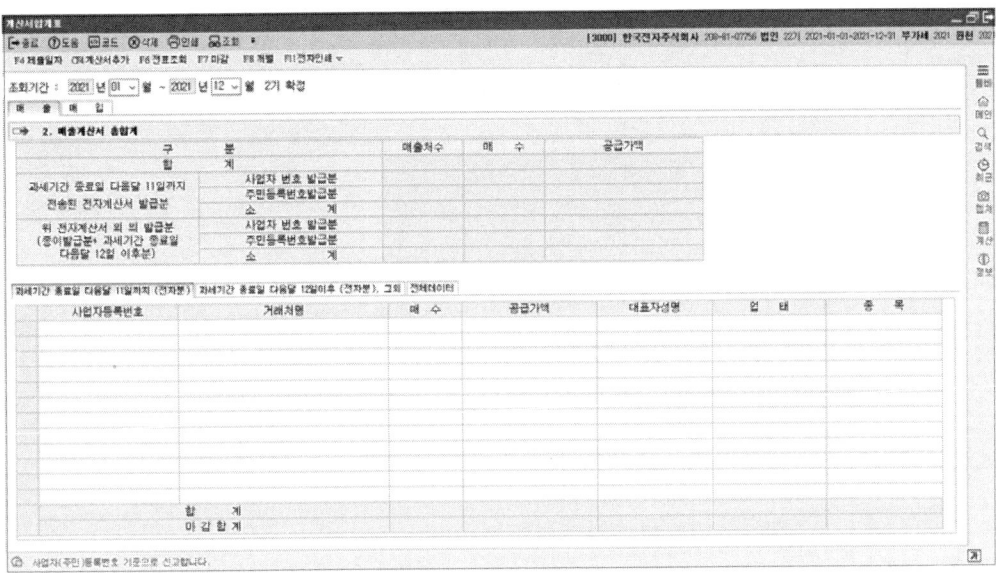

계산서 합계표 (매입)

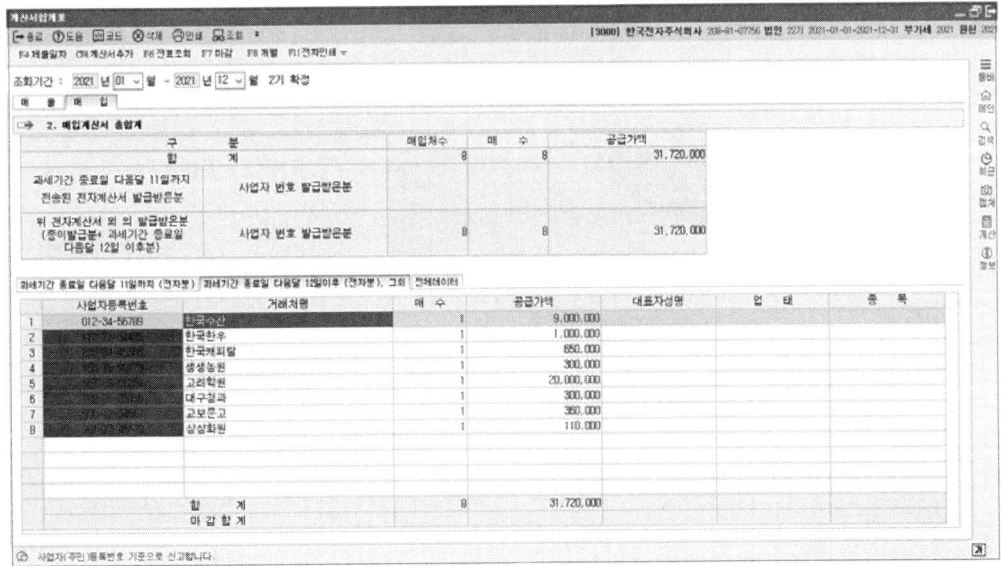

제 11 장
부가가치세 관리

제 1 절
부가가치세 수정신고

01 부가가치세 수정신고

1. 부가가치세 수정신고

부가가치세 수정신고는 납세의무자가 과세표준과 세액을 신고한 후 기재사항누락이나 오류가 있어서 부가가치세 세액의 증가사유가 발생할 경우, 이를 정정하는 신고이다. 법정 신고기한 경과 후 6월 이내에 한해 인정된다.

당초 신고세액보다 증가한 경우 수정신고를 하고, 감소한 경우에는 경정청구를 해야한다.

2. 부가가치세 수정신고방법

① 예정신고 누락분 추가 반영 방법

부가가치 세 예정신고 누락분은 부가가치세 확정신고서 작성을 할 때 추가로 반영하여야 하며, 가산세를 계산하여 입력한다. 부가가치세신고서의 우측 화면에서 수동으로 입력한다.

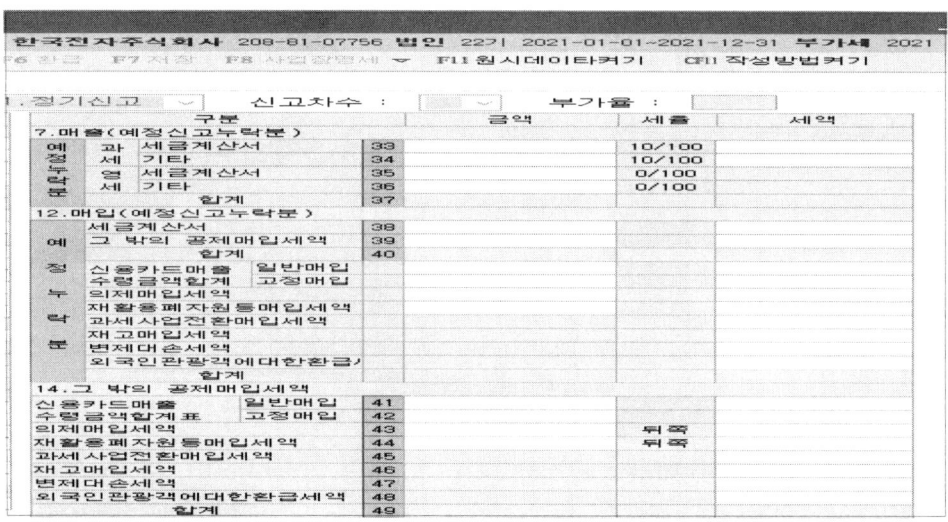

② 예정신고 누락분 가산세 계산과 입력 방법
　㉠ 사업자미등록 등에서부터 합계까지 금액을 입력하고 세율을 곱하여 세액을 입력한다.

25.가산세명세				
사업자미등록등		61		1/100
세 금 계산서	지연발급 등	62		1/100
	지연수취	63		5/1,000
	미발급 등	64		뒤쪽참조
전자세금 발급명세	지연전송	65		3/1,000
	미전송	66		5/1,000
세금계산서 합계표	제출불성실	67		5/1,000
	지연제출	68		3/1,000
신고 불성실	무신고(일반)	69		뒤쪽
	무신고(부당)	70		뒤쪽
	과소·초과환급(일반)	71		뒤쪽
	과소·초과환급(부당)	72		뒤쪽
납부지연		73		뒤쪽
영세율과세표준신고불성실		74		5/1,000
현금매출명세서불성실		75		1/100
부동산임대공급가액명세서		76		1/100
매입자 납부특례	거래계좌 미사용	77		뒤쪽
	거래계좌 지연입금	78		뒤쪽
합계		79		

　㉡ 신고불성실 가산세는 6개월 이내 자진신고시에는 50% 감면하여 입력한다. 미등록 등에서부터 합계까지 금액을 입력하고 세율을 곱하여 세액을 입력한다.

　㉢ 납부불성실 가산세는 미달납부(초과환급) 세액에 3/10,000을 곱하고 미납일수를 곱하여 계산하여 입력한다.

02 실제 사례

1기 예정신고시 누락분을 제 1 기 확정신고서에 입력한다(가산세 적용일수 : 91일, 누락분은 일반 과소신고에 의한 가산세율을 적용한다.).
① 일일전자에 제품 1,500,000원(부가가치세 별도)을 판매하고 세금계산서를 발행한 1건이 누락하다.
② 제품을 소매로 김경산에게 2,200,000원(부가가치세 포함)에 매출하고 카드로 결제한 1건이 누락하다.
③ 팔팔컴퓨터로부터 원재료를 500,000원(부가가치세 별도)에 매입하고 세금계산서를 수취한 1건이 누락하다.

누락분 입력

가산세 입력

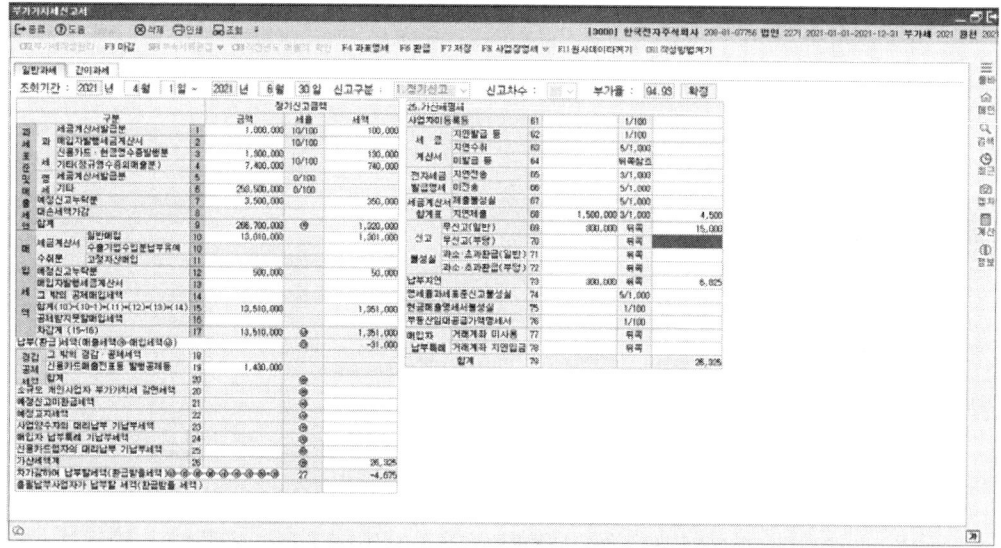

제 2 절
부가가치세 첨부서류

01 신용카드 매출전표 등 수령 명세서(갑)(을)

1. 신용카드 매출전표 등 수령 명세서(갑)(을)

신용카드 매출전표 등 수령명세서는 사업자가 회사에 필요한 경비나 물건 매입을 신용카드로 결제한 경우에 부가가치세 매입공제를 받기 위해 작성하는 부속명세서이다.

① 조회기간 : 신고 대상기간을 입력한다.
② 신용카드 등 매입내역 합계 : 신용카드 등 매입내역 합계를 입력한다.
  ㉠ 합계 : 합계를 입력한다.
  ㉡ 현금영수증 : 현금영수증의 거래건수, 공급가액 및 세액을 입력한다.
  ㉢ 화물운전자 복지카드 : 화물운전자 복지카드의 내역을 입력한다.
  ㉣ 사업용신용카드 : 사업용 신용카드의 내역을 입력한다.
  ㉤ 그 밖의 신용카드 : 그 밖의 신용카드의 내역을 입력한다.
③ 거래내역입력 : 거래내역이 입력된다.

2. 실제사례

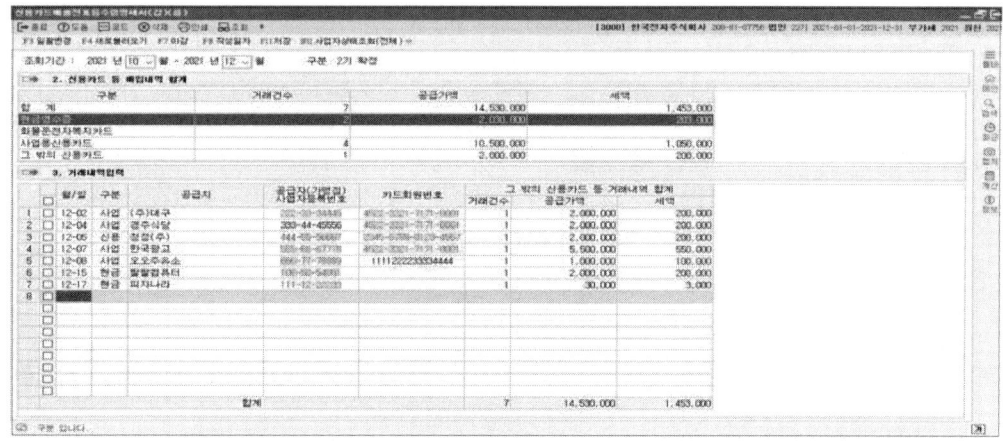

02 신용카드 매출전표 발행집계표

1. 신용카드 매출전표 발행집계표

개인사업자(법인 제외)가 부가가치세가 과세되는 재화나 용역을 공급하고 신용카드 매출전표 및 현금영수증을 발행하거나, 전자적 결제수단에 의하여 대금을 결제받는 경우에 부가가치세 확정신고기간에 신용카드 매출전표 발행집계표를 작성한다.

① 조회기간 : 신고대상기간을 입력한다.

② 신용카드매출전표 등 발행금액 현황 : 부가가치세 과세 매출분, 면세 매출분, 봉사료로 구분하여 입력한다.

③ 신용카드매출전표등 발행금액 등 세금계산서 교부내역: 세금계산서 교부내역과 계산서 교부내역을 입력한다.

2. 실제 사례

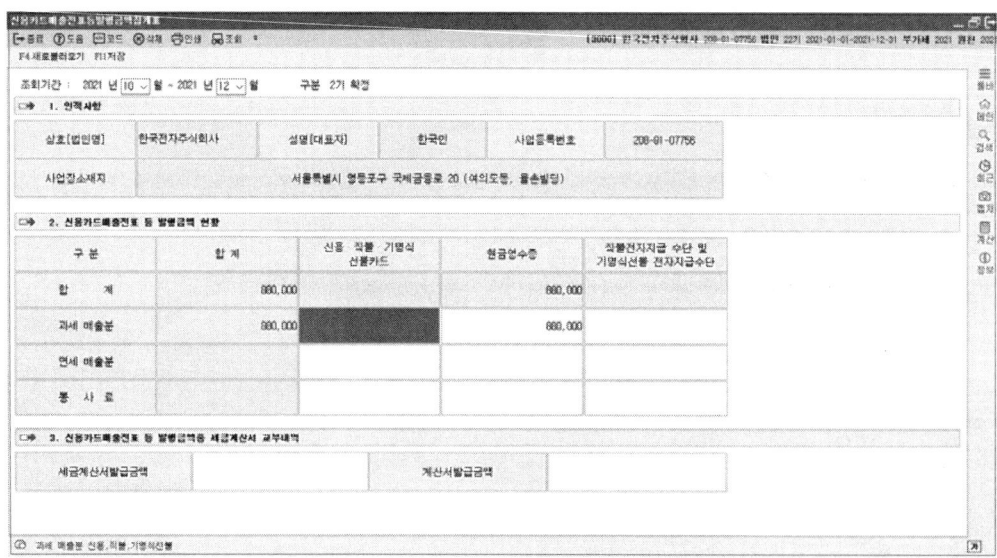

03 매입자 발행 세금계산서 합계표

1. 매입자 발행 세금계산서 합계표

일반과세사업자인 공급자가 부가가치세 과세대상 거래를 하고 그에 대한 세금계산서를 발행하지 않는 경우 매입자가 세무서에 그 거래 사실을 확인받아 세금계산서를 발행하고 매입세액공제를 받을 수 있는 제도에서 작성하는 부속명세서이다. 공급자가 세금계산서를 발행하지 않아 매입자발행세금계산서가 발행된 경우 세금계산서미교부가산세(세액의 20%)와 해당 세금을 과소신고하는 경우 과소신고가산세(세액의 40%)와 납부불성실가산세(세액의 연리 10.95%)가 부과되고 3년이하의 징역 또는 포탈세액의 3배이하의 벌금형을 받게 된다.

2. 실제 사례

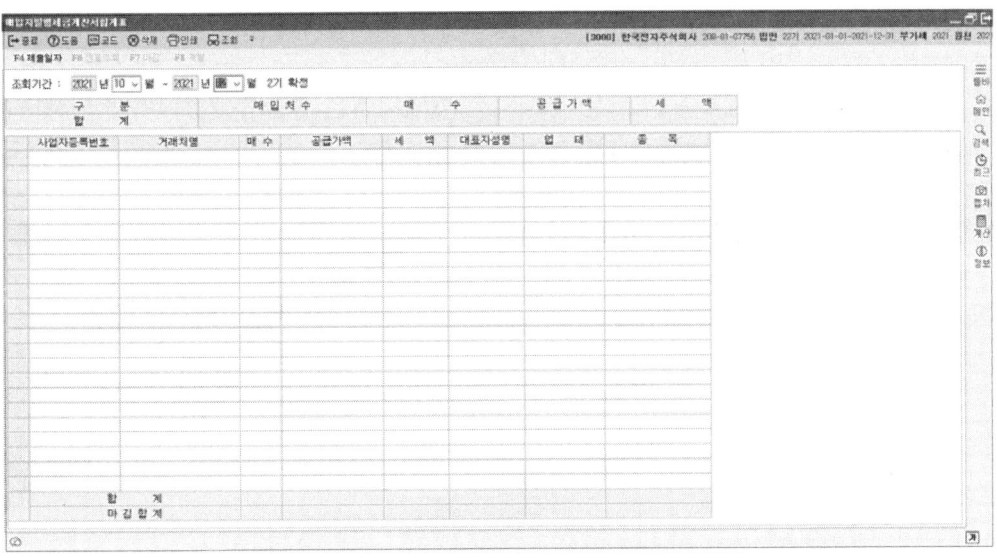

04 부속명세서

1. 공급받지못할 매입세액 명세서

공급받지못할 매입세액명세서는 부가가치세 신고를 할 때 공제받지 못할 매입세액의 명세를 작성하는 부속명세서이다.

① 조회기간 : 신고기간을 입력한다.

② 공제받지못할 매입세액 : 매입세액 불공제 사유 세금계산서 매수 공급가액 및 매입세액을 입력한다.

③ 공통매입세액의 안분계산 : 과세 및 면세겸업자인 경우, 매입세액이 공통으로 사용되어 실지 귀속을 구분할 수 없을 때 매입세액을 일정기준[공급가액, 매입가액, 예정공급가액, 예정사용면적]에 따라 안분하여 계산한 후 입력한다.

④ 공통매입세액의 정산 : 가산 또는 공제되는 매입세액은 총공통매입세액에 면세비율을 곱한 금액을 기불공제매입세액을 차감하여 입력한다.

⑤ 납부, 환급세액의 재계산 : 비유동자산을 취득하여 취득한 다음 과세기간에 면세사업비율이 5%이상 증감되는 경우에 매입세액을 재계산하여 납부세액을 차가감하여 입력한다.

제11장 부가가치세 관리

2. 실제사례

매입세액 불공제사유

매입세액 불공제 사유	매수	세금계산서	
		공급가액	매입세액
①필요적 기재사항 누락 등			
②사업과 직접 관련 없는 지출			
③비영업용 소형승용자동차 구입・유지 및 임차	4	35,150,000	3,515,000
④접대비 및 이와 유사한 비용 관련	2	1,900,000	190,000
⑤면세사업등 관련			
⑥토지의 자본적 지출 관련	1	3,000,000	300,000
⑦사업자등록 전 매입세액			
⑧금・구리 스크랩 거래계좌 미사용 관련 매입세액			
합계	7	40,050,000	4,005,000

공통매입세액안분계산내역

공통매입세액의 정산내역

납부세액 또는 환급세액재계산

3. 대손세액 공제신고서

  사업자가 과세 재화 및 용역을 공급한 후 공급받는자의 파산법에 의한 파산, 강제집행, 사망 및 실종, 회사정리인가, 부도(부도 후 6개월 경과), 채권시효 소멸, 기타 등의 사유로 인하여 외상매출금과 기타매출채권(부가가치세 포함)의 전부 또는 일부가 대손되어 회수할 수 없을 경우, 또는 대손금액의 일부 또는 전부를 회수한 경우에 매출세액에서 대손세액을 차감하기 위하여 작성하는 부속명세서이다.

① 대손발생 ; 대손 발생에서 조회기간(신고대상기간), 대손확정일, 공제율, 대손세액, 거래처, 대손사유 등을 입력한다.

② 대손변제 : 변제 발생에서 조회기간(신고대상기간), 변제확정일, 변제금액, 공제율, 변제세액, 거래처, 변제사유 등을 입력한다.

③ 실제사례
  ㉠ 10월 5일 : 일일전자의 외상매출금 6,600,000원의 소멸시효가 완성되었다.

  ㉡ 10월 20일 : 이이전자의 받을어음 440,000원이 부도처리되다.(7개월 경과)

  ㉢ 11월 10일 : 2년 전 파산으로 대손처리했던 육육상사에 대한 채권액 825,000원을 현금으로 회수하였다.

  ㉣ 12월 5일 : 1기 확정신고시 공제받지 못할 매입세액(대손처분받은 세액)으로 신고하였던 팔팔컴퓨터에 대한 외상매입금 3,300,000원을 전액 현금으로 상환하였다.

전산회계와 전산세무회계

대손발생

대손변제

4. 부동산임대공급가액명세서

부동산임대공급가액명세서는 부동산 임대공급 용역을 제공하는 사업자가 부가가치세 신고를 할 때 제출하는 부속명세서이다. 전세금 또는 임대보증금을 받은 경우 간주임대료(보증금이자)를 과세표준에 포함하여야 한다.

① 코드 및 거래처명(임차인) : 코드와 거래처명을 동, 층, 호 등을 입력한다.

② 등록사항 : 사업자등록번호 주민등록번호, 면적, 용도, 임대기간에 따른 계약내용, 간주임대료, 과세표준등을 입력한다.

③ 실제사례

5. 의제매입세액공제신고서

과세사업을 하는 사업자가 부가가치세가 농산물, 축산물, 수산물, 임산물을 면세로 구입하여 과세재화를 생산, 공급하는 중소제조업과 유흥음식점의 경우에 원재료 매입가액의 일정 비율을 의제 매입세액으로 부가가치세 신고 시 공제받기 위해 작성하는 부속명세서이다.

① 관리용 : 공급자, 사업자/주민등록번호, 취득일자, 구분, 물품명, 수량, 매입가액, 공제율, 의제매입세액, 건수등을 입력한다.

관리용 사례

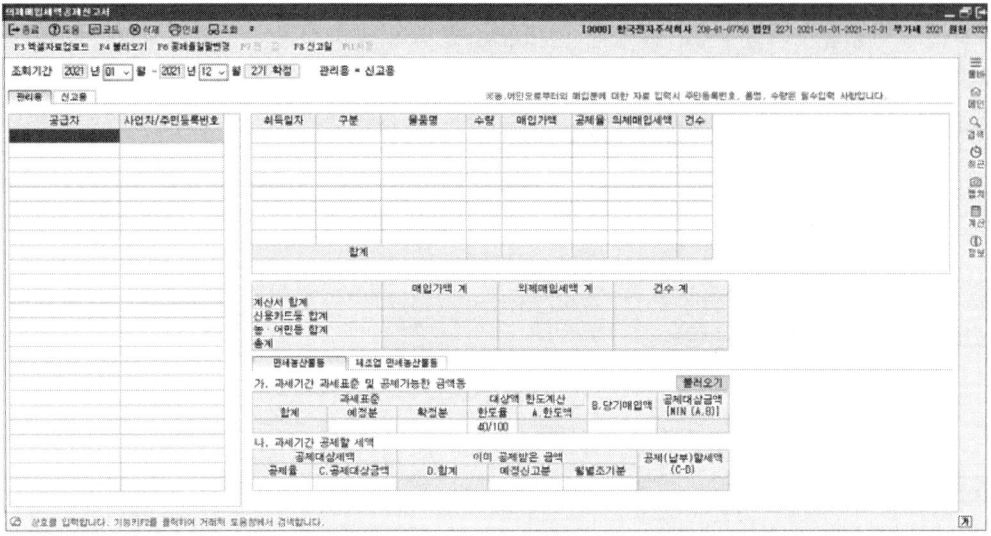

② 신고용 : 구분에서 사업자로부터 매입분과 농, 어민 등으로부터 매입분을 나눠 입력하고 농, 어민 등으로부터의 매입분에 대한 명세, 면세농산물 등과 제조업 면세농산물 등으로 나눠 입력을 한다.

신고용 사례

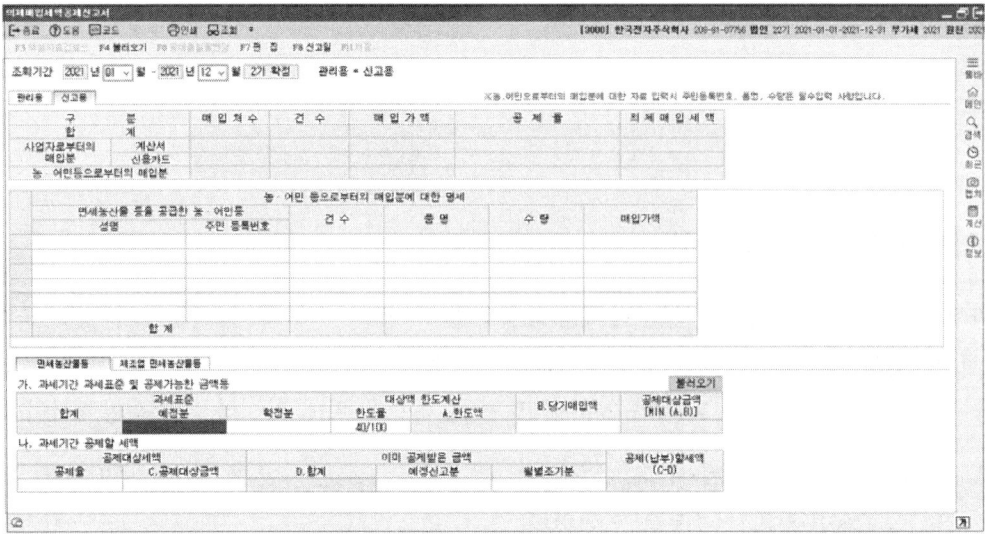

6. 재활용폐자원 세액공제신고서

재활용폐자원 및 중고품을 수집하는 사업자가 국가, 지방자치단체, 기타 부가가치세 과세사업을 영위하지 않는자 또는 간이과세자로부터 재활용폐자원 및 중고품을 취득하여 제조 또는 가공하거나 이를 공급하는 경우에 매입세액으로 공제받을 수 있는 부속명세서이다.

7. 건물등 감가상각자산 취득명세서

사업자가 사업용 건물, 기계장치 등 사업설비 취득으로 환급세액이 발생한 경우 부가가치세를 신고할 때 작성하는 부속명세서이다. 취득내역에는 감가상각자산 종류별 건수 공급가액과 세액을 입력한다. 그리고 거래처별 감가상각자산 취득명세를 입력한다.

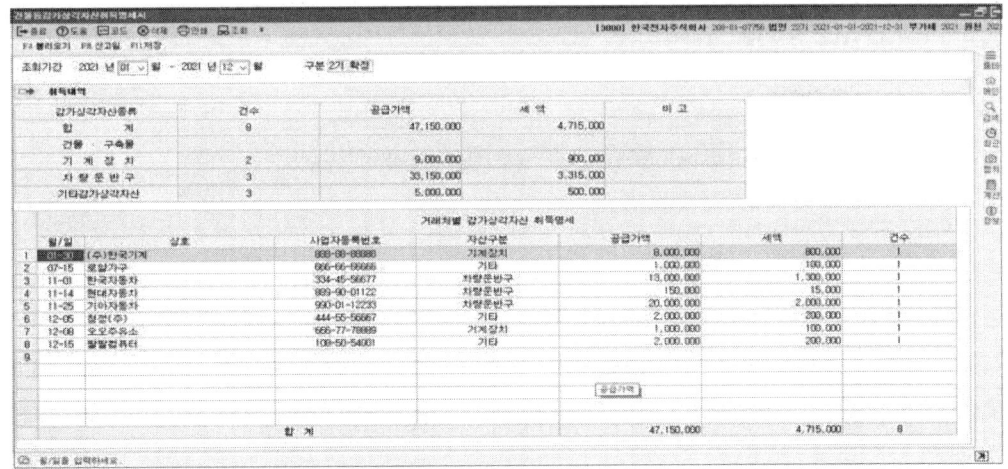

8. 영세율 첨부서류제출명세서

수출업자가 부가가치세 신고를 할 때 영세율을 적용받으려면 영세율 적용대상임을 증명하는 첨부서류를 나타내는 부속명세서이다. 첨부서류로 수출실적명세서, 외화입금 증명서, 수출계약서 사본, 수출신고필증 등 수십종류의 서류가 있다.

9. 수출실적명세서

사업자가 관세청에 수출신고 후 재화를 외국으로 직접 반출(직수출)하는 경우 부가가치세 신고기한까지 제출하는 부속명세서이다. 직수출분이 없고 기타영세율 금액만 있는 경우에는 작성할 필요가 없고, 영세율이 적용되는 사업자는 제출하지 않으면 가산세가 부과된다.

제 12 장

장부관리와 결산 / 재무제표

제 1 절
장부관리

01 장부관리

1. 장부(ledger)

장부란 물건의 출납 또는 자금의 입출금 사항 등을 기록하고 관리하기 위해 작성하는 문서를 말한다. 이는 대상이 되는 물건의 수가 많거나 종류가 다양할 때 작성하게 된다.

일반적인 회계장부에는 날짜, 관, 항, 목을 기재하고 적요와 수입 및 지출금액, 잔액 등을 기록하는 것이 보통이다. 입출고장부에는 입고일자 및 출고일자를 비롯하여 입고수량과 출고수량, 잔고량 등을 기록하고 합계를 산출한다. 그 밖에 장부를 검토, 확인받는 결재란 항목을 따로 두도록 한다.

장부 작성 기준은 작년 매출액으로 알 수 있다. 간편장부와 복식부기의무자는 업종별로 수입기준이 조금씩 차이가 있다.

① 농업, 임업, 도소매업: 3억 원이 기준

② 제조, 숙박, 건설, 운수, 통신, 금융업: 매출액이 1억 5천만 원 이상

③ 기타 서비스업: 매출 7500만 원 이상
단, 모든 사업자가 이에 해당되는 것은 아니고, 무조건 복식장부를 작성해야 하는 경우가 있다.
전문직에 해당하며 법인사업자일 경우는 직전연도 수입금액에 관계없이 무조건 복식장부를 작성해야 한다.

2. 장부의 종류

장부의 종류는 관점에 따라 여러 가지로 구분할 수 있다. 기능면에서는 주요부와 보조부, 형식면에서는 편철장부와 분리식장부, 기록시점의 관점에서 원시기입부와 전기기입부, 기입형식면에서 기입식장부와 계정식장부 등으로 나눌 수 있다.

주요부에는 분개장과 총계정원장이 있으며, 계정조직에 의하여 기업활동의 전과정을 기록, 표시하여 기업 재무의 가치변동을 총괄적으로 전개하여 결산시에 재무제표를 작성하는 기초가 되는 장부이다.

① 거래처원장

거래처원장은 계정의 잔액을 거래처별로 입력하는 장부이다. 거래처별로 채권채무를 관리하기 위한 것으로 거래처별로 잔액, 내용, 총괄잔액, 총괄내용탭으로 나누어 구성되어 있다. 전표를 입력할 때 거래처 코드를 입력해야만 거래처원장에 자동적으로 반영된다.

㉠ 기간 : 조회하고자 하는 기간을 입력한다.
㉡ 계정과목 : 조회하고자 하는 계정을 입력한다.
㉢ 거래처 : 조회하고자 하는 거래처를 입력한다.

② 거래처별 계정과목별 원장

거래처별 계정과목별 원장은 거래처별, 계정과목별로 거래 잔액과 내용을 입력하는 장부이다. 이는 모든 거래처에 계정과목별로 잔액, 잔액상세, 내용탭으로 나누어 구성되어 있다.

㉠ 기간 : 조회하고자 하는 기간을 입력한다.
㉡ 계정과목 : 조회하고자 하는 계정을 입력한다.
㉢ 거래처 : 조회하고자 하는 거래처를 입력한다.

③ 계정별 원장

계정별원장은 기간내의 모든 계정을 전기이월금부터 기간말까지 차변과 대변금액으로 나타내주며 거래처와 거래내용을 상세하게 표시하여 주는 보조원장이다. 현금 계정은 현금출납장에서 조회하지만, 현금 이외의 계정은 계정별원장으로 조회하고 출력한다. 이는 계정별, 부서별, 사원별, 현장별, 전체 탭으로 나누어 구성되어 있다.

㉠ 기간 : 조회하고자 하는 기간을 입력한다.
㉡ 계정과목 : 조회하고자 하는 계정을 입력한다.

④ 현금출납장
현금출납장은 전표의 현금거래분만을 입력하는 보조원장이다. 기간의 현금자료를 전체, 사원별, 부서별, 현장별, 프로젝트별로 월계 및 누계액을 볼 수 있고, 입금과 출금, 잔액을 구분하여 표시된다. 기간만 입력하면 조회가 된다.

⑤ 일계표(월계표)
일계표는 매일 거래내역의 분개를 계정과목별로 집계한 일람표이다. 이는 매일의 거래금액을 계정과목별로 총괄적으로 볼 수 있고, 차변과 대변의 합계액이 일치되는지를 확인하여 집계의 정확성을 재검증하는 역할을 한다. 일계표 탭에서 일자를 입력하면 일일 거래내용을 현금을 기준으로 계정과목별 수입과 지출의 내용을 현금과 대체금액으로 구분하여 표시된다.
월계표는 매월 전표집계표에서 계정과목과 금액을 모은 일람표로 거래애용을 월단위로 파악할 때 사용한다. 월을 입력하면 월 거래내용을 현금을 기준으로 계정과목별 수입과 지출의 내용을 현금과 대체금액으로 구분하여 표시된다.

⑥ 분개장
분개장은 거래를 거래요소의 결합관계 및 거래의 8요소에 따라 특정 계정의 차변과 대변에 계정과목과 금액을 발생순서로 기록하는 주요장부이다. 실무에서는 분개장보다 전표를 많이 사용하는데, 조회기간을 입력하면 일반전표 및 매입매출전표 입력에서 입력한 내용이 자동으로 표시된다. 1. 전체, 2. 출금, 3. 입금, 4. 대체로 나눠 조회해 볼 수 있다. 1. 전체, 2. 일반전표와 3. 매입매출전표로 나눠서도 조회할 수 있다.

⑦ 총계정원장
총계정원장은 계정과목별로 발생한 거래의 총액과 잔액을 파악하기 위하여 작성하는 주요장부이다. 총계정원장의 기록으로 기업의 재무상태와 경영성과를 파악할 수 있고 언제든지 재무상태표와 손익계산서를 작성할 수 있다. 월별탭과 일별탭으로 나눠져 있으며, 월단위나 일단위로 조회할 수 있다.

⑧ 매입매출장

매입매출장은 부가가치세와 관련된 모든 거래내역을 상세히 기록하고 계산하는 보조장부이다. 매입매출전표 입력에서 입력된 자료가 반영되어 자동적으로 입력된다. 1. 전체, 2. 매출, 3. 매입으로 구분하면 전체에는 매입과 매출전체 내역이 나타나고, 매출은 매출장, 매입은 매입장 역할을 한다.

⑨ 세금계산서(계산서) 현황

세금계산서와 계산서의 현황을 조회할 수 있는 장부로 세금계산서 발행인 경우에는 1. 매출, 세금계산서 교부인 경우에는 2. 매입을 선택하고 증빙서류 유형에는 1. 세금계산서, 2. 계산서를 선택 입력한다. 전체, 전자발행(11일이내), 전자발행(11일이후, 종이발행)등으로 탭이 나눠서 조회할 수 있다.

⑩ 전표출력

거래가 빈번하게 발생하는 경우 전표를 이용하여 회계처리를 하고 전표가 분개장을 대신하기도 하며, 주문서, 송장, 청구서, 영수증 등을 전표로 그대로 이용하고 있다. 일정한 거래를 유형별로 기록하고 관리하기 위하여 회계거래에 대한 계정과목, 거래내용, 금액 등을 기재할 수 있도록 만든 서식을 말한다.

거래에 알맞은 계정과목을 적용하여 분개하고, 다시 일정한 서식에 따라 기재해야 하는데 이때 작성하는 서식을 전표라고 한다. 이러한 전표가 모이면 장부의 역할을 하기 때문에 회사에서는 기본적으로 전표를 가장 기본적인 자료로 이용하고 있다. 일반적으로 사용하는 전표로는 입금전표, 출금전표, 대체전표, 분개전표 등이 있다.

구분에 1. 전체, 2. 출금, 3. 입금, 4. 대체를 선택 입력하고 유형에 1. 전체, 2. 일반전표, 3. 매입매출전표, 4. 매입전표, 5. 매출전표를 선택 입력한다.

02 실제 사례

1. 거래처원장

거래처원장(잔액)

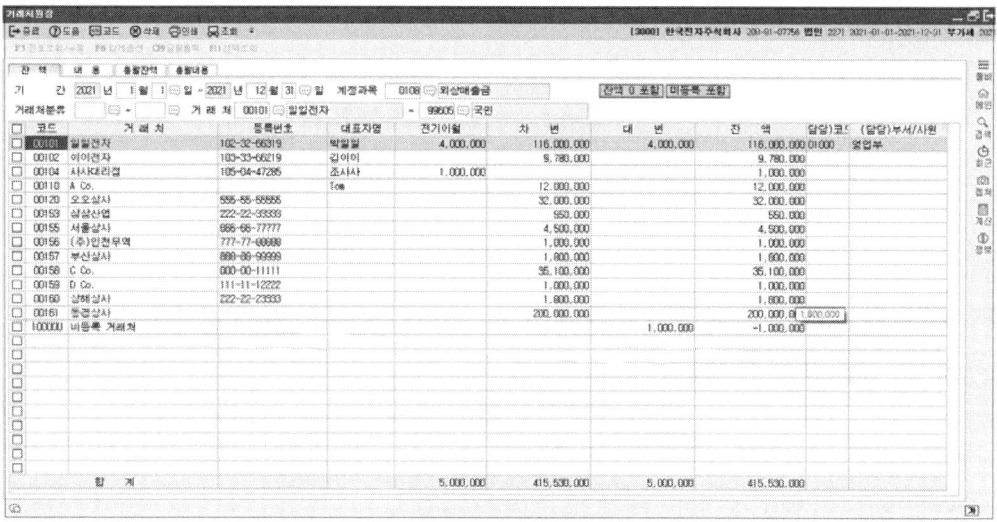

거래처원장(내용)

거래처원장(총괄잔액)

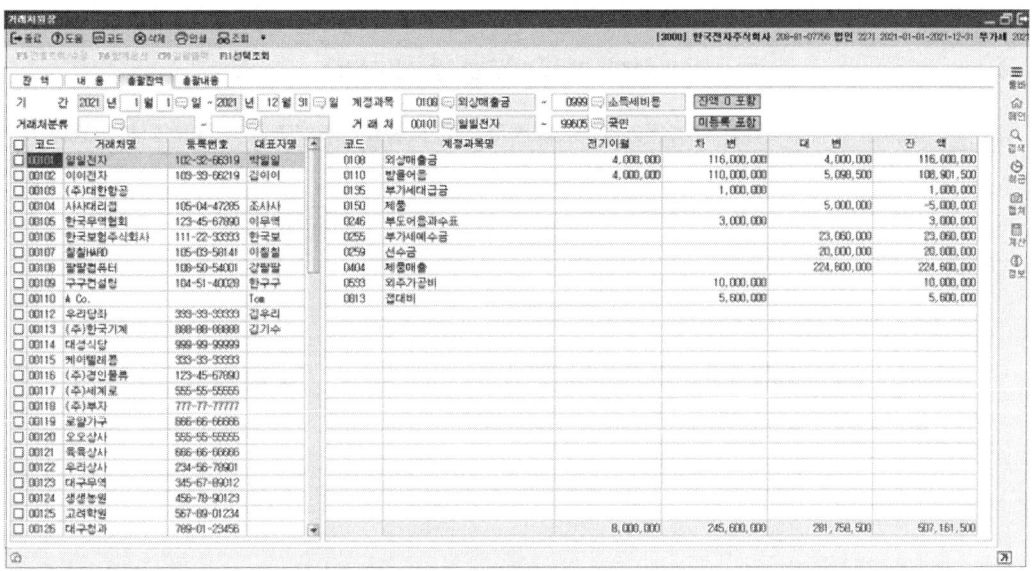

거래처원장(총괄내용)

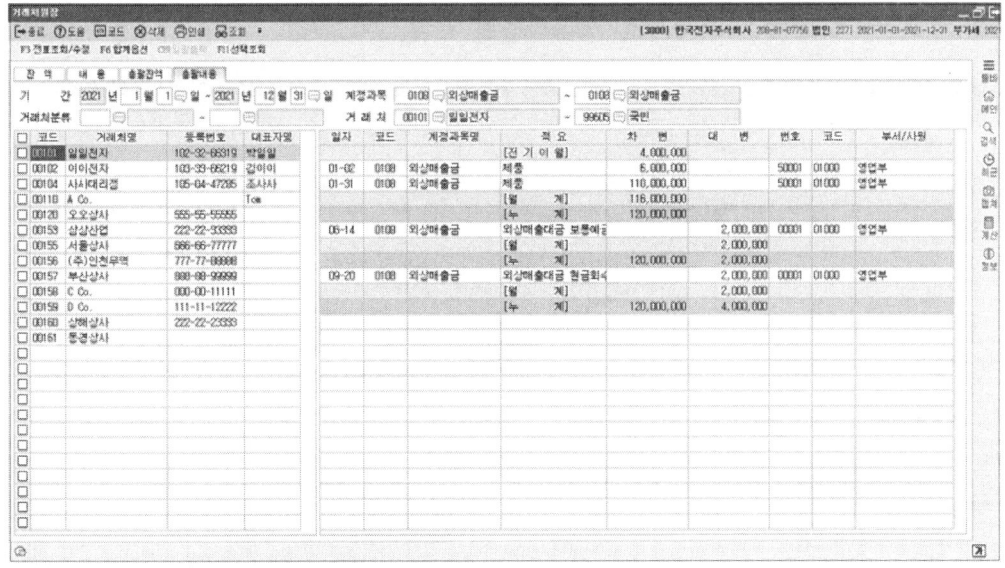

2. 거래처별 계정과목별 원장

거래처별 계정과목별 원장(잔액)

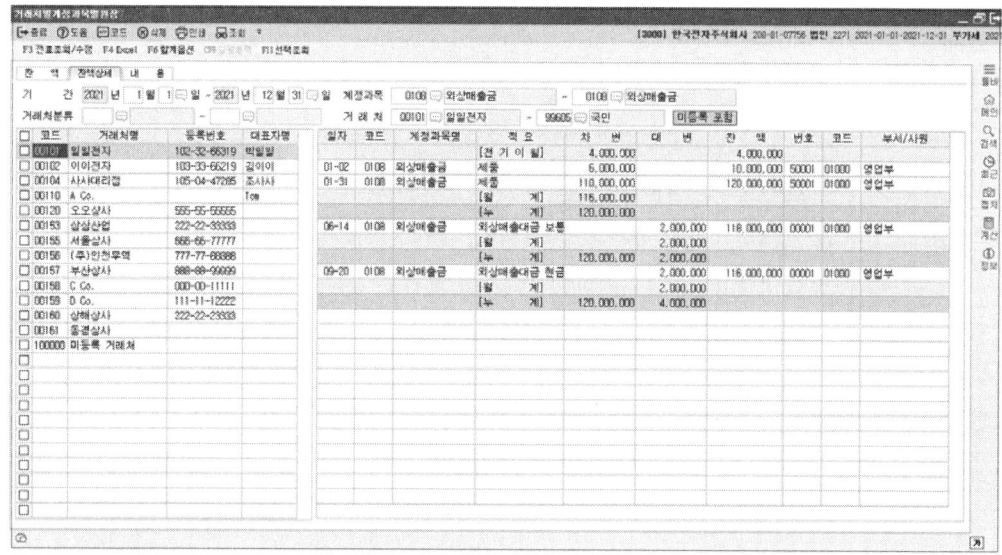

거래처별 계정과목별 원장(잔액상세)

제12장 장부관리와 결산 / 재무제표

거래처별 계정과목별 원장(내용)

3. 계정별 원장

계정별원장(계정별)

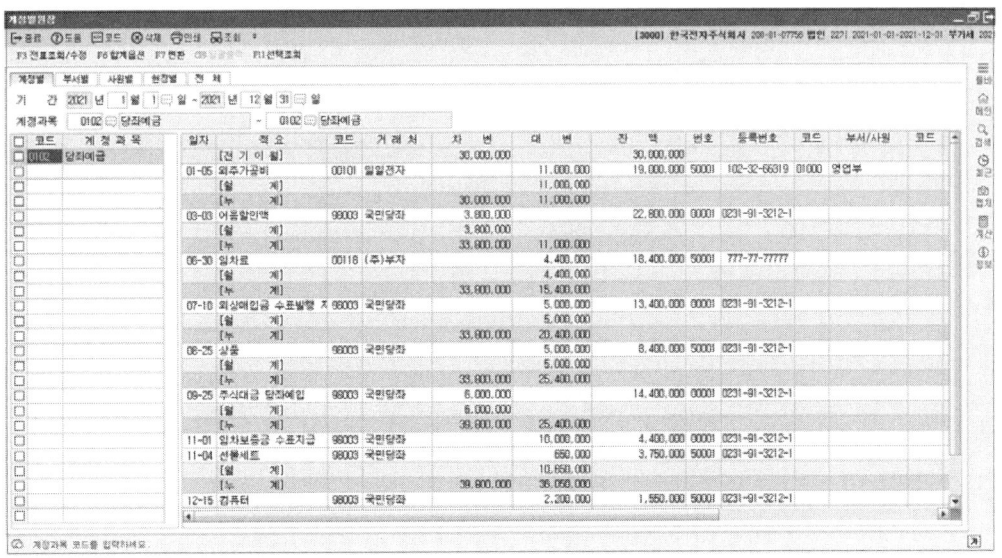

계정별원장(부서별)

계정별원장(사원별)

제12장 장부관리와 결산 / 재무제표

계정별원장(현장별)

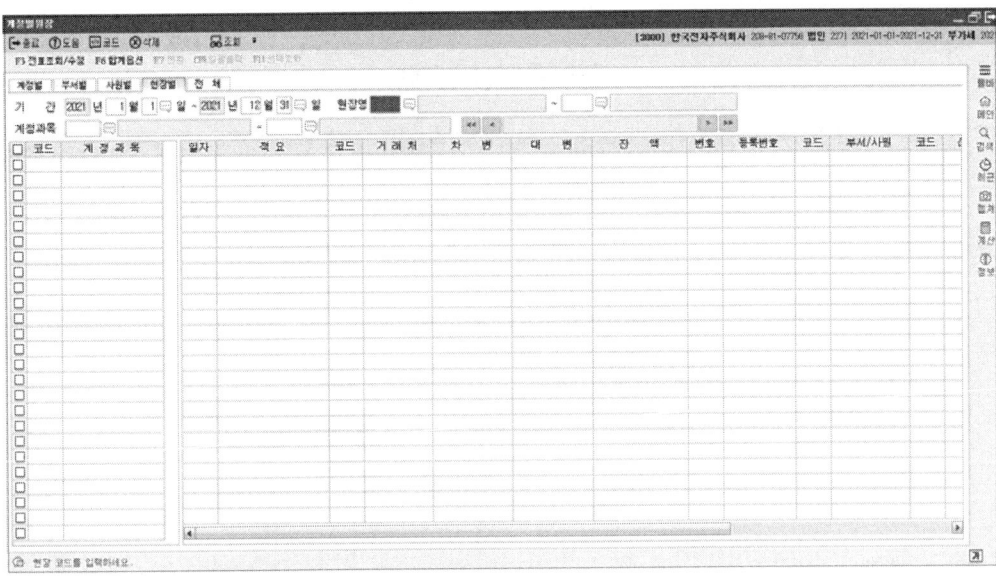

계정별원장(전체)

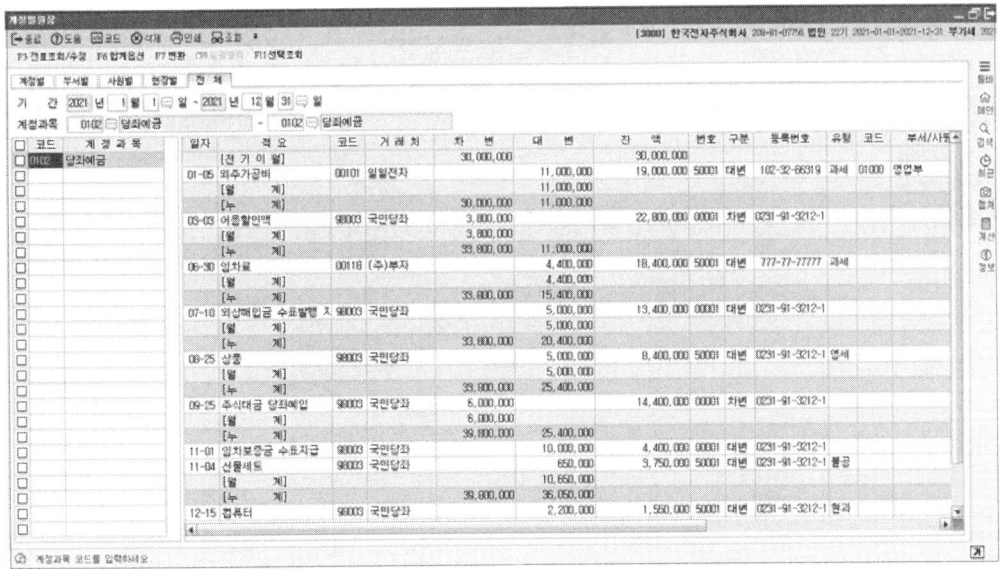

4. 현금출납장

현금출납장(전체)

현금출납장(부서별)

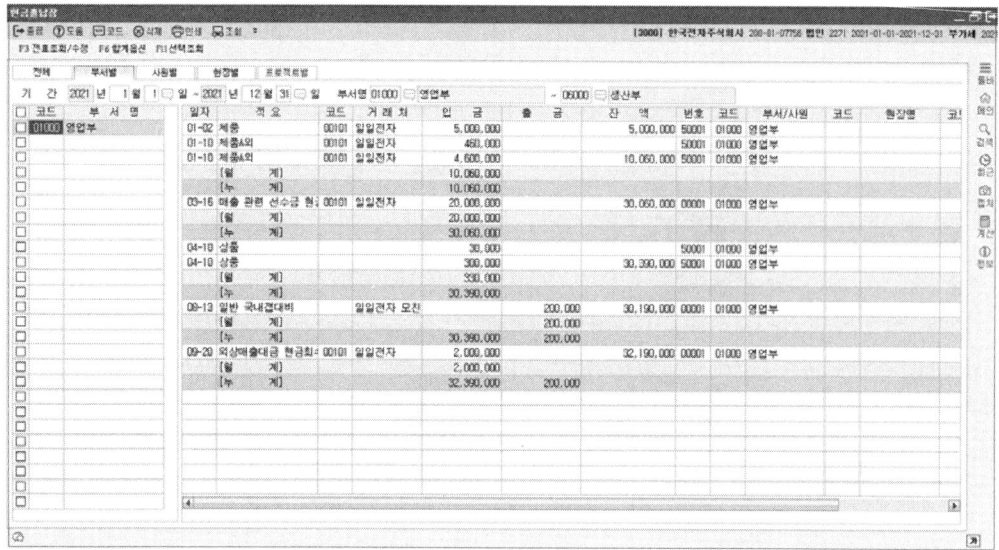

현금출납장(사원별)

현금출납장(현장별)

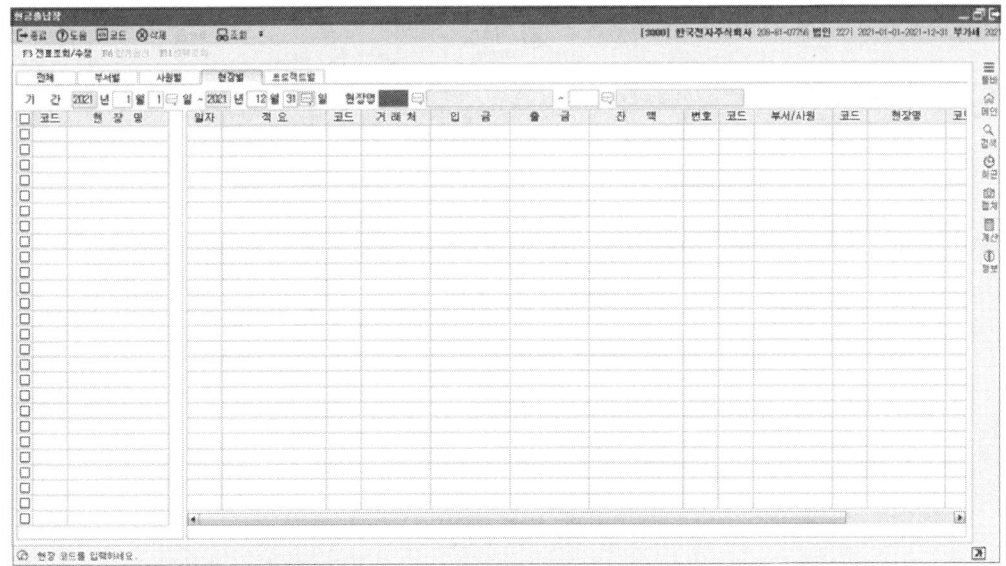

현금출납장(프로젝트별)

5. 일계표(월계표)

일계표

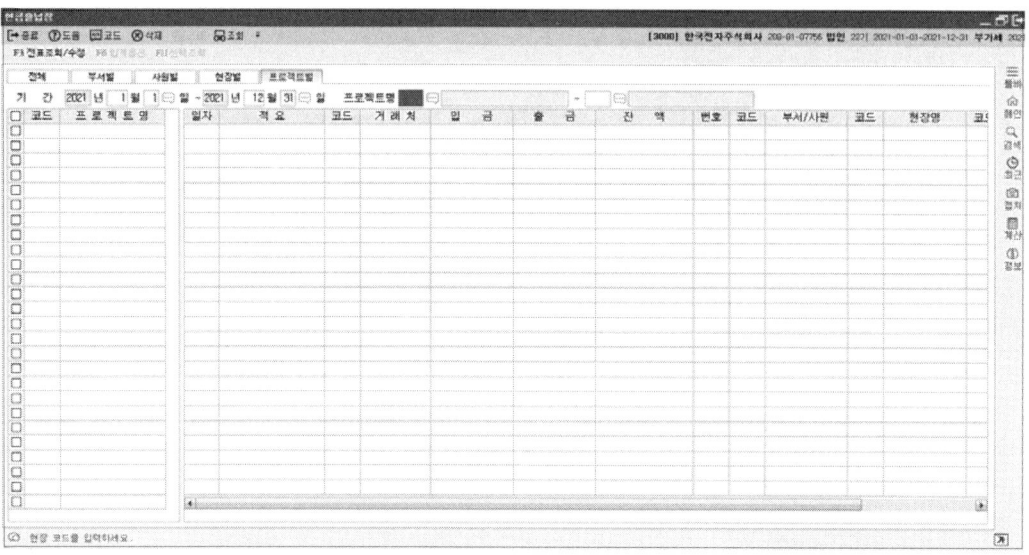

제12장 장부관리와 결산 / 재무제표

월계표

6. 분개장

분개장

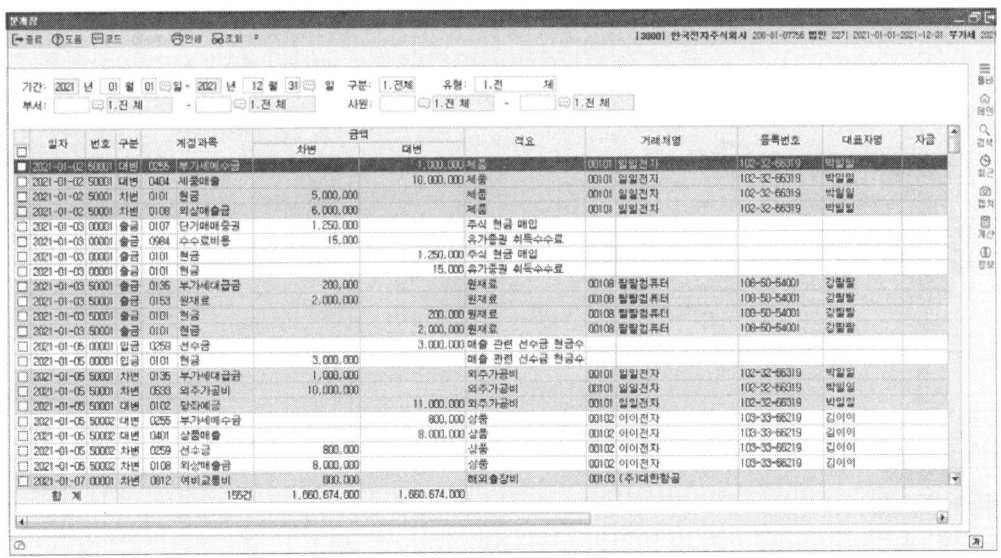

7. 총계정원장

총계정원장(월별)

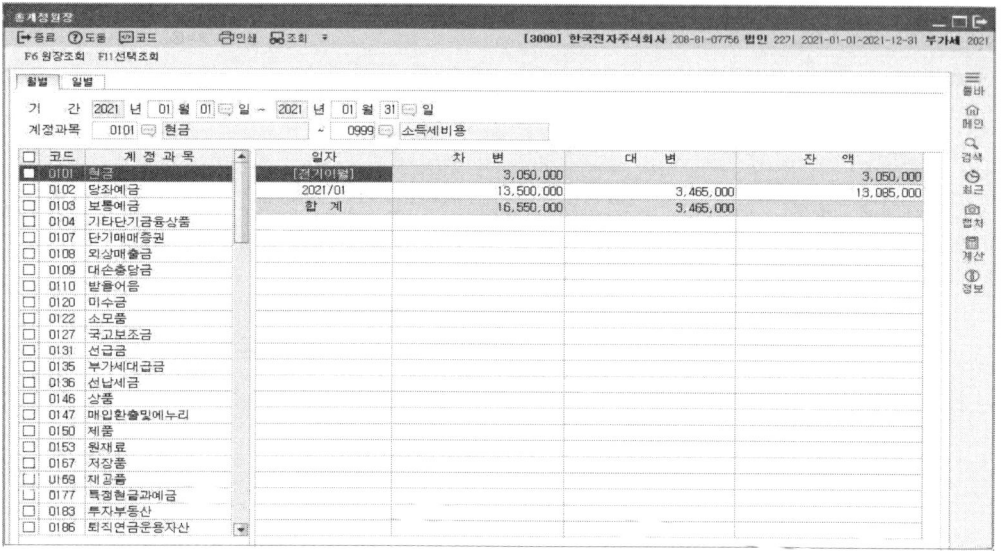

총계정원장(일별)

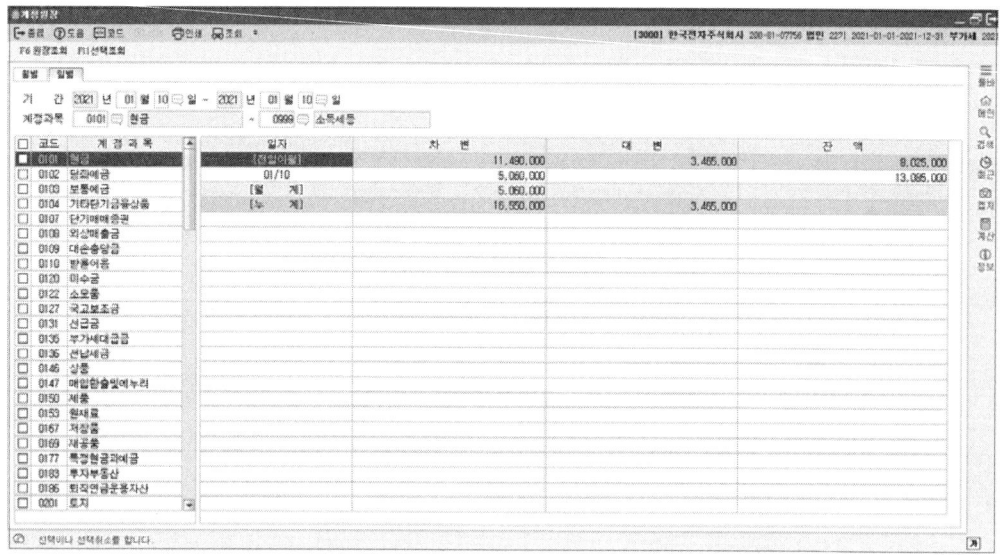

8. 매입매출장

매입매출장(전체)

매입매출장(매출)

매입매출장(매입)

9. 세금계산서(계산서) 현황

세금계산서 현황

계산서 현황

10. 전표 출력

전표 출력

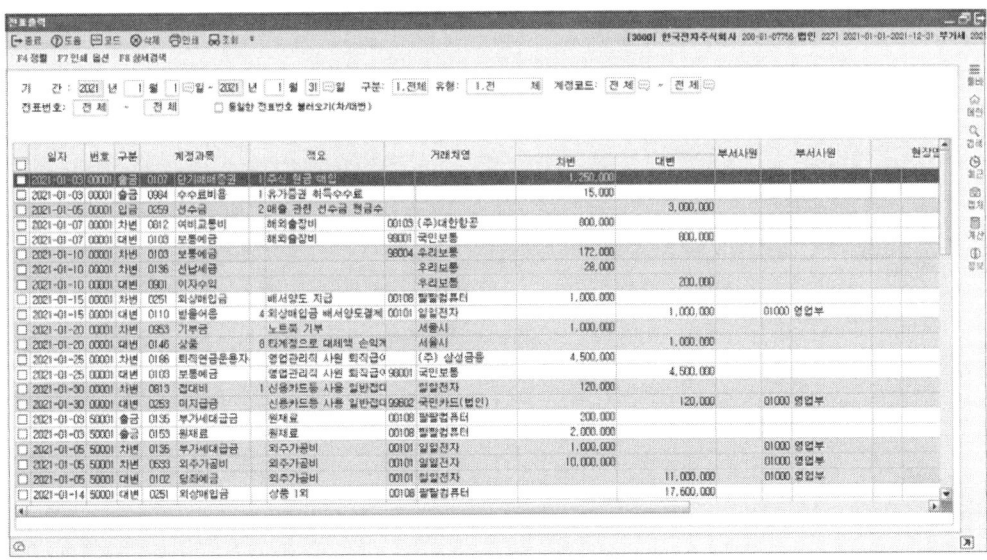

전표출력(일반전표)

제 2 절
결산 / 재무제표

01　결산

1. 결산

　결산은 회계기간 중에 입력된 전표자료에 의하여 기말결산 정리사항으로 기업의 재무상태와 경영성과를 측정하기 위한 일련의 회계절차를 말한다. 결산자료 입력은 수동입력과 자동입력 방법이 있다. 즉, 결산정리사항 중 결산/재무제표의 메뉴에서 제공하지 않는 것(수동입력)과 제공하는 것(자동입력)이 있다는 것이다. 수동입력은 일반전표 입력메뉴에서 입력하고, 자동 입력은 결산자료입력메뉴에서 행한다.

2. 수동입력(결산)

　결산시 결산자료 입력메뉴에서 제공하지 않는 기말결산정리사항 항목들을 일반전표 입력메뉴에서 입력한다.

　① 선급비용 대체
　　선급비용을 대체하는 분개를 실시하는데, 비용계정 사용시와 자산계정 사용시를 구분하여 입력한다.

　② 미지급비용 계상
　　이자비용같은 미지급비용을 계상하여 입력한다.

　③ 선수수익 계상
　　임대료 같은 선수수익을 수익계정과 부채계정 사용시를 구분하여 입력한다.

　④ 미수수익 계상
　　임대료 같은 미수수익을 계상하여 입력한다.

⑤ 미사용 소모품 대체
  소모품의 미사용액을 비용계정 사용시와 자산계정 사용시를 구분하여 입력한다.

⑥ 현금과부족의 정리
  현금의 부족시나 현금이 남는 경우 현금과부족계정의 처리시 잡손실 또는 잡이익 계정으로 입력한다.

⑦ 단기매매증권의 평가
  장부가액과 평가금액을 비교하여 단기매매증권 평가이익과 손실을 입력한다.

⑧ 재고자산의 감모손실
  상품파손이나 도난등으로 인하여 재고자산의 감모손실을 입력한다.

⑨ 재고자산의 평가손실
  재고사산의 취득원가와 시가를 비교하여 차이를 재고자산평가손실로 입력한다.

⑩ 가지급금의 정리
  가지급금을 정확한 계정과목으로 정리하여 입력한다.

⑪ 가수금의 정리
  가수금을 정확한 계정으로 정리하여 입력한다.

⑫ 오류의 수정
  해당사항의 전표를 직접 메뉴에서 수정 입력한다.

⑬ 누락의 추가입력
  누락된 부분을 추가로 전표에 입력한다.

3. 자동입력(결산)

결산자료 입력 메뉴에서 F4 원가설정을 클릭하여 매출원가 및 경비선택을 하면 결산자료 입력화면으로 들어간다.

제12장 장부관리와 결산 / 재무제표

사용여부	매출원가코드 및 계정과목		원가경비		화면
여	0455	제품매출원가	1	0500번대	제조
부	0452	도급공사매출원가	2	0600번대	도급
부	0457	보관매출원가	3	0650번대	보관
부	0453	분양공사매출원가	4	0700번대	분양
부	0458	운송매출원가	5	0750번대	운송

[참고사항]
1. 편집(tab)을 선택하면 사용여부를 1.여 또는 0.부로 변경하실 수 있습니다.
2. 사용여부를 1.여로 입력 되어야만 매출원가코드를 변경하실 수 있습니다.
   (편집(tab)을 클릭하신 후에 변경하세요)
3. 사용여부가 1.여인 매출원가코드가 중복 입력되어 있는 경우 본 화면에 입력하실 수 없습니다.

확인(Enter) 편집(Tab) 자동설정(F3) 취소(ESC)

① 기말재고자산의 기말재고금액 입력

　기말 원재료, 상품, 재공품, 제품, 부재료 등의 기말재고액을 입력한다.

② 대손상각비의 계상

　매출채권에 대한 대손충당금을 설정하여 입력한다.

③ 유형자산의 감가상각비 입력

　유형자산(건물, 기계장치, 차량운반구, 비품 등)의 감가상각비를 입력한다.

④ 무형자산의 상각액 입력

　무형자산(개발비 산업재산권, 영업권등)의 상각액을 입력한다.

⑤ 퇴직급여충당부채의 설정입력

　퇴직급여충당부채를 생산직과 사무직으로 나눠 계상한 후 생산직은 제조경비로, 사무직은 판매비와 관리비에 있는 퇴직급여 충당부채액을 입력한다.

⑥ 준비금의 환입 및 당기설정액의 입력

　준비금에 대한 환입액이나 당기 설정액을 입력한다.

⑦ 법인세 등의 입력

　법인세 등의 입력을 선납세금과 연계하여 입력한다.

4. 실제사례

① 결산일 보험료 선급분 제조부 : 300,000원, 관리부 : 500,000원 있다.

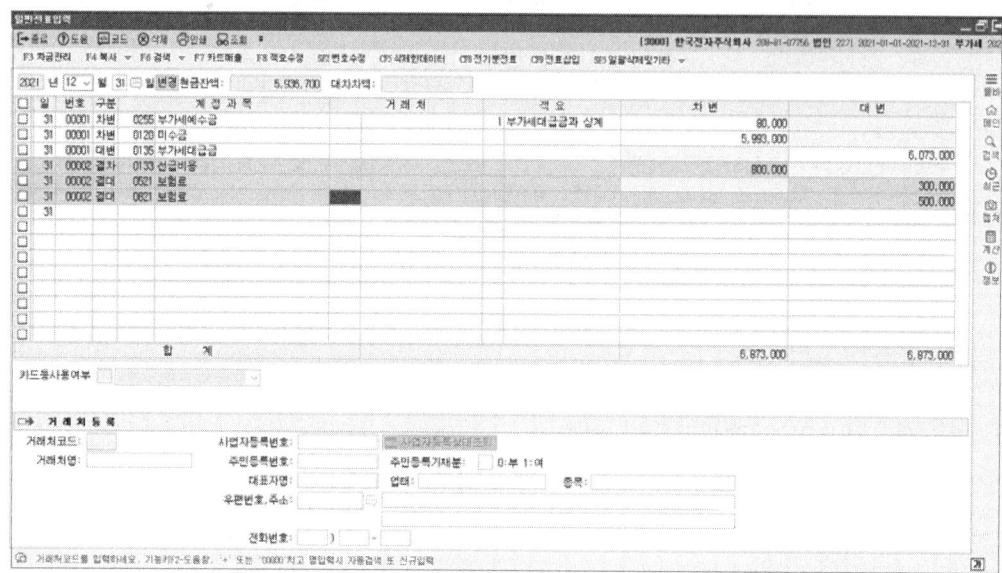

② 결산일 미지급이자 1,000,000원 계상하다.

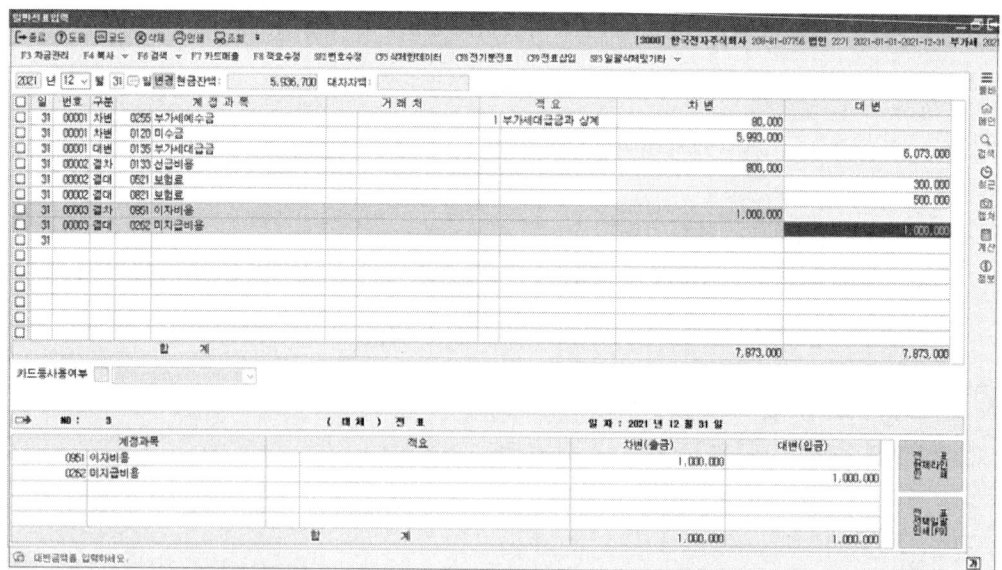

제12장 장부관리와 결산 / 재무제표

③ 결산일 이자수익 200,000원 선수수익을 계상하다.

④ 결산일 배당금 수익 미수액이 400,000원 계상하다.

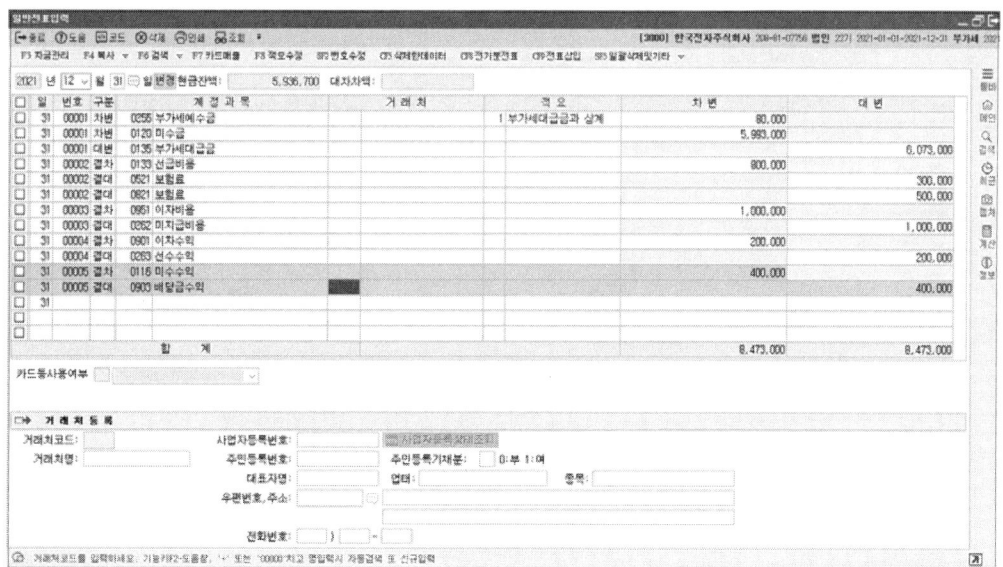

⑤ 결산일 현재 단기매매증권을 800,000원으로 평가하다.

⑥ 결산일 제품의 재고감모손실이 40,000원 발생하다.

제12장 장부관리와 결산 / 재무제표

⑦ 결산일 상품의 평가손실 30,000원을 계상하다.

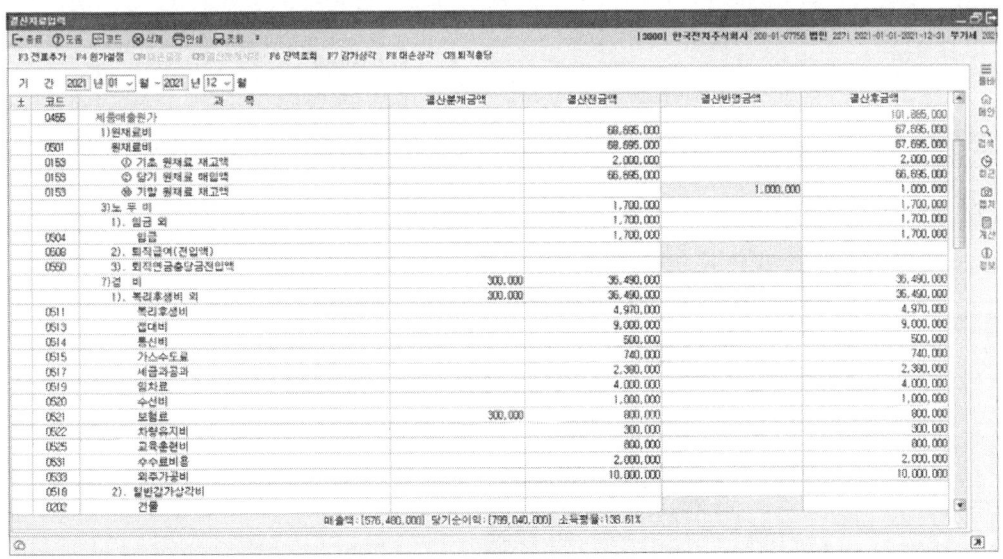

⑧ 재고자산 기말재고액

원재료 1,000,000원, 재공품 2,000,000원, 제품 3,000,000원 상품 4,000,000원

⑨ 매출채권(외상매출금, 받을어음) 잔액에 대하여 1%의 대손상각을 하다.
　　외상매출금 415,530,000*0.01= 4,155,300−40,000=4,115,300
　　받을어음 116,101,500 * 0.01 = 1,161,015원

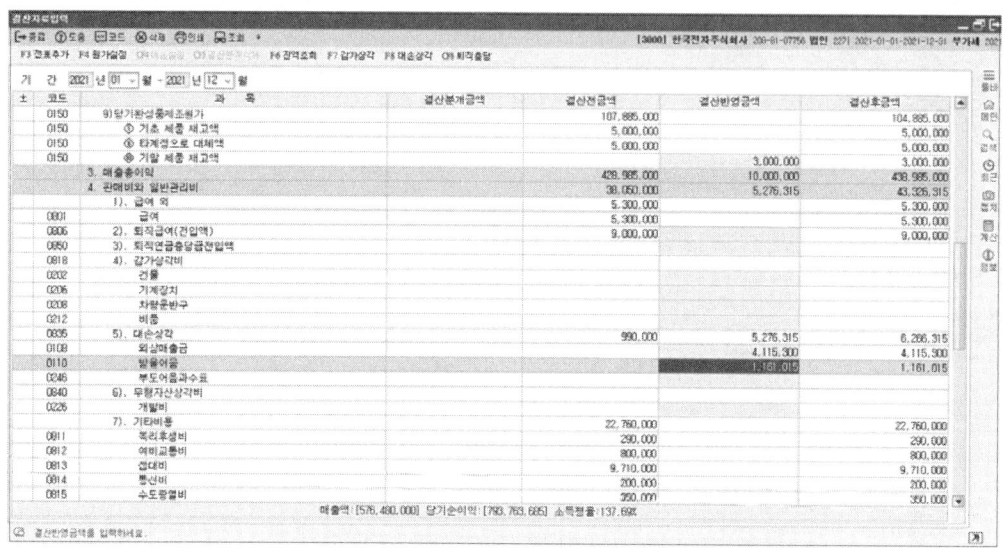

⑩ 감가상각은 고정자산등록에 입력된 자료를 조회하여 계상하다. (F7 감가상각)

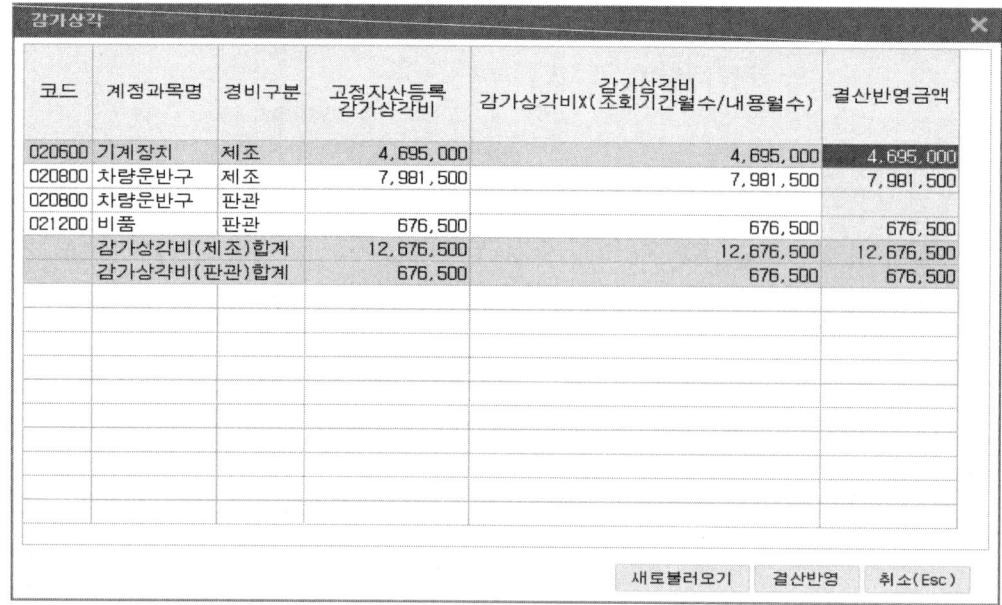

제12장 장부관리와 결산 / 재무제표

⑪ 개발비 상각 500,000원 계상하다.

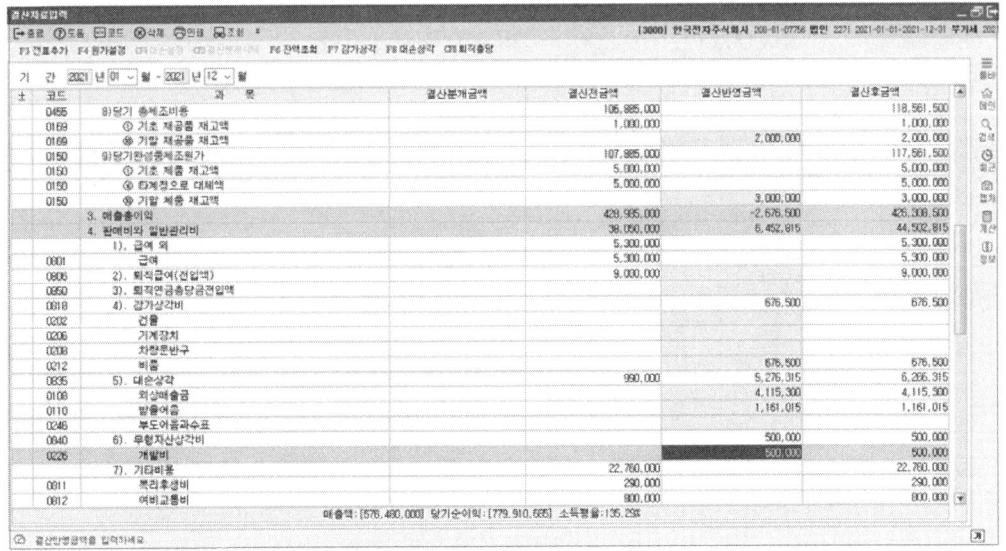

⑫ 퇴직급여충당부채 추가설정액 : 생산직 2,000,000원 사무직 1,000,000원

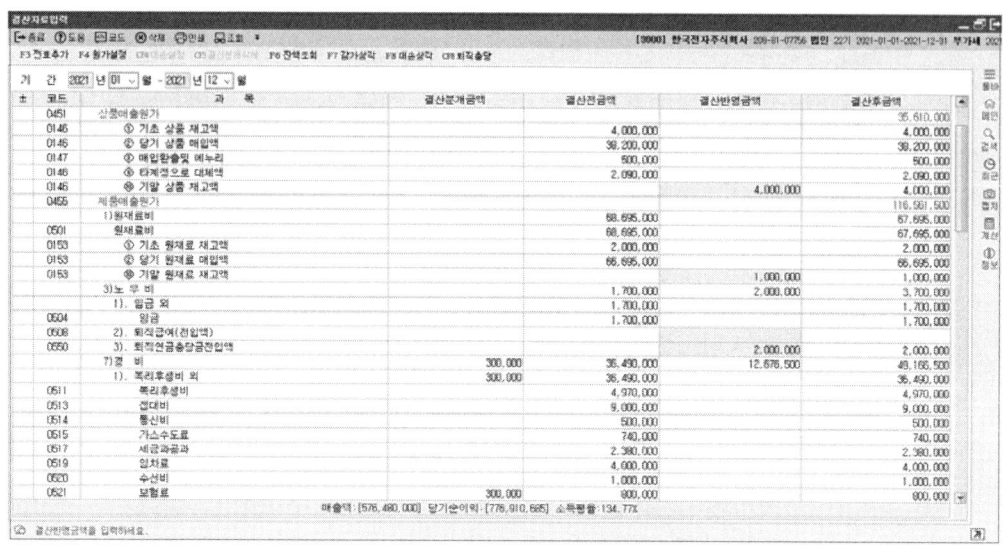

⑬ 당기분 법인세는 30,000,000원이다. 기납부한 세금은 70,000원 있다.
당기설정액은 30,000,000-70,000 = 29,930,000원이다.
기납부한 세금 일반전표에 분개를 한다.

제12장 장부관리와 결산 / 재무제표

F3 전표 추가 후 일반전표에 가서 확인을 한다.

02 재무제표

1. 재무제표

재무제표는 거래나 그 밖의 사건의 재무적 영향을 경제적 특성에 따라 대분류하여 나타낸다. 이러한 대분류를 재무제표의 요소로 정의한다. 재무상태표에서 재무상태의 측정과 직접 관련된 요소는 자산, 부채 및 자본이다. 그리고 포괄손익계산서에서 성과의 측정과 직접 관련된 요소는 수익과 비용이다.

재무제표에는 재무상태표, 손익계산서, 현금흐름표, 자본변동표와 주석을 포함한다.

① 재무상태표
　일정시점의 재무상태를 표시하는 재무제표로 자산, 부채, 자본으로 구성된다.

② 손익계산서
　일정기간의 경영성과를 표시하는 재무제표로 수익과 비용으로 구성된다.

③ 현금흐름표
　일정기간의 현금흐름을 표시하는 재무제표로 영업활동, 재무활동, 투자활동으로 인한 현금흐름으로 구선된다.

④ 자본변동표
　일정기간의 자본변동을 나타내는 재무제표로 자본금, 자본잉여금, 자본조정, 기타포괄손익누계액, 이익잉여금으로 구성된다.

⑤ 주석
　재무제표를 이해하는데 필요한 추가적인 정보를 기술한 것으로 재무제표 본문과 별도로 작성한다.

2. 재무제표 작성순서

재무제표를 작성하기 전에 합계잔액시산표를 먼저 조회를 한다. 그리고 다음 순서로 작성을 한다.

① 제조원가명세서

② 손익계산서

③ 이익잉여금 처분계산서

④ 재무상태표

⑤ 자본변동표

⑥ 현금흐름표

3. 실제 사례

합계잔액시산표

차변 잔액	차변 합계	계정과목	대변 합계	대변 잔액
689,047,200	1,255,528,500	1.유 동 자 산	602,297,615	35,816,315
679,117,200	898,810,500	<당 좌 자 산>	255,009,615	35,316,315
5,936,700	60,151,000	현 금	54,214,300	
6,550,000	44,800,000	당 좌 예 금	38,250,000	
63,996,000	159,750,000	보 통 예 금	95,754,000	
		국 고 보 조 금	30,000,000	30,000,000
7,700,000	7,700,000	기 타 단 기 금융상품		
800,000	1,300,000	단 기 매 매 증 권	500,000	
415,530,000	420,530,000	외 상 매 출 금	5,000,000	
	10,000	대 손 충 당 금	4,165,300	4,155,300
116,101,500	124,200,000	받 을 어 음	8,098,500	
		대 손 충 당 금	1,161,015	1,161,015
400,000	400,000	미 수 수 익		
56,073,000	58,564,000	미 수 금	2,491,000	
300,000	300,000	소 모 품		
5,000,000	7,000,000	선 급 금	2,000,000	
800,000	800,000	선 급 비 용		
	13,235,500	부 가 세 대 급 금	13,235,500	
-70,000	70,000	선 납 세 금	140,000	
9,930,000	356,718,000	<재 고 자 산>	347,288,000	500,000
4,470,000	42,200,000	상 품	37,730,000	
		매 입 환 출 및에누리	500,000	500,000
2,960,000	124,561,500	제 품	121,601,500	
1,767,121,515	2,627,832,815	합 계	2,627,832,815	1,767,121,515

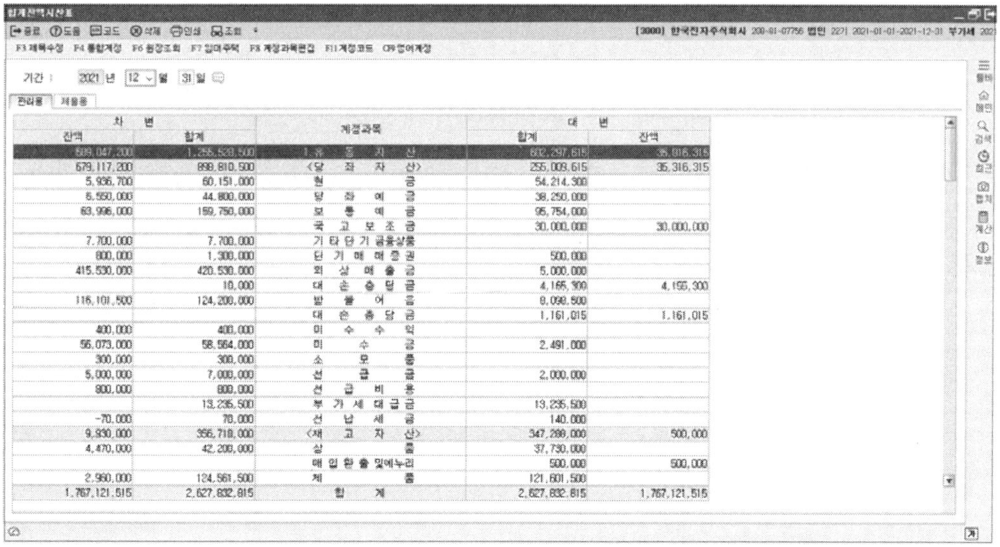

제조원가명세서

손익계산서

제12장 장부관리와 결산 / 재무제표

이익잉여금처분계산서

재무상태표

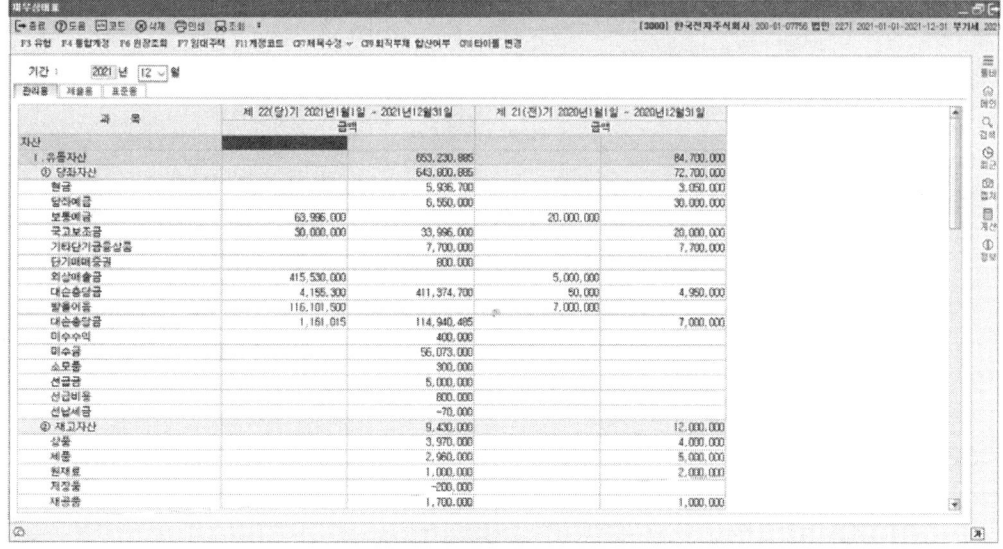

자본변동표

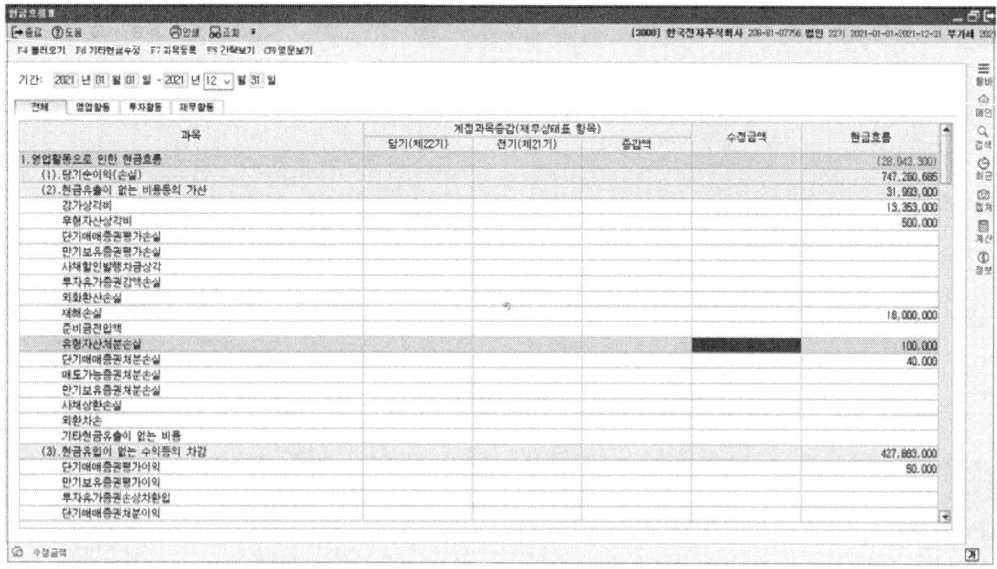

현금흐름표

결산부속명세서

제 13장

기출문제

전산회계 1급

1. 전산회계 1급

2020년 10월 11일 시행
제92회 전산세무회계자격시험

A형

종목 및 등급:　　전산회계 1급
　　　　　　　　　　　　　　　　　　　　　　-제한시간:60분
　　　　　　　　　　　　　　　　　　　　　　-페이지수:9p

▶시험시작 전 문제를 풀지 말것◀

① USB 수령	· 감독관으로부터 시험에 필요한 응시종목별 기초백데이타 설치용 **USB**를 지급받는다. · **USB** 꼬리표가 **본인 응시종목인지 확인하고, 뒷면에 수험정보를** 정확히 기재한다.

↓

② USB 설치	⑴ **USB**를 컴퓨터에 정확히 꽂은 후, 인식된 해당 **USB**드라이브로 이동한다. ⑵ **USB**드라이브에서 기초백데이타설치프로그램인 '**Tax.exe**' 파일을 실행시킨다. [주의] **USB**는 처음 설치이후, **시험 중 수험자 임의로 절대 재설치(초기화)하지 말 것.**

↓

③ 수험정보입력	· [수험번호(**8자리**)] -[성명]을 정확히 입력한 후 [설치]버튼을 클릭한다. 　* 처음 입력한 수험정보는 이후 절대 수정이 불가하니 정확히 입력할 것.

↓

④ 시험지 수령	· 시험지가 본인의 응시종목(급수)인지 여부와 문제유형(**A또는B**)을 확인한다. · 문제유형(**A또는B**)을 프로그램에 입력한다. · 시험지의 총 페이지수를 확인한다. · 급수와 페이지수를 확인하지 않은 것에 대한 책임은 수험자에게 있음.

↓

⑤ 시험시작	· 감독관이 불러주는 '**감독관확인번호**'를 정확히 입력하고, 시험에 응시한다.

↓

(시험을 마치면) ⑥ USB 저장	⑴ **이론문제의 답**은 메인화면에서 　이론문제 답안작성　 을 클릭하여 입력한다. ⑵ **실무문제의 답**은 문항별 요구사항을 수험자가 파악하여 각 메뉴에 입력한다. ⑶ 이론과 실무문제의 **답을 모두입력한 후** 　답안저장(USB로 저장)　 을 클릭하여 저장한다. ⑷ **저장완료** 메시지를 확인한다.

↓

⑦ USB제출	· 답안이 수록된 USB메모리를 빼서, 〈감독관〉에게 제출 후 조용히 퇴실한다.

▶ 본 자격시험은 전산프로그램을 이용한 자격시험입니다. 컴퓨터의 사양에 따라 전산진행속도가 느려질 수도 있으므로 전산프로그램의 진행속도를 고려하여 입력해주시기 바랍니다.
▶ 수험번호나 성명 등을 잘못 입력했거나, 답안을 USB에 저장하지 않음으로써 발생하는 일체의 불이익과 책임은 수험자 본인에게 있습니다.
▶ 타인의 답안을 자신의 답안으로 부정 복사한 경우 해당 관련자는 모두 불합격 처리됩니다.
▶ PC, 프로그램 등 조작미숙으로 시험이 불가능하다고 판단될 경우 불합격처리 될 수 있습니다.

◈ 한 국 세 무 사 회

이 론 시 험

다음 문제를 보고 알맞은 것을 골라 │이론문제 답안작성│ 메뉴에 입력하시오.
(객관식 문항당 2점)

> **< 기 본 전 제 >**
> 문제에서 한국채택국제회계기준을 적용하도록 하는 전제조건이 없는 경우, 일반기업회계기준을 적용한다.

1. 다음 중 수익과 비용에 대한 설명으로 가장 잘못된 것은?
   ① 관련 수익과 직접적 인과관계를 파악할 수 있는 비용은 해당기간에 합리적이고 체계관적인 배분을 하여 비용으로 인식한다.
   ② 수익은 특정 회계기간 동안에 발생한 경제적 효익의 증가로서, 지분참여자에 의한 출연과 관련된 것은 제외한다.
   ③ 수익이란 기업실체의 경영활동과 관련된 재화의 판매 또는 용역의 제공 등에 대한 대가로 발생하는 자산의 유입 또는 부채의 감소이다.
   ④ 수익은 자산의 증가나 부채의 감소와 관련하여 미래의 경제적 효익이 증가하고 이를 신뢰성 있게 측정할 수 있을 때 인식한다.

2. 단기시세차익을 목적으로 상장된 ㈜세무의 주식을 2019년도에 취득하여 아래와 같이 보유하고 있는 ㈜회계의 2020년도 손익계산서상 인식할 영업외수익 및 영업외비용은 각각 얼마인가?

   - 2019년 12월 31일 현재 ㈜세무 주식 1,000주를 보유하고 있고 주당 공정가치는 5,000원이다.
   - 2020년 10월 12일 ㈜세무의 주식 500주를 주당 4,900원에 처분하고 현금을 받다.
   - 2020년 12월 31일 현재 ㈜세무 주식 500주를 보유하고 있고 주당 공정가치는 5,100원이다.

	영업외비용	영업외수익		영업외비용	영업외수익
①	100,000원	100,000원	②	100,000원	50,000원
③	50,000원	100,000원	④	50,000원	50,000원

3. 다음 중 재고자산으로 분류되는 경우는?
   ① 제조업을 운영하는 회사가 공장이전 목적으로 보유 중인 토지
   ② 도매업을 운영하는 회사가 판매 목적으로 보유하는 상품
   ③ 부동산매매업을 운영하는 회사가 장기 시세차익을 목적으로 보유하는 유가증권
   ④ 서비스업을 운영하는 회사가 사옥 이전 목적으로 보유 중인 건물

4. 다음 중 기계장치의 취득원가로 올바른 것은?

   | • 기계장치의 구입가격 : 50,000,000원 | • 기계장치의 구입시 운송비용 : 2,000,000원 |
   | • 기계장치의 설치비 및 시운전비 : 500,000원 | • 기계장치 사용을 위한 직원 교육비 : 1,000,000원 |

   ① 53,500,000원   ② 52,000,000원   ③ 52,500,000원   ④ 50,500,000원

5. 다음 중 일반기업회계기준에 따른 재무제표에 해당하지 않는 것은?
   ① 재무상태표   ② 손익계산서   ③ 주석   ④ 시산표

6. 다음 중 재무제표상 자산의 차감항목으로 표시되지 않는 거래는?
   ① 퇴직급여충당부채   ② 감가상각누계액   ③ 대손충당금   ④ 재고자산평가충당금

7. 다음 중 사채에 대한 설명으로 틀린 것은?
   ① 유효이자율법 적용시 할인발행인 경우 사채이자는 매년 감소한다.
   ② 사채할증발행차금은 당해 사채의 액면가액에서 부가(+)하는 형식으로 기재한다.
   ③ 유효이자율법 적용시 사채할증발행차금 상각액은 매년 증가한다.
   ④ 유효이자율법 적용시 사채할인발행차금 상각액은 매년 증가한다.

8. 1기 회계연도(1월 1일~12월 31일) 중 10월 1일에 내용연수 5년, 잔존가치 1,000,000원인 기계장치를 5,000,000원에 매입하였으며, 기계장치의 취득부대비용으로 500,000원을 지출하였다. 동 기계는 원가모형을 적용하고, 정액법으로 감가상각한다. 1기 회계연도에 계상될 감가상각비로 맞는 것은? (단, 월할상각할 것)
   ① 150,000원   ② 200,000원   ③ 225,000원   ④ 270,000원

9. 갑사의 제품 A와 제품 B에 대한 제조원가 자료는 다음과 같다. 실제개별원가계산 방법에 따라 기계시간을 기준으로 제조간접비를 배부하였을 때 제품 A의 제조원가는 얼마인가?

구분	제품 A	제품 B	합계
직접재료비	7,000,000원	3,000,000원	10,000,000원
직접노무비	4,000,000원	1,000,000원	5,000,000원
제조간접비(실제)	?	?	3,000,000원
기계시간	600시간	400시간	1,000시간
노무시간	400시간	100시간	500시간

① 5,200,000원 ② 12,200,000원 ③ 12,800,000원 ④ 13,400,000원

10. 다음 중 원가의 행태에 따른 분류에 해당하지 않는 것은?
① 변동원가 ② 고정원가 ③ 준고정원가 ④ 매몰원가

11. ㈜동영은 올해초 사업을 개시하였다. 다음의 자료에 의해 당기의 매출원가를 구하시오.

기본원가	500,000원	기말재공품	400,000원
제조간접원가	300,000원	기말제품	100,000원

① 100,000원 ② 300,000원 ③ 400,000원 ④ 500,000원

12. 다음 중 제조원가명세서에 포함되는 항목으로만 짝지어진 것은?

㉠ 기말원재료재고액   ㉡ 기말제품재고액   ㉢ 기말재공품재고액
㉣ 당기제품제조원가   ㉤ 당기총제조원가   ㉥ 당기제품매출원가

① ㉠, ㉢, ㉣, ㉤   ② ㉠, ㉡, ㉣, ㉤
③ ㉡, ㉢, ㉣, ㉤   ④ ㉢, ㉣, ㉤, ㉥

13. 다음 자료를 이용하여 부가가치세 과세표준을 계산하면 얼마인가?

· 매출액 : 50,000,000원   · 대손금 : 1,000,000원
· 판매장려금 : 3,000,000원   · 매출에누리 : 2,000,000원

① 43,000,000원 ② 48,000,000원 ③ 49,000,000원 ④ 50,000,000원

14. 다음 중 부가9가치세 과세대상 거래에 해당하지 않는 것은?

　① 사업자가 행하는 재화의 공급　　② 사업자가 행하는 용역의 공급
　③ 재화의 수입　　　　　　　　　　④ 용역의 수입

15. 다음은 사업자등록 신청에 대한 설명이다. 빈칸에 들어갈 일수는 몇 일인가?

> 부가가치세법상 사업자등록을 신청하기 전의 매입세액은 매출세액에서 공제하지 않는다. 다만, 공급시기가 속하는 과세기간이 끝난 후 __일 이내에 사업자등록 신청을 할 경우 등록신청일부터 공급시기가 속하는 과세기간 기산일까지 역산한 기간 내의 매입세액은 매출세액에서 공제 할 수 있다.

　① 10일　　② 15일　　③ 20일　　④ 25일

실 무 시 험

호수패션㈜(회사코드:0923)은 스포츠의류를 제조하여 판매하는 중소기업이며, 당기(제5기) 회계기간은 2020. 1. 1. ~ 2020. 12. 31. 이다. 전산세무회계 수험용 프로그램을 이용하여 다음 물음에 답하시오.

문제1

다음은 기초정보관리 및 전기분재무제표에 대한 자료이다. 각각의 요구사항에 대하여 답하시오.(10점)

[1] 신규거래처인 현영상사를 [거래처등록]메뉴에 추가 등록하시오.(3점)

현영상사 (코드:3425)	· 유형 : 동시 · 대표자명 : 부현영 · 사업장소재지 : 광주광역시 동구 제봉로 10(학동)	· 사업자등록번호 : 124-29-74624 · 업태/종목 : 제조/컴퓨터및컴퓨터부품
※ 주소입력시 우편번호는 입력하지 않아도 무방함.		

[2] [계정과목및적요등록]메뉴에 아래의 계정과목에 대한 적요를 등록하시오.(3점)

· 계정과목 : 833(광고선전비)   · 현금적요 9. 소셜마케팅 비용 지급

[3] 전기분 원가명세서를 검토한 결과 다음과 같은 오류가 발견되었다. 모든 전기분 재무제표의 관련된 부분을 수정하시오.(4점)

계 정 과 목	틀린 금액	올바른 금액	내 용
복리후생비(511)	3,200,000원	2,300,000원	입력 오류

문제2

다음 거래 자료를 일반전표입력 메뉴에 추가 입력하시오.(일반전표입력의 모든 거래는 부가가치세를 고려하지 말 것)(18점)

< 입력 시 유의사항 >

· 일반적인 적요의 입력은 생략하지만, 타계정 대체거래는 적요번호를 선택하여 입력한다.
· 채권·채무와 관련된 거래는 별도의 요구가 없는 한 반드시 기 등록되어 있는 거래처코드를 선택하는 방법으로 거래처명을 입력한다.
· 제조경비는 500번대 계정코드를, 판매비와 관리비는 800번대 계정코드를 사용한다.
· 회계처리시 계정과목은 별도제시가 없는 한 등록되어 있는 계정과목 중 가장 적절한 과목으로 한다.

---

[1] 7월 30일 회사는 임직원을 위해 군민은행에 확정급여형(DB) 퇴직연금에 가입하고 7월분 퇴직연금 10,000,000원을 보통예금에서 납입하였다. (3점)

[2] 8월 28일 부영상사의 파산으로 인해 단기대여금 5,000,000원이 회수가 불가능하여 대손처리 하였다. 단기대여금에 대한 대손충당금 현재 잔액은 3,000,000원이며, 대손세액공제는 고려하지 않기로 한다. (3점)

[3] 10월 1일 ㈜한섬자동차로부터 업무용 승용차를 매입하면서 의무적으로 취득해야하는 공채를 구입하고, 대금 200,000원을 현금으로 지급하였다.(공채의 현재가치는 180,000원이며, 회사는 이를 단기매매증권으로 분류하였다) (3점)

[4] 10월 7일 선적지 인도조건으로 ABC상사에 수출(선적일자 9월 23일, 도착일자 9월 28일)한 제품의 외상매출금이 보통예금계좌에 원화로 환전되어 입금되다. 관련 환율은 다음과 같다.(3점)

| · 외상매출금 : $3,000 | · 9월 23일 환율 : ₩1,200/$ |
| · 9월 28일 환율 : ₩1,300/$ | · 10월 7일 환율 : ₩1,400/$ |

[5] 10월 21일 보통예금계좌에서 500,000원의 이자수익이 발생하였으며, 원천징수세액을 제외한 나머지 금액이 당사의 보통예금으로 입금되었다.(원천징수세율은 15.4%로 가정하고 원천징수세액은 자산으로 처리함)(3점)

[6] 11월 1일 다음은 영업팀에서 거래처 임원과의 식사비용을 법인카드(비씨카드)로 결제하고 수취한 신용카드매출전표이다. 일반전표에 입력하시오. (3점)

매 출 전 표

단말기번호 11213692	전표번호	

카드종류	거래종류	결재방법
비씨카드	신용구매	일시불
회원번호(Card No)	취소시 원거래일자	
2224-1222-1000-2000		
유효기간	거래일시	품명
	2020. 11. 1.	
전표제출	금 액/AMOUNT	155,455원
	부 가 세/VAT	15,545원
전표매입사	봉 사 료/TIPS	
	합 계/TOTAL	171,000원
거래번호	승인번호/(Approval No.)	
	98421147	
가맹점	세상의 모든아침	
대표자	정호용 TEL 02	402-235*
가맹점번호	사업자번호	134-00-00587
주소	서울시 서초구 명달로 101	
	서명(Signature) 호수패션(주)	

문제3 다음 거래 자료를 매입매출전표입력 메뉴에 입력하시오.(18점)

< 입력 시 유의사항 >

- 일반적인 적요의 입력은 생략하지만, 타계정 대체거래는 적요번호를 선택하여 입력한다.
- 별도의 요구가 없는 한 반드시 기 등록되어 있는 거래처코드를 선택하는 방법으로 거래처명을 입력한다.
- 제조경비는 500번대 계정코드를, 판매비와 관리비는 800번대 계정코드를 사용한다.
- 회계처리시 계정과목은 별도제시가 없는 한 등록되어 있는 계정과목 중 가장 적절한 과목으로 한다.
- 입력화면 하단의 분개까지 처리하고, 전자세금계산서 및 전자계산서는 전자입력으로 반영한다.

[1] 9월 30일 ㈜영광패션에 제품을 판매하고 전자세금계산서를 아래와 같이 발급하고 대금수령은 보통예금으로 30,000,000원, 나머지는 어음으로 수취하였다.(3점)

전자세금계산서(공급자 보관용)						승인번호		20200930-15454645-58844486	
공급자	사업자등록번호	506-81-94325	종사업장번호		공급받는자	사업자등록번호	137-81-30988	종사업장번호	
	상호(법인명)	호수패션㈜	성명(대표자)	정홍규		상호(법인명)	㈜영광패션	성명	박영광
	사업장주소	세종특별자치시 연기면 연기길 3				사업장 주소	서울 영등포구 여의도동 234		
	업태	제조	종목	스포츠의류		업태	제조, 도소매	종목	의류
	이메일					이메일			
작성일자	공급가액	세액		수정사유					
2020.09.30.	50,000,000원	5,000,000원							
비고									

월	일	품목	규격	수량	단가	공급가액	세액	비고
9	30	의류		1,000개	50,000원	50,000,000원	5,000,000원	

합계금액	현금	수표	어음	외상미수금	이 금액을 영수 함 청구
55,000,000원	30,000,000원		25,000,000원		

[2] 10월 28일 본사 영업직원이 업무에 사용할 개별소비세 과세대상 자동차를 ㈜우주자동차에서 30,000,000원(부가가치세 별도)에 구입하고, 전자세금계산서를 수취하였으며 대금결제는 다음 달에 하기로 하였다.(3점)

[3] 11월 5일 서석컨설팅에서 영업부 직원들의 회계업무 향상 교육을 실시하고, 강사료 550,000원에 대한 전자계산서를 발급 받았다. 강사료는 11월 2일에 지급한 계약금 100,000원을 차감한 잔액을 1개월 후에 지급하기로 하였다.(단, 계약금은 선급금계정으로 처리하였음)(3점)

[4] 11월 10일 비사업자인 박사원에게 제품을 2,200,000원(부가가치세 포함)에 판매하였다. 대금은 현금으로 받고 현금영수증을 발행하였다.(단, 거래처를 입력할 것)(3점)

[5] 12월 10일 생산부문 근로자들의 성탄절 선물로 하나로마트에서 종합선물세트를 1,100,000원(부가가치세 포함)에 구입하고 법인카드인 하나카드로 결제하였다. (카드매입에 대한 부가가치세 매입세액 공제요건은 충족 함) (3점)

[6] 12월 15일 호주에서 기계장치를 수입하고 수입전자세금계산서를 부산세관장으로부터 발급받았으며, 당일 부가가치세를 보통예금계좌에서 이체 납부하였다.(부가가치세에 대한 회계처리만 할 것)(3점)

	수 입 전 자 세 금 계 산 서						승인번호	20201215-111254645-557786		
세 명	사업자등록번호	601-83-00048	종사업장번호		공 급 받 는 자	사업자등록번호	506-81-94325	종사업장번호	
	세 관 명	부산세관	성 명	부산세관장		상호(법인명)	호수패션㈜	성 명	정홍규
	세관주소	부산 중구 충장대로 20				사업장 주소	세종특별자치시 연기면 연기길 3		
	수입신고번호 또는 일괄발급기간(총 건)	1325874487				업 태	제조	종 목	스포츠의류
작성일자	과세표준		세액		수정사유				
2020. 12. 15.	50,000,000원		5,000,000원		해당없음				
월	일	품 목	규 격	수 량	단 가	과세표준		세 액	비 고
12	15	기계장치				50,000,000원		5,000,000원	
과세표준은 관세의 과세가격과 개별소비세, 주세, 교통세 및 농어촌특별세의 합계액으로 한다.									

문제4

일반전표입력 및 매입매출전표입력 메뉴에 입력된 내용 중 다음과 같은 오류가 발견되었다. 입력된 내용을 확인하여 정정하시오.(6점)

[1] 8월 15일 매출거래처 직원의 결혼축하금으로 200,000원을 현금지급한 것으로 처리한 거래는 당사 생산부문 직원의 결혼축하금인 것으로 확인되었다.(3점)

[2] 9월 22일 공장건물 공사에 대한 대금 2,000,000원을 가나건설에 지급하고 모두 수익적지출로 처리하였다. 그러나 확인 결과 그 중에 50%의 지출은 건물의 가치가 증가한 자본적 지출에 해당한다.(3점)

문제5

결산정리사항은 다음과 같다. 해당메뉴에 입력하시오.(9점)

[1] 2020년 9월 1일 영업부에서 사용할 소모품 450,000원을 구입하면서 자산으로 회계처리하였다. 이 중 기말 현재 소모품의 사용액이 330,000원이었다.(3점)

[2] 기말 현재 퇴직급여추계액과 퇴직급여충당부채 설정 전 잔액은 다음과 같다.(3점)

구분	퇴직급여 추계액	퇴직급여충당부채 설정 전 잔액
생산직	20,000,000원	15,000,000원
관리직	20,000,000원	14,000,000원

[3] 결산일 현재 생산부서가 보유하고 있는 유형자산은 다음과 같다.(3점)

취득일	유형자산	취득원가	잔존가치	내용연수	상각방법
2020년 1월 2일	기계장치	40,000,000원	0원	5년	정액법

문제6 다음 사항을 조회하여 답안을 │이론문제 답안작성│ 메뉴에 입력하시오.(9점)

[1] 6월 30일 현재 유동자산과 유동부채의 금액 차이는 얼마인가?(3점)

[2] 제1기 부가가치세 예정신고기간(1월 ~ 3월)의 신용카드매출전표수령금액합계표란의 일반매입세액은 얼마인가?(3점)

[3] 제1기 부가가치세 예정신고기간(1월 ~ 3월)의 세금계산서 수취분 중 고정자산의 매입세액은 얼마인가?(3점)

이 론 시 험 답 안

A형	<1>	<2>	<3>	<4>	<5>	<6>	<7>	<8>	<9>	<10>	<11>	<12>	<13>	<14>	<15>
	1	4	2	3	4	1	1	3	3	4	2	1	2	4	3

1. [답] ① 재무회계개념체계 비용의 인식 146(가)에 의하면 수익과 직접 관련하여 발생한 비용은 동일한 거래나 사건에서 발생하는 수익을 인식할 때 대응하여 인식하여야 하며, 관련수익과 직접적인 인과관계를 파악 할 수는 없지만 당해 지출이 일정 기간 동안 수익창출 활동에 기여하는 것으로 판단될 경우 합리적이고 체계적으로 배분하여 비용으로 인식한다.

2. [답] ④ 10월 12일 처분가액(2,450,000원)이 장부가액(2,500,000원)보다 50,000원이 낮으므로 영업외비용(단기투자자산처분손실) 50,000원 발생함. 12월 31일 기말 공정가액 2,550,000원(500주×5,100원)이 2,500,000원(2019년도 공정가액)보다 50,000원 상승하였으므로 영업외수익(단기투자자산평가이익) 50,000원 발생함.

3. [답] ② 도매업을 운영하는 회사가 판매 목적으로 보유하는 상품은 재고자산에 해당된다.

4. [답] ③ 50,000,000원 + 500,000원 + 2,000,000원 = 52,500,000원
유형자산의 취득원가에는 구입원가, 설치비 및 시운전비, 외부운송비용 및 등기수수료, 설계비, 취득세, 등록세, 자본적 지출금액 등이 포함된다. 그러나 새로운 시설을 개설하는데 소요되는 원가, 새로운 상품과 서비스를 소개하는 데 소요되는 원가, 새로운 지역에서 새로운 고객층을 대상으로 영업하는데 소유되는 원가(예: 직원 교육훈련비), 관리 및 기타 일반간접원가는 유형자산의 취득원가에 포함되지 않는다. 따라서 보기에서 제시된 기계장치 사용을 위한 직원 교육비를 제외한 나머지 금액이 해당 기계장치의 취득원가가 된다.

5. [답] ④ 시산표는 일반기업회계기준에 따른 재무제표에 포함되지 않는다.

6. [답] ① 재고자산평가충당금은 재고자산의 차감적 평가계정이며, 감가상각누계액은 유형자산의 차감적 평가계정이고, 대손충당금은 채권의 차감적 평가계정이다. 퇴직급여충당부채는 부채성항목으로 비유동부채이다.

7. [답] ① 유효이자율법 적용시 할인발행인 경우 사채이자는 매년 증가한다.

8. [답] ③ 1기 {(5,000,000원 + 500,000원) − 1,000,000원} * 1/5 * 3/12 = 225,000원

9. [답] ③ 12,800,000원
    - 제조간접비 실제배부율 = 실제 제조간접비 ÷ 실제조업도 = 3,000,000원 ÷ 1,000시간(기계시간) = @3,000원/기계시간
    - 제조간접비 배부액 = 개별작업의 실제조업도 × 제조간접비 실제배부율
    - 제품 A = 600시간 × 3,000원 = 1,800,000원
    - 제품 B = 400시간 × 3,000원 = 1,200,000원
    - 제품원가
        - 제품 A = 7,000,000 + 4,000,000 + 1,800,000 = 12,800,000원
        - 제품 B = 3,000,000 + 1,000,000 + 1,200,000 = 5,200,000원

10. [답] ④ 매몰원가는 원가의 행태에 따른 분류가 아닌 의사결정과의 관련성에 따른 분류에 해당한다.

11. [답] ②
    * 올해 초 사업을 개시하였으므로 기초재고자산은 없음.
    * 당기제품제조원가 : 500,000원 + 300,000원 − 400,000원 = 400,000원
    * 매출원가 : 400,000원 − 100,000원 = 300,000원

12. [답] ① 기말제품재고액, 당기제품매출원가는 제조원가명세서에 포함 되지 않음.

13. [답] ② 매출액 50,000,000원 − 매출에누리 2,000,000원 = 과세표준 48,000,000원
    매출에누리, 매출환입, 매출할인은 과세표준에서 차감항목임
    대손금, 판매장려금은 공제되지 않는 항목임.

14. [답] ④ 용역의 수입은 부가가치세 과세대상 거래에 해당하지 않는다.

15. [답] ③ 부가가치세법 제39조 1항 8호

전산회계와 전산세무회계

실 무 시 험 답 안

문제1

[1] [답] 기초정보관리의 거래처등록 메뉴에서 3425(코드)"현영상사"등록

[2] [답] 계정과목 및 적요등록에서 833. 광고선전비 현금적요 입력

[3] [답] 전기분원가명세서 : 복리후생비 3,200,000원을 2,300,000원으로 수정입력,
     당기제품제조원가 550,000,000원 확인
 전기분손익계산서 : 당기제품제조원가 550,900,000원을 550,000,000원으로 수정입력,
     당기순이익 88,000,000원 확인
 전기분잉여금처분계산서 : 당기순이익 87,100,000원에서 88,000,000원으로 수정입력,
     이월이익잉여금 125,000,000원 확인
 전기분재무상태표 : 이월이익잉여금 124,100,000원을 125,000,000원으로 수정입력

문제2

[1] [답] 7월 30일 일반전표입력

  (차) 퇴직연금운용자산 10,000,000원   (대) 보통예금 10,000,000원

[2] [답] 8월 28일 일반전표입력

  (차) 대손충당금(단기대여금) 3,000,000원 (대) 단기대여금(부영상사) 5,000,000원
    기타의대손상각비 2,000,000원

[3] [답] 10월 1일 일반전표입력

  (차) 단기매매증권 180,000원   (대) 현금 200,000원
    차 량 운 반 구   20,000원

[4] [답] 10월 7일 일반전표입력

    (차) 보통예금 4,200,000원   (대) 외상매출금(ABC상사) 3,600,000원
                                                   외 환 차 익 600,000원

[5] [답] 10월 21일 일반전표입력

    (차) 선납세금   77,000원   (대) 이자수익 500,000원
        보통예금 423,000원

[6] [답] 11월 1일 일반전표 입력

    (차) 접대비(판) 171,000원   (대) 미지급금(비씨카드) 171,000원
                                           또는 미지급비용

문제3

[1] [답] 9월 30일 매입매출전표입력
    유형:11.과세, 공급가액:50,000,000원, 부가세:5,000,000원, 거래처:㈜영광패션,
    전자:여, 분개:혼합

  (차) 보통예금 30,000,000원   (대) 제품매출 50,000,000원
      받을어음 25,000,000원   부가세예수금 5,000,000원

[2] [답] 10월 28일 매입매출전표입력
    유형:54.불공(불공제사유:3), 공급가액 30,000,000원, 부가세 3,000,000원,
    거래처:㈜우주자동차, 전자:여, 분개:혼합

  (차) 차량운반구 33,000,000원   (대) 미지급금 33,000,000원

[3] [답] 11월 5일 매입매출전표입력
    유형:53. 면세, 공급가액:550,000원, 부가세:0원, 거래처:서석컨설팅, 전자:여,
    분개:혼합

  (차) 교육훈련비(판) 550,000원   (대) 선급금 100,000원
                                           미지급금 450,000원 또는 미지급비용

[4] [답] 11월 10일 매입매출전표입력
　　　유형:22.현과, 공급가액:2,000,000원, 부가세:200,000원, 거래처: 박사원, 분개: 현금 또는 혼합
　　　(차) 현금 2,200,000원　　　　　　　(대) 제품매출 2,000,000원
　　　　　　　　　　　　　　　　　　　　　　부가세예수금 200,000원

[5] [답] 12월 10일 매입매출전표입력
　　　유형:57(매입-카과), 공급가액:1,000,000원, 부가세:100,000원, 거래처:하나로마트, 분개:혼합 또는 카드
　　　(차) 복리후생비(제) 1,000,000원　　(대) 미지급금(하나카드) 1,100,000원
　　　　　부가세대급금　100,000원　　　　　　또는 미지급비용

[6] [답] 12월 15일 매입매출전표입력
　　　유형:55(수입), 공급가액:50,000,000원, 부가세:5,000,000원, 거래처:부산세관, 전자:여, 분개:외상 또는 혼합
　　　(차) 부가세대급금 5,000,000원　　　(대) 보통예금 5,000,000원

문제4

[1] [답] 8월 15일　일반전표입력 메뉴 수정
　　　수정 전 : (차)접대비(판) 200,000원　　(대) 현금 200,000원
　　　수정 후 : (차)복리후생비(제) 200,000원　(대) 현금 200,000원

[2] [답] 9월 22일 일반전표입력 메뉴 수정
　　　수정 전 : (차) 수선비(제) 2,000,000원　(대) 보통예금 2,000,000원
　　　수정 후 : (차) 수선비(제) 1,000,000원　(대) 보통예금 2,000,000원
　　　　　　　　(차) 건물 1,000,000원

문제5

[1] [답] 12월 31일 일반전표입력

(차) 소모품비(판) 330,000원 　　　　(대) 소모품 330,000원

[2] [답] (방법1) 수동결산 : 12월 31일 일반전표 입력

(차) 퇴직급여(제) 5,000,000원 　　　(대) 퇴직급여충당부채 11,000,000원
　　퇴직급여(판) 6,000,000원

(방법2) 자동결산
생산직 퇴직급여 전입액은 퇴직금추계액에서 퇴직급여충당금 설정 전 잔액을 차감하여 산출한 5,000,000원을 노무비의 퇴직급여(전입액)에 입력 후 전표 추가한다. 관리직 퇴직급여 전입액은 퇴직금추계액에서 퇴직급여충당금 설정 전 잔액을 차감하여 산출한 6,000,000원을 판매비와 관리비의 퇴직급여(전입액)에 입력 후 전표 추가한다.

[3] [답] 자동결산, 수동결산 중 선택
(방법1) 수동결산 : 12월 31일 일반전표 입력
(차) 감가상각비(제) 8,000,000원 　　(대) 감가상각누계액(207) 8,000,000원
(방법2) 자동결산
결산자료입력 메뉴를 선택한 후 해당 칸에 제조경비-일반감가상각비-기계장치 8,000,000원 입력한 후 전표추가

문제6

[1] [답] 580,483,625원 [재무상태표 6월 조회, 유동자산 998,135,000원 - 유동부채 417,651,375원]

[2] [답] 15,000원, 부가가치세 신고서 1월~3월 매입세액-그 밖의 공제매입세액-일반매입-세액을 검색한다.

[3] [답] 4,200,000원, 부가가치세 신고서 1월~3월 매입세액-세금계산서수취분-고정자산매입-세액을 검색한다.

전산회계 2급

1. 전산세무회계 2급

2020년 10월 11일 시행
제92회 전산세무회계자격시험

A형

종목 및 등급 : 전산세무회계 2급

-제한시간:60분
-페이지수:10p

▶시험시작 전 문제를 풀지 말것◀

① USB 수령	· 감독관으로부터 시험에 필요한 응시종목별 기초백데이타 설치용 **USB**를 지급받는다. · **USB 꼬리표**가 **본인 응시종목인지 확인하고, 뒷면에 수험정보를** 정확히 기재한다.
② USB 설치	(1) **USB**를 컴퓨터에 정확히 꽂은 후, 인식된 해당 **USB**드라이브로 이동한다. (2) **USB**드라이브에서 기초백데이타설치프로그램인 '**Tax.exe**' 파일을 실행시킨다. [주의] USB는 처음 설치이후, **시험 중 수험자 임의로 절대 재설치(초기화)하지 말 것.**
③ 수험정보입력	· [수험번호(**8**자리)] -[성명]을 정확히 입력한 후 [설치]버튼을 클릭한다. * 처음 입력한 수험정보는 이후 절대 수정이 불가하니 정확히 입력할 것.
④ 시험지 수령	· 시험지가 본인의 응시종목(급수)인지 여부와 문제유형(**A**또는**B**)을 확인한다. · 문제유형(**A**또는**B**)을 프로그램에 입력한다. · 시험지의 총 페이지수를 확인한다. · 급수와 페이지수를 확인하지 않은 것에 대한 책임은 수험자에게 있음.
⑤ 시험시작	· 감독관이 불러주는 '**감독관확인번호**'를 정확히 입력하고, 시험에 응시한다.
(시험을 마치면) ⑥ USB 저장	(1) **이론문제의 답**은 메인화면에서 [이론문제 답안작성] 을 클릭하여 입력한다. (2) **실무문제의 답**은 문항별 요구사항을 수험자가 파악하여 각 메뉴에 입력한다. (3) 이론과 실무문제의 **답을 모두입력한 후** [답안저장(USB로 저장)] 을 클릭하여 저장한다. (4) **저장완료** 메시지를 확인한다.
⑦ USB제출	· 답안이 수록된 USB메모리를 빼서, 〈감독관〉에게 제출 후 조용히 퇴실한다.

▶ 본 자격시험은 전산프로그램을 이용한 자격시험입니다. 컴퓨터의 사양에 따라 전산진행속도가 느려질 수도 있으므로 전산프로그램의 진행속도를 고려하여 입력해주시기 바랍니다.
▶ 수험번호나 성명 등을 잘못 입력했거나, 답안을 USB에 저장하지 않음으로써 발생하는 일체의 불이익과 책임은 수험자 본인에게 있습니다.
▶ 타인의 답안을 자신의 답안으로 부정 복사한 경우 해당 관련자는 모두 불합격 처리됩니다.
▶ PC, 프로그램 등 조작미숙으로 시험이 불가능하다고 판단될 경우 불합격처리 될 수 있습니다.

한국세무사회

이 론 시 험

다음 문제를 보고 알맞은 것을 골라 │이론문제 답안작성│ 메뉴에 입력하시오.
(객관식 문항당 2점)

> **< 기 본 전 제 >**
> 문제에서 한국채택국제회계기준을 적용하도록 하는 전제조건이 없는 경우,
> 일반기업회계기준을 적용한다.

1. 다음 중 회계정보의 질적특성에 대한 설명으로 틀린 것은?
   ① 목적적합성에는 예측가치, 피드백가치, 적시성이 있다.
   ② 신뢰성에는 표현의 충실성, 검증가능성, 중립성이 있다.
   ③ 예측가치는 정보이용자의 당초 기대치를 확인 또는 수정할 수 있는 것을 말한다.
   ④ 중립성은 회계정보가 신뢰성을 갖기 위해서는 편의 없이 중립적이어야 함을 말한다.

2. 다음 중 유가증권에 대한 설명으로 가장 틀린 것은?
   ① 채무증권은 취득한 후에 만기보유증권, 단기매매증권, 매도가능증권 중의 하나로 분류한다.
   ② 만기보유증권으로 분류되지 아니하는 채무증권은 매도가능증권으로 분류한다.
   ③ 매도가능증권에 대한 미실현보유손익은 기타포괄손익누계액 항목으로 처리한다.
   ④ 단기매매증권에 대한 미실현보유손익은 당기손익항목으로 처리한다.

3. 다음 중 충당부채, 우발부채 및 우발자산에 대한 설명으로 틀린 것은?
   ① 우발부채는 부채로 인식하지 않으나 우발자산은 자산으로 인식한다.
   ② 우발부채는 자원 유출 가능성이 아주 낮지 않는 한, 주석에 기재한다.
   ③ 충당부채는 자원의 유출가능성이 매우 높은 부채이다.
   ④ 충당부채는 그 의무 이행에 소요되는 금액을 신뢰성 있게 추정할 수 있다.

4. 다음 중 자본거래에 관한 설명으로 가장 틀린 것은?
   ① 자기주식은 취득원가를 자기주식의 과목으로 하여 자본조정으로 회계처리한다.
   ② 자기주식을 처분하는 경우 처분금액이 장부금액보다 크다면 그 차액을 자기주식처분이익으로 하여 자본조정으로 회계처리한다.

③ 처분금액이 장부금액보다 작다면 그 차액을 자기주식처분이익의 범위내에서 상계처리하고, 미상계된 잔액이 있는 경우에는 자본조정의 자기주식처분손실로 회계처리한다.
④ 이익잉여금(결손금) 처분(처리)로 상각되지 않은 자기주식처분손실은 향후 발생하는 자기주식처분이익과 우선적으로 상계한다.

5. 다음 중 현금 및 현금성자산에 대한 설명으로 틀린 것은?
① 취득당시 만기가 1년인 양도성 예금증서(CD)는 현금및현금성자산에 속한다.
② 지폐와 동전(외화 포함)은 현금 및 현금성자산에 속한다.
③ 우표와 수입인지는 현금 및 현금성자산이라고 볼 수 없다.
④ 직원가불금은 단기대여금으로서 현금 및 현금성자산이라고 볼 수 없다.

6. 다음 중 원가에 대한 설명으로 가장 틀린 것은?
① 직접재료비는 기초원가에 포함되지만 가공원가에는 포함되지 않는다.
② 직접노무비는 기초원가와 가공원가 모두에 해당된다.
③ 기회비용(기회원가)은 현재 이 대안을 선택하지 않았을 경우 포기한 대안 중 최소 금액 또는 최소 이익이다.
④ 제조활동과 직접 관련없는 판매관리활동에서 발생하는 원가를 비제조원가라 한다.

7. 다음 중 재공품 및 제품에 관한 설명으로 틀린 것은?
① 당기제품제조원가는 재공품계정의 대변에 기입한다.
② 매출원가는 제품계정의 대변에 기입한다.
③ 기말재공품은 손익계산서에 반영된다.
④ 직접재료비, 직접노무비, 제조간접비의 합계를 당기총제조원가라고 한다.

8. ㈜세계는 직접배부법을 이용하여 보조부문 제조간접비를 제조부문에 배부하고자 한다. 보조부문 제조간접비를 배분한 후 절단부문의 총원가는 얼마인가?

구 분	보조부문		제조부문	
	수선부문	전력부문	조립부문	절단부문
전력부문 공급(kw)	60	-	500	500
수선부문 공급(시간)	-	100	600	200
자기부문원가(원)	400,000	200,000	600,000	500,000

① 600,000원   ② 700,000원   ③ 800,000원   ④ 900,000원

9. 다음 중 개별원가계산에 대한 설명이 아닌 것은?
   ① 기말재공품의 평가문제가 발생하지 않는다.
   ② 제조간접비의 배분이 중요한 의미를 갖는다.
   ③ 동종 대량생산형태보다는 다품종 소량주문생산형태에 적합하다.
   ④ 공정별로 원가 집계를 하기 때문에 개별작업별로 작업지시서를 작성할 필요는 없다.

10. 다음 자료를 이용하여 비정상공손 수량을 계산하면 얼마인가?(단, 정상공손은 당기 완성품의 10%로 가정한다)

    · 기초재공품 : 200개   · 기말재공품 : 50개   · 당기착수량 : 600개   · 당기완성량 : 650개

    ① 25개   ② 28개   ③ 30개   ④ 35개

11. 다음은 부가가치세법상 사업자 단위 과세제도에 대한 설명이다. 가장 틀린 것은?
    ① 사업장이 둘 이상 있는 경우에는 사업자 단위과세제도를 신청하여 주된 사업장에서 부가가치세를 일괄하여 신고와 납부, 세금계산서 수수를 할 수 있다.
    ② 주된 사업장은 법인의 본점(주사무소를 포함한다) 또는 개인의 주사무소로 한다. 다만, 법인의 경우에는 지점(분사무소를 포함한다)을 주된 사업장으로 할 수 있다.
    ③ 주된 사업장에 한 개의 사업자등록번호를 부여한다.
    ④ 사업장 단위로 등록한 사업자가 사업자 단위 과세 사업자로 변경하려면 사업자 단위 과세 사업자로 적용받으려는 과세기간 개시 20일 전까지 변경등록을 신청하여야 한다.

12. 다음은 부가가치세법상 영세율과 면세에 대한 설명이다. 가장 틀린 것은?
    ① 재화의 공급이 수출에 해당하면 면세를 적용한다.
    ② 면세사업자는 부가가치세법상 납세의무가 없다.
    ③ 간이과세자는 간이과세를 포기하지 않아도 영세율을 적용받을 수 있다.
    ④ 토지를 매각하는 경우에는 부가가치세가 면제된다.

13. 다음은 수정세금계산서 또는 수정전자세금계산서의 발급사유 및 발급절차를 설명한 것이다. 가장 틀린 것은?
    ① 계약의 해제로 재화나 용역이 공급되지 아니한 경우 : 계약이 해제된 때에 그 작성일은 계약해제일로 적고 비고란에 처음 세금계산서 작성일을 덧붙여 적은 후 붉은색 글씨로 쓰거나 음(陰)의 표시를 하여 발급한다.

② 면세 등 발급대상이 아닌 거래 등에 대하여 발급한 경우 : 처음에 발급한 세금계산서의 내용대로 붉은색 글씨로 쓰거나 음(陰)의 표시를 하여 발급한다.
③ 처음 공급한 재화가 환입된 경우 : 처음 세금계산서를 작성한 날을 작성일로 적고 비고란에 재화가 환입된 날을 덧붙여 적은 후 붉은색 글씨로 쓰거나 음(陰)의 표시를 하여 발급한다.
④ 착오로 전자세금계산서를 이중으로 발급한 경우 : 처음에 발급한 세금계산서의 내용대로 음(陰)의 표시를 하여 발급한다.

14. 다음은 소득세법상 납세의무자에 관한 설명이다. 가장 틀린 것은?
① 외국을 항행하는 선박 또는 항공기 승무원의 경우 생계를 같이하는 가족이 거주하는 장소 또는 승무원이 근무기간 외의 기간 중 통상 체재하는 장소가 국내에 있는 때에는 당해 승무원의 주소는 국내에 있는 것으로 본다.
② 국내에 거소를 둔 기간은 입국하는 날의 다음날부터 출국하는 날까지로 한다.
③ 거주자란 국내에 주소를 두거나 183일 이상의 거소를 둔 개인을 말한다.
④ 영국의 시민권자나 영주권자의 경우 무조건 비거주자로 본다.

15. 다음은 소득세법상 결손금과 이월결손금에 관한 설명이다. 가장 틀린 것은?
① 해당 과세기간의 소득금액에 대하여 추계신고를 하거나 추계조사 결정하는 경우에는 예외 없이 이월결손금공제규정을 적용하지 아니한다.
② 사업소득의 이월결손금은 사업소득, 근로소득, 연금소득, 기타소득, 이자소득, 배당소득의 순서로 공제한다.
③ 주거용 건물 임대 외의 부동산임대업에서 발생한 이월결손금은 타소득에서는 공제할 수 없다.
④ 결손금 및 이월결손금을 공제할 때 해당 과세기간에 결손금이 발생하고 이월결손금이 있는 경우에는 그 과세기간의 결손금을 먼저 소득금액에서 공제한다.

제13장 기출문제

실 무 시 험

용인전자㈜ (회사코드:0922)은 제조, 도·소매 및 무역업을 영위하는 중소기업이며, 당기(9기) 회계기간은 2020.1.1.~2020.12.31. 이다. 전산세무회계 수험용 프로그램을 이용하여 다음 물음에 답하시오.

< 기 본 전 제 >

문제에서 한국채택국제회계기준을 적용하도록 하는 전제조건이 없는 경우, 일반기업회계기준을 적용하여 회계처리 한다.

문제1 다음 거래를 일반전표입력 메뉴에 추가 입력하시오.(15점)

< 입력 시 유의사항 >

· 일반적인 적요의 입력은 생략하지만, 타계정 대체거래는 적요번호를 선택하여 입력한다.
· 채권·채무와 관련된 거래는 별도의 요구가 없는 한 반드시 기 등록되어 있는 거래처코드를 선택하는 방법으로 거래처명을 입력한다.
· 제조경비는 500번대 계정코드를, 판매비와 관리비는 800번대 계정코드를 사용한다.
· 회계처리과목은 별도제시가 없는 한 등록되어 있는 계정과목 중 가장 적절한 과목으로 한다.

[1] 3월 21일 ㈜SJ컴퍼니의 외상매입금(11,000,000원)을 결제하기 위하여 ㈜영동물산으로부터 받은 약속어음 6,000,000원을 ㈜SJ컴퍼니에게 배서양도하고 잔액을 보통예금에서 지급하였다.(3점)

[2] 4월 30일 회사는 영업부서 직원들에 대해 확정급여형 퇴직연금(DB)에 가입하고 있으며, 4월 불입액인 3,000,000원을 보통예금에서 지급하였다.(3점)

[3] 5월 12일 당사는 자금 악화로 주요 매입 거래처인 ㈜상생유통에 대한 외상매입금 40,000,000원 중 38,000,000원은 보통예금에서 지급하고, 나머지 금액은 면제받았다.(3점)

[4] 5월 25일 당사는 1주당 발행가액 4,000원, 주식수 50,000주의 유상증자를 통해 보통예금으로 200,000,000원이 입금되었으며, 증자일 현재 주식발행초과금은 20,000,000원이 있다.(1주당 액면가액은 5,000원이며, 하나의 거래로 입력할 것)(3점)

[5] 6월 15일 단기매매목적으로 보유 중인 주식회사 삼삼의 주식(장부가액 50,000,000원)을 전부 47,000,000원에 처분하였다. 주식처분 수수료 45,000원을 차감한 잔액이 보통예금으로 입금되었다.(3점)

문제2

다음 거래 자료를 매입매출전표입력 메뉴에 추가로 입력하시오.(15점)

< 입력 시 유의사항 >
· 일반적인 적요의 입력은 생략하지만, 타계정 대체거래는 적요번호를 선택하여 입력한다.
· 별도의 요구가 없는 한 반드시 기 등록되어 있는 거래처코드를 선택하는 방법으로 거래처명을 입력한다.
· 제조경비는 500번대 계정코드를, 판매비와 관리비는 800번대 계정코드를 사용한다.
· 회계처리시 계정과목은 별도제시가 없는 한 등록되어 있는 계정과목 중 가장 적절한 과목으로 한다.
· 입력화면 하단의 분개까지 처리하고, 전자세금계산서 및 전자계산서는 전자입력으로 반영한다.

[1] 6월 13일 당사가 제조한 전자제품을 ㈜대한에게 판매하고 다음과 같은 전자세금계산서를 발급하였으며 판매대금은 전액 다음 달 말일에 받기로 하였다.(3점)

	전자세금계산서(공급자 보관용)						승인번호		20200613-3420112-73b	
공급자	사업자등록번호	122-81-04585				공급받는자	사업자등록번호		203-85-12757	
	상호	용인전자㈜	성명(대표자)	김영도			상호	㈜대한	성명(대표자)	김대한
	사업장주소	서울 영등포구 여의나루로 53-1					사업장 주소	경기도 고양시 덕양구 삼송동 45		
	업태/종목	제조 및 도소매업		전자제품외			업태/종목	도소매업		전자제품등
	이메일	45555555@daum.net					종목	kkllkkll@naver.com		
비고						수정사유				
작성일자	2020. 6. 13.					공급가액	15,000,000원		세액	1,500,000원
일	품 목		규격	수량	단 가	공 급 가 액		세 액		비 고
13	전자제품			30	500,000원	15,000,000원		1,500,000원		
합 계 금 액	현 금		수 표		어 음	외 상 미 수 금		이 금액을 청구함		
16,500,000원						16,500,000원				

[2] 7월 25일 회계부서에서 사용하기 위한 책상을 ㈜카이마트에서 구입하고 구매대금을 다음과 같이 법인카드인 세무카드로 결제하였다.(구입 시 자산계정으로 입력할 것)(3점)

```
단말기번호
8002124738
카드종류
세무카드              신용승인
회원번호              유효기간
1405-1204-****-4849   2020/7/25  13:52:49
일반
일시불                거래금액    2,000,000원
                      부가세        200,000원
                      봉사료             0원
                      합계        2,200,000원

판매자
대표자                가맹점명
최명자                ㈜카이마트
사업자등록번호      가맹점주소
116-81-52796         경기 성남 중원구 산성대로382번길 40

                       서명    ɲɞ
```

[3] 9월 15일 생산부문의 매입거래처에 선물을 전달하기 위하여 ㈜영선으로부터 선물세트(공급가액 1,500,000원, 세액 150,000원)를 매입하고 전자세금계산서를 발급받았다. 대금 중 300,000원은 즉시 보통예금으로 지급하였고 나머지는 한 달 후에 지급하기로 하였다.(3점)

[4] 9월 22일 당사의 보통예금계좌에 1,100,000원(부가가치세 포함)이 입금되어 확인한 바, 동 금액은 비사업자인 김길동에게 제품을 판매한 것이다.(단, 별도의 세금계산서나 현금영수증을 발급하지 않았으며, 거래처는 입력하지 않아도 무방함)(3점)

[5] 9월 28일 당사는 원재료(공급가액 50,000,000원, 부가세 5,000,000원)를 ㈜진행상사에서 매입하고 전자세금계산서를 발급받았다. 이와 관련하여 대금 중 15,000,000원은 보통예금에서 지급하고 나머지는 외상으로 하였다.(3점)

문제3 부가가치세신고와 관련하여 다음 물음에 답하시오.(10점)

[1] 다음 자료를 보고 2020년 제1기 확정신고기간의 [수출실적명세서]를 작성하시오.(단, 거래처코드 및 거래처명도 입력할 것)(3점)

상대국	거래처	수출신고번호	선적일	원화환가일	통화	수출액	기준환율	
							선적일	원화환가일
미국	ABC사	13042-10-044689X	2020.04.06.	2020.04.08.	USD	$50,000	₩1,150/$	₩1,140/$
미국	DEF사	13045-10-011470X	2020.05.01.	2020.04.30.	USD	$60,000	₩1,140/$	₩1,130/$
중국	베이징사	13064-25-247041X	2020.06.29.	2020.06.30.	CNY	700,000위안	₩170/위안	₩171/위안

[2] 다음은 2020년 제2기 부가가치세 확정신고기간(2020.10.01.~ 2020.12.31.)에 대한 관련 자료이다. 이를 반영하여 2020년 제2기 확정 부가가치세 신고서를 작성하시오.(단, 세부담 최소화를 가정한다.)(7점)

매출자료	• 세금계산서 과세 매출액 : 공급가액 800,000,000원(부가세 별도)
	• 신용카드 과세 매출액 : 공급대가 55,000,000원(부가세 포함)
	• 현금영수증 과세 매출액 : 공급대가 11,000,000원(부가세 포함)
	• 내국 신용장에 의한 영세율매출(세금계산서 발급) : 60,000,000원
	• 직수출 : 20,000,000원
	• 대손세액공제 : 과세 재화·용역을 공급한 후 그 공급일부터 10년이 지난 날이 속하는 과세기간에 대한 확정신고기한까지 아래의 사유로 대손세액이 확정된다.
	  - 2020년 9월 25일에 부도발생한 ㈜한국에 대한 받을어음 : 33,000,000원(부가세 포함)
	  - 2020년 10월 5일에 소멸시효 완성된 ㈜성담에 대한 외상매출금 : 22,000,000원(부가세 포함)

매입자료	• 전자세금계산서 과세 일반매입액 : 공급가액 610,000,000원, 세액 61,000,000원
	• 전자세금계산서 고정자산 매입액
	  - 업무용 기계장치 매입액 : 공급가액 60,000,000원, 세액 6,000,000원
	  - 비영업용승용차(5인승, 1,800cc) 매입액 : 공급가액 30,000,000원, 세액 3,000,000원

기타	• 제2기 예정신고시 미환급된 세액 : 3,000,000원 • 정상적으로 수취한 종이세금계산서(원재료 구입) 예정신고 누락분 : 공급가액 10,000,000원, 세액 1,000,000원 • 매출자료 중 전자세금계산서 지연전송분 : 공급가액 5,000,000원, 세액 500,000원

문제4 다음 결산자료를 입력하여 결산을 완료하시오.(15점)

[1] 영업사원 출장용 차량에 대한 보험료 전액을 가입 당시(2020.07.01.)에 보통예금으로 계좌이체 후 비용처리 하였다. (단, 월할계산할 것)(3점)

· 자동차보험료 : 10,000,000원   · 가입기간 : 2020년 7월 1일 ~ 2021년 6월 30일

[2] 2020년 9월 1일 기업은행으로부터 2억원을 연 3%의 이자율로 1년간 차입하였다. 이자는 원금상환과 함께 1년 후 보통예금에서 지급할 예정이다.(단, 월할 계산할 것) (3점)

[3] 당사가 기말에 공장에서 보유하고 있는 재고자산은 다음과 같다. 추가정보를 고려하여 결산에 반영하시오.(3점)

1. 기말 재고자산
   · 기말원재료 : 1,500,000원   · 기말재공품 : 6,300,000원   · 기말제품 : 6,500,000원
2. 추가정보
   · 매입한 원재료 1,940,000원은 운송 중 : 선적지 인도조건
   · 당사의 제품(적송품) 4,850,000원을 수탁업자들이 보유 중 : 위탁판매용도

[4] 결산일 현재 외상매출금 잔액에 대하여 1%의 대손추정률을 적용하여 보충법에 의해 일반기업회계기준법에 따라 대손충당금을 설정한다.(3점)
    ※ 반드시 결산자료입력메뉴만을 이용하여 입력하시오.

[5] 결산 마감전 영업권(무형자산) 잔액이 30,000,000원이 있으며, 이 영업권은 2020년 5월 20일에 취득한 것이다.(단, 무형자산에 대하여 5년간 월할 균등상각하며, 상각기간 계산시 1월 미만의 기간은 1월로 한다.)(3점)

문제5 2020년 귀속 원천징수자료와 관련하여 다음의 물음에 답하시오.(15점)

[1] 다음은 기업부설연구소의 연구원인 김현철의 9월분 급여명세서이다. [급여자료입력]

및 [원천징수이행상황신고서]를 작성하시오.(단, 수당등록 및 공제항목은 불러온 자료는 무시하고 직접 입력할 것)(5점)

<9월분 급여명세서>

이름	김현철	지급일	10월 10일
기본급	2,500,000원	소득세	110,430원
직책수당	300,000원	지방소득세	11,040원
식대	150,000원	국민연금	146,250원
자가운전보조금	300,000원	건강보험	104,970원
연장수당	200,000원	장기요양보험	10,750원
[기업연구소]연구보조비	300,000원	고용보험	26,000원
급여합계	3,750,000원	공제총액	409,440원
귀하의 노고에 감사드립니다.		차인지급액	3,340,560원

· 수당 등록 시 급여명세시에 적용된 항목 이외의 항목은 사용여부를 '부'로 체크한다.
· 당사는 모든 직원에게 식대를 지급하며 비과세요건을 충족한다.
· 당사는 본인명의의 차량을 업무 목적으로 사용한 직원에게 자가운전보조금을 지급하며, 실제 발생된 시내교통비를 별도로 지급하지 않는다.
· 당사는 기업(부설)연구소의 법적 요건을 충족하며, [기업연구소]연구보조비는 비과세요건을 충족한다.
· 원천징수이행상황신고서 작성과 관련하여 전월미환급세액은 180,000원이다.
· 별도의 환급신청은 하지 않는다.

[2] 2020년 6월 1일 입사한 최민국(사번:102)의 전근무지 근로소득원천징수영수증 자료와 연말정산자료는 다음과 같다. 전 근무지를 반영한 연말정산추가자료입력 메뉴의 [소득명세], [월세주택임차차입명세] 및 [연말정산입력] 탭을 입력하시오.(단, 최민국은 무주택 세대주이며, 부양가족은 없다)(10점)

< 전 근무지 근로소득 원천징수영수증 자료 >

I 근무처별소득	구 분	주(현)	종(전)	⑯-1 납세조합	합 계
	⑨ 근 무 처 명	㈜안전양회			
	⑩ 사업자등록번호	114-86-06122			
	⑪ 근무기간	2020.1.1.~2020.5.31.	~	~	~
	⑫ 감면기간	~	~	~	~

	구분		금액		
I 득 명 세	⑬ 급 여		18,000,000원		
	⑭ 상 여		2,000,000원		
	⑮ 인 정 상 여				
	⑮-1 주식매수선택권 행사이익				
	⑮-2 우리사주조합인출금				
	⑮-3 임원 퇴직소득금액 한도초과액				
	⑯ 계		20,000,000원		
II 비 과 세 및 감 면 소 득 명 세	⑱ 국외근로	M0X			
	⑱-1 야간근로수당	O0X			
	⑱-2 출산·보육수당	Q0X			
	⑱-4 연구보조비	H0X			
	~				
	⑱-29				
	⑲ 수련보조수당	Y22			
	⑳ 비과세소득 계				
	⑳-1 감면소득 계				
III 세 액 명 세	구 분		㉘ 소 득 세	㉙ 지방소득세	㉚ 농어촌특별세
	㉒ 결 정 세 액		245,876원	24,587원	
	기납부세액	㉓ 종(전)근무지 (결정세액란의 세액을 적습니다)	사업자 등록 번호		
		㉔ 주(현)근무지	1,145,326원	114,532원	
	㉕ 납부특례세액				
	㉖ 차 감 징 수 세 액 (㉒-㉓-㉔-㉕)		△899,450원	△89,945원	

(국민연금 960,000원   건강보험 785,000원   장기요양보험 49,600원   고용보험 134,000원)

위의 원천징수액(근로소득)을 정히 영수(지급)합니다.

< 연말정산관련자료 >
· 다음의 지출 금액은 모두 본인을 위해 사용한 금액이다.

항목	내용
보험료	· 자동차보험료 : 750,000원, 저축성보험료 : 600,000원
의료비	· 치료목적 허리디스크 수술비 : 3,600,000원(최민국의 신용카드로 결제) · 치료·요양 목적이 아닌 한약 구입비 : 2,400,000원 · 시력보정용 안경구입비 : 550,000원

교육비	• 대학원 등록금 : 10,000,000원 • 영어학원비(업무관련성 없음) : 2,000,000원
기부금	• 종교단체 당해 기부금 : 3,000,000원, • 종교단체외의 지정기부금단체에 기부한 당해 기부금 : 100,000원
신용카드 등 사용액	• 신용카드 : 34,000,000원(이 중 8,000,000원은 본인이 근무하는 법인의 비용해당분이고, 3,600,000원은 허리디스크수술비임) • 현금영수증 : 2,500,000원(이 중 300,000원은 대중교통이용분이고, 120,000원은 공연관람사용분임)
월세 자료	• 임대인 : 임부자 • 주민등록번호 : 631124-1655498 • 주택유형 : 다가구주택 • 주택계약면적 : 52.00m^2 • 임대차계약서상 주소지 : 서울시 영등포구 여의나루로 121 • 임대차 계약기간 : 2020.1.1.~2020.12.31. • 매월 월세액 : 700,000원(2020년 총 지급액 8,400,000원) • 월세는 세액공제요건이 충족되는 것으로 한다.

이론문제 답안

1. [답] ③ 피드백가치에 대한 설명이다.

2. [답] ② 만기보유증권으로 분류되지 아니하는 채무증권은 단기매매증권과 매도가능증권 중의 하나로 분류한다.

3. [답] ① 우발자산은 자산으로 인식하지 않는다.(일반기업회계기준 14.5, 14.6)

4. [답] ② 자기주식을 처분하는 경우 처분금액이 장부금액보다 크다면 그 차액을 자기주식 처분이익으로 하여 자본잉여금으로 회계처리한다.(일반기업회계기준 15.9)

5. [답] ① 취득당시 만기가 3개월 이내에 도래하는 양도성예금증서(CD)는 현금및현금성자산에 속한다.

6. [답] ③ 기회비용(기회원가)은 현재 이 대안을 선택하지 않았을 경우 포기한 대안 중 최대 금액 또는 최대 이익이다.

7. [답] ③ 기말재공품은 재무상태표에 반영된다.

8. [답] ② 수선부문이 절단부문에 배분한 금액 : 400,000원 × 200/800 = 100,000원
    전력부문이 절단부문에 배분한 금액 : 200,000원 × 500/1,000 = 100,000원
    절단부문 총원가 : 100,000원 + 100,000원 + 500,000원 = 700,000원

9. [답] ④ 종합원가계산에 대한 설명이다.

10. [답] ④ 정상공손량 : 650개×10% = 65개
    비정상공손량 : (200개+600개)-(650개+50개)-65개 = 35개

11. [답] ② 법인의 경우 본점만 주된 사업장이 가능하다.

12. [답] ① 재화의 공급이 수출에 해당하면 영세율을 적용한다.

13. [답] ③ 처음 공급한 재화가 환입된 경우: 재화가 환입된 날을 작성일로 적고 비고란에 처음 세금계산서 작성일자을 덧붙여 적은 후 붉은색 글씨로 쓰거나 음(陰)의 표시를 하여 발급한다.

14. [답] ④ 비거주자란 거주자가 아닌 개인을 말한다.

15. [답] ① 해당 과세기간의 소득금액에 대하여 추계신고를 하거나 추계조사 결정하는 경우에는 이월결손금공제규정을 적용하지 아니한다. 다만, 천재지변이나 그 밖의 불가항력으로 장부나 그 밖의 증명서류가 멸실되어 추계신고하거나 추계조사 결정을 하는 경우에는 그러하지 아니한다.

실 무 시 험 답 안

문제1

[1] [답] 3월 21일 일반전표입력
(차) 외상매입금 (㈜SJ컴퍼니) 11,000,000원   (대) 받을어음 (㈜영동물산) 6,000,000원
                                              보통예금 5,000,000원

[2] [답] 4월 30일 일반전표입력
(차) 퇴직연금운용자산 3,000,000원   (대) 보통예금 3,000,000원

[3] [답] 5월 12일 일반전표입력
(차) 외상매입금(㈜상생유통) 40,000,000원   (대) 보통예금 38,000,000원
                                              채무면제이익 2,000,000원

[4] [답] 5월 25일 일반전표입력
(차) 보통예금 200,000,000원   (대) 자본금 250,000,000원
    주식발행초과금 20,000,000원
    주식할인발행차금 30,000,000원

[5] [답] 6월 15일 일반전표입력
(차) 보통예금 46,955,000원   (대) 단기매매증권 50,000,000원
    단기매매증권처분손실 3,045,000원

문제2

[1] [답] 6월13일 매입매출전표입력
　　유형:11. 과세, 공급가액:15,000,000원, 부가세 1,500,000원 거래처:(주)대한전자:여,
　　분개: 혼합또는 외상
　　　(차) 외상매출금　16,500,000원　　　　　(대) 제품매출　15,000,000원
　　　　　부가가치세예수금　1,500,000원

[2] [답] 7월 25일　매입매출전표입력
　　유형: 57.카과, 공급가액:2,000,000원, 부가세:200,000원, 거래처:㈜카이마트,
　　분개:혼합 또는 카드
　　　(차) 비　　품　　2,000,000원　　　　　(대) 미지급금 (세무카드) 2,200,000원
　　　　　부가세대급금　　200,000원

[3] [답] 9월 15일 매입매출전표입력
　　유형:54, 불공(불공제 사유4), 공급가액:1,500,000원, 부가세:150,000원, 거래처: ㈜영선,
　　전자: 여, 분개: 혼합
　　　(차) 접대비(제)　1,650,000원　　　　　(대) 보통예금　300,000원
　　　　　　　　　　　　　　　　　　　　　　　　미지급금(㈜영선) 1,350,000원
　　　　　　　　　　　　　　　　　　　　　　　　또는 미지급비용

[4] [답] 9월 22일 매입매출전표입력
　　유형: 14 건별, 공급가액 1,000,000원 부가세 100,000원, 거래처: 김길동, 분개: 혼합
　　　(차) 보통예금　1,100,000원　　　　　(대) 제품매출　1,000,000원
　　　　　　　　　　　　　　　　　　　　　　　부가세예수금　100,000원

[5] [답] 9월 28일 매입매출전표입력
　　유형:51.과세, 공급가액:50,000,000원, 부가세:5,000,000원, 거래처명:(주)진행상사,
　　전자:여, 분개:혼합
　　　(차) 원재료　50,000,000원　　　　　(대) 보통예금　15,000,000원
　　　　　부가세대급금　5,000,000원　　　　　　외상매입금　40,000,000원

제13장 기출문제

문제3 [답]

구분	건수	외화금액	원화금액	비고
⑨합계	3	810,000.00	244,300,000	
⑩수출재화[=⑫합계]	3	810,000.00	244,300,000	
⑪기타영세율적용				

조회기간: 2020년 04월 ~ 2020년 06월 구분: 1기 확정

	(13)수출신고번호	(14)선(기)적일자	(15)통화코드	(16)환율	(17)외화	(18)원화	거래처코드	거래처명
1	13042-10-044689x	2020-04-06	USD	1,150.0000	50,000.00	57,500,000	00238	ABC사
2	13045-10-011470x	2020-05-01	USD	1,130.0000	60,000.00	67,800,000	00239	DEF사
3	13064-25-247041x	2020-06-29	CNY	170.0000	700,000.00	119,000,000	00240	베이징사
4								

공급시기(선적일)가 되기 전에 원화로 환가한 경우 그 공급가액은 환가한 금액임 (부가가치세법 시행령 제59조 제1호)

[2] [답]

일반과세 / 간이과세

조회기간: 2020년 10월 1일 ~ 2020년 12월 31일 신고구분: 1.정기신고 신고차수: 부가율: 34.04 확정

정기신고금액

		구분		금액	세율	세액
과세표준및매출세액	과세	세금계산서발급분	1	800,000,000	10/100	80,000,000
		매입자발행세금계산서	2		10/100	
		신용카드·현금영수증발행분	3	60,000,000	10/100	6,000,000
		기타(정규영수증외매출분)	4			
	영세	세금계산서발급분	5	60,000,000	0/100	
		기타	6	20,000,000	0/100	
	예정신고누락분		7			
	대손세액가감		8			-2,000,000
	합계		9	940,000,000	㉮	84,000,000
매입세액	세금계산서수취분	일반매입	10	610,000,000		61,000,000
		수출기업수입분납부유예	10			
		고정자산매입	11	90,000,000		9,000,000
	예정신고누락분		12	10,000,000		1,000,000
	매입자발행세금계산서		13			
	그 밖의 공제매입세액		14			
	합계(10)-(10-1)+(11)+(12)+(13)+(14)		15	710,000,000		71,000,000
	공제받지못할매입세액		16	30,000,000		3,000,000
	차감계 (15-16)		17	680,000,000	㉯	68,000,000
납부(환급)세액(매출세액㉮-매입세액㉯)					㉰	16,000,000
경감공제세액	그 밖의 경감·공제세액		18			
	신용카드매출전표등 발행공제등		19			
	합계		20		㉱	
소규모 개인사업자 부가가치세 감면세액			20		㉲	
예정신고미환급세액			21		㉳	3,000,000
예정고지세액			22		㉴	
사업양수자의 대리납부 기납부세액			23		㉵	
매입자 납부특례 기납부세액			24		㉶	
신용카드업자의 대리납부 기납부세액			25		㉷	
가산세액계			26		㉸	15,000
차가감하여 납부할세액(환급받을세액)㉰-㉱-㉲-㉳-㉴-㉵-㉶-㉷+㉸			27			13,015,000
총괄납부사업자가 납부할 세액(환급받을 세액)						

	구분		금액	세율	세액
7.매출(예정신고누락분)					
예정누락분	과세	세금계산서	33		10/100	
		기타	34		10/100	
	영세	세금계산서	35		0/100	
		기타	36		0/100	
	합계		37			
12.매입(예정신고누락분)					
	세금계산서		38	10,000,000		1,000,000
예정누락분	그 밖의 공제매입세액		39			
	합계		40	10,000,000		1,000,000
	신용카드매출 수령금액합계	일반매입				
		고정매입				
	의제매입세액					
	재활용폐자원등매입세액					
	과세사업전환매입세액					
	재고매입세액					
	변제대손세액					
	외국인관광객에대한환급					
	합계					
14.그 밖의 공제매입세액					
신용카드매출 수령금액합계표	일반매입		41			
	고정매입		42			
의제매입세액			43		뒤쪽	
재활용폐자원등매입세액			44		뒤쪽	
과세사업전환매입세액			45			
재고매입세액			46			
변제대손세액			47			
외국인관광객에대한환급세액			48			
합계			49			

전산회계와 전산세무회계

구분			금액	세율	세액		구분		금액	세율	세액
			정기신고금액				16.공제받지못할매입세액				
과세표준및매출세액	과세	세금계산서발급분	1	800,000,000	10/100	80,000,000	공제받지못할 매입세액	50	30,000,000		3,000,000
		매입자발행세금계산서	2		10/100		공통매입세액면세사업분	51			
		신용카드·현금영수증발행분	3	60,000,000	10/100	6,000,000	대손처분받은세액	52			
		기타(정규영수증외매출분)	4				합계	53	30,000,000		3,000,000
	영세	세금계산서발급분	5	60,000,000	0/100		18.그 밖의 경감·공제세액				
		기타	6	20,000,000	0/100		전자신고세액공제	54			
	예정신고누락분		7				전자세금계산서발급세액공제	55			
	대손세액가감		8			-2,000,000	택시운송사업자경감세액	56			
	합계		9	940,000,000	㉮	84,000,000	대리납부세액공제	57			
매입세액	세금계산서수취분	일반매입	10	610,000,000		61,000,000	현금영수증사업자세액공제	58			
		수출기업수입분납부유예	10				기타	59			
		고정자산매입	11	90,000,000		9,000,000	합계	60			
	예정신고누락분		12	10,000,000		1,000,000					
	매입자발행세금계산서		13								
	그 밖의 공제매입세액		14								
	합계(10)-(10-1)+(11)+(12)+(13)+(14)		15	710,000,000		71,000,000					
	공제받지못할매입세액		16	30,000,000		3,000,000					
	차감계 (15-16)		17	680,000,000	㉯	68,000,000					
납부(환급)세액(매출세액㉮-매입세액㉯)					㉰	16,000,000					
경감공제세액	그 밖의 경감·공제세액		18								
	신용카드매출전표등 발행공제등		19								
	합계		20		㉱						
소규모 개인사업자 부가가치세 감면세액			20		㉲						
예정신고미환급세액			21		㉳	3,000,000					
예정고지세액			22		㉴						
사업양수자의 대리납부 기납부세액			23		㉵						
매입자 납부특례 기납부세액			24		㉶						
신용카드업자의 대리납부 기납부세액			25		㉷						
가산세액계			26		㉸	15,000					
차가감하여 납부할세액(환급받을세액)㉰-㉱-㉲-㉳-㉴-㉵-㉶-㉷+㉸			27			13,015,000					
총괄납부사업자가 납부할 세액(환급받을 세액)											

25.가산세명세						
사업자미등록등		61		1/100		
세금계산서	지연발급 등	62		1/100		
	지연수취	63		5/1,000		
	미발급 등	64		뒤쪽참조		
전자세금발급명세	지연전송	65	5,000,000	3/1,000		15,000
	미전송	66		5/1,000		

문제4

[1] [답] 12월 31일 일반전표입력
　　(차) 선급비용 5,000,000원　　　　　(대) 보험료(판) 5,000,000원

[2] [답] 12월 31일 일반전표 입력
　　(차) 이자비용 2,000,000원(대)　　　미지급비용 2,000,000원
　　　　200,000,000원 × 3% × 4/12 = 2,000,000원

[3] [답] 결산자료입력에서 다음과 같이 입력 후 전표추가
· 기말원재료: 3,440,000원   · 기말재공품: 6,300,000원   · 기말제품: 11,350,000원

[4] [답] 결산자료입력에서 대손상각(외상매출금) -1,400,600원을 입력 후 전표추가

[5] [답] 결산자료입력에서 무형자산상각비(영업권)에 4,000,000원을 입력 후 전표추가 또는 일반전표입력 12월 31일
    (차) 무형자산상각비 4,000,000원   (대) 영업권 4,000,000원
    30,000,000원 ÷ 5년 × 8/12 = 4,000,000원

문제5

[1] [답]

코드	과세구분	수당명	근로소득유형 유형	코드	한도	월정액	사용여부
1	2002	비과세	[기업연구소]연구보조	[기업연구소]연구보.	H10	(월)200,000	부정기	여
2	2001	과세	연장수당	급여			정기	여
3	1003	과세	직책수당	급여			정기	여
4	1001	과세	기본급	급여			정기	여
5	1005	비과세	식대	식대	P01	(월)100,000	정기	여
6	1006	비과세	자가운전보조금	자가운전보조금	H03	(월)200,000	부정기	여

전산회계와 전산세무회계

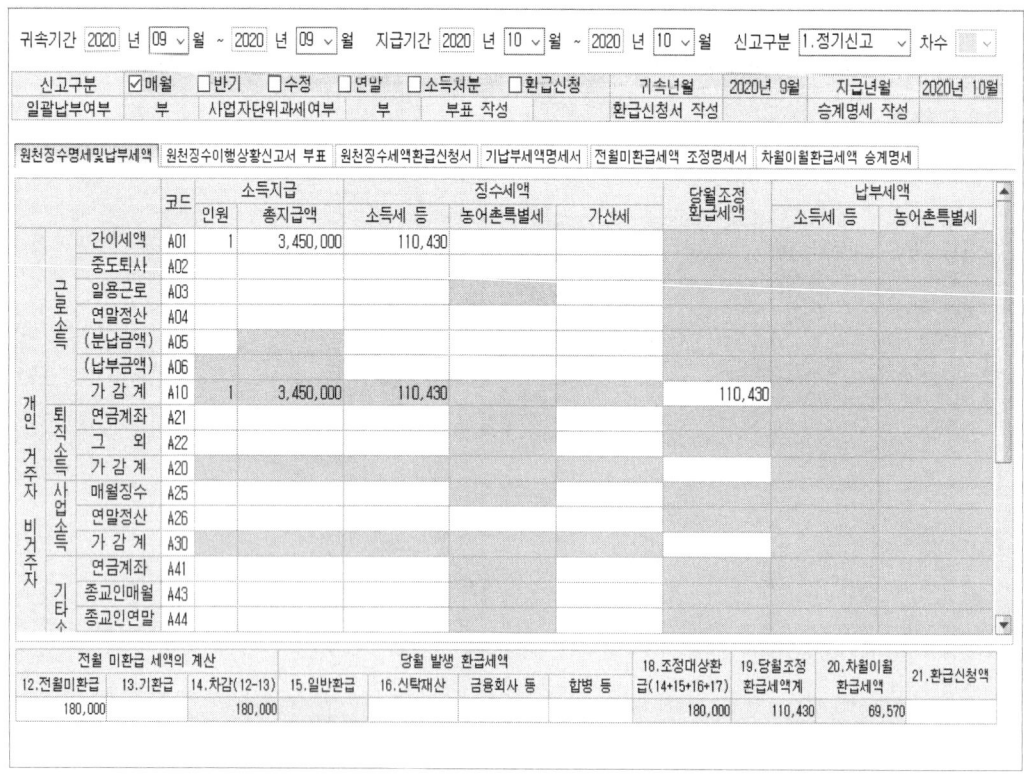

제13장 기출문제

[2] [답] 1. 연말정산 소득명세

| 소득명세 | 부양가족 | 연금저축 등I | 연금저축 등II | 월세,주택임차 | 연말정산입력 |

구분		합계	주(현)	납세조합	종(전) [1/2]
소득명세	9.근무처명		용인전자(주)		(주)안전양회
	10.사업자등록번호		122-81-04585	---.--.----	114-86-06122
	11.근무기간		2020-06-01 ~ 2020-12-31	----.--.-- ~ ----.--.--	2020-01-01 ~ 2020-05-31
	12.감면기간		----.--.-- ~ ----.--.--	----.--.-- ~ ----.--.--	----.--.-- ~ ----.--.--
	13-1.급여(급여자료입력)	37,200,000	19,200,000		18,000,000
	13-2.비과세한도초과액				
	13-3.과세대상추가(인정상여추가)				
	14.상여	2,000,000			2,000,000
	15.인정상여				
	15-1.주식매수선택권행사이익				
	15-2.우리사주조합 인출금				
	15-3.임원퇴직소득금액한도초과액				
	15-4.직무발명보상금				
	16.계	39,200,000	19,200,000		20,000,000
	18.국외근로				

			합계	주(현)	납세조합	종(전)
공제보험료명세	직장	건강보험료(직장)(33)	1,425,320	640,320		785,000
		장기요양보험료(33)	115,200	65,600		49,600
		고용보험료(33)	287,600	153,600		134,000
		국민연금보험료(31)	1,824,000	864,000		960,000
	공적연금보험료	공무원 연금(32)				
		군인연금(32)				
		사립학교교직원연금(32)				
		별정우체국연금(32)				
세액명세	기납부세액	소득세	1,535,556	1,289,680		245,876
		지방소득세	153,547	128,960		24,587
		농어촌특별세				
	납부특례세액	소득세				
		지방소득세				
		농어촌특별세				

2. 월세주택임차차입명세

임대인명 (상호)	주민등록번호 (사업자번호)	유형	계약 면적(㎡)	임대차계약서 상 주소지	계약서상 임대차 계약기간		연간 월세액
					개시일	종료일	
임부자	631124-1655498	다가구	52.00	서울 영등포구 여의나루로121	2020-01-01 ~	2020-12-31	8,400,000

3. 연말정산입력

(1) 보험료공제 : 저축성보험료는 공제하지 아니한다.
(2) 의료비공제 : 치료·요양 목적이 아닌 한약 구입비는 공제하지 아니하며, 시력보정용 안경구입비는 1명당 연 50만원을 한도로 공제한다.
(3) 교육비공제 : 업무관련성이 없는 본인 학원비용은 공제하지 아니한다.
(4) 신용카드사용등소득공제 : 법인의 비용해당분은 공제하지 아니하나, 의료비 사용액은 공제 가능하다.

전산회계와 전산세무회계

의료비

구분	지출액	실손의료비
난임시술비		
본인,65세 이상자	4,100,000	
장애인,건강보험산정특례자		
그 밖의 공제대상자		

교육비

구분	지출액	공제대상금액
취학전아동(1인당 300만원)		
초중고(1인당 300만원)		
대학생(1인당 900만원)		10,000,000
본인(전액)	10,000,000	
장애인 특수교육비		

기부금

구분	지출액	공제대상금액	공제금액
정치자금 기부금(10만원 이하분)			
정치자금 기부금(10만원 초과분)			
법정이월(2013년)			
법정이월(2014년)			
법정이월(2015년)			
법정이월(2016년)			
법정이월(2017년)			
법정이월(2018년)			
법정이월(2019년)			
법정당해기부금			
우리사주조합기부금			
종교단체외이월(2013년이전)			
종교단체이월(2013년이전)			
종교단체외이월(2014년)			
종교단체외이월(2015년)			
종교단체외이월(2016년)			
종교단체외이월(2017년)			
종교단체외이월(2018년)			
종교단체외이월(2019년)			
종교단체외 당해기부금	100,000		
종교단체이월(2014년)			
종교단체이월(2015년)			
종교단체이월(2016년)			
종교단체이월(2017년)			
종교단체이월(2018년)			
종교단체이월(2019년)			
종교단체 당해기부금	3,000,000		

제13장 기출문제

신용카드 등 공제대상금액

▶ 신용카드 등 사용금액 공제액 산출 과정

구분		대상금액		공제율금액
전통시장/ 대중교통 제외	㉮신용카드	26,000,000	15%	3,900,000
	㉯직불/선불카드			
	㉰현금영수증	2,080,000	30%	624,000
㉱도서공연 등 사용분		120,000		36,000
㉲전통시장사용분			40%	
㉳대중교통이용분		300,000		120,000
신용카드 등 사용액 합계(㉮~㉳)		28,500,000		4,680,000

특 별 세 액 공 제	60.보장 성보험	일반		750,000	750,000	90,000
		장애인				
	61.의료비			4,100,000	2,924,000	438,600
	62.교육비			10,000,000	10,000,000	665,282
	63.기부금			3,100,000		
	1)정치자금 기부금	10만원이하				
		10만원초과				
	2)법정기부금(전액)					
	3)우리사주조합기부금					
	4)지정기부금(종교단체외)			100,000		
	5)지정기부금(종교단체)			3,000,000		

[부록]

전산회계와 전산세무회계 자격증 안내

전산회계와 전산세무회계 자격증 안내

1. 자격증의 목적

　전산세무회계의 실무처리능력을 보유한 전문인력을 양성할 수 있도록 조세의 최고전문가인 1만여명 세무사로 구성된 한국세무사회가 엄격하고 공정하게 자격시험을 실시하여 그 능력을 등급으로 부여함으로써, 학교의 세무회계 교육방향을 제시하여 인재를 양성시키도록 하고, 기업체에는 실무능력을 갖춘 인재를 공급하여 취업의 기회를 부여하며, 평생교육을 통한 우수한 전문인력 양성으로 국가발전에 기여하고자 함.

2. 자격증의 구분

종목	등급	시험구성(이론)	시험구성(실무)
전산회계	1급	30%, 4지선다	70%, 실무프로그램
전산회계	2급	30%, 4지선다	70%, 실무프로그램
전산세무회계	1급	30%, 4지선다	70%, 실무프로그램
전산세무회계	2급	30%, 4지선다	70%, 실무프로그램

3. 자격증 시행근거

(1) 법적근거 : 자격기본법
(2) 등록번호 : 제2008-0259호
(3) 공인번호 : 고용노동부 제2016-1호
(4) 종목및등급 : 전산세무회계 / 전산세무1,2급, 전산회계1,2급
(5) 자격의종류 : 공인민간자격
(6) 자격관리기관 : 한국세무사회
(7) 자격관리자 : 한국세무사회장

4. 검정요강

(1) 검정기준

종목 및 등급	검 정 기 준
전산회계 1급	전문대학 중급수준의 회계원리와 원가회계, 세무회계(부가가치세중 매입매출전표와 관련된 부분)에 관한 기본적 지식을 갖추고, 기업체의 회계실무자로서 전산세무회계프로그램을 활용한 세무회계 기본업무를 처리할 수 있는지에 대한 능력을 평가함.
전산회계 2급	대학 초급 또는 고등학교 상급수준의 재무회계(회계원리)에 관한기본지식을 갖추고 기업체의 세무회계 업무보조자로서, 전산회계프로그램을 이용한 회계업무 처리능력을 평가함.
전산세무 1급	대학 졸업수준의 재무회계와 원가관리회계, 세무회계(법인세,소득세, 부가가치세)에 관한 지식을 갖추고, 기업체의 세무회계 관리자로서 전산세무회계프로그램을 활용한 세무회계 전분야의 실무업무를 완벽히 수행할 수 있는지에 대한 능력을 평가함.
전산세무 2급	전문대학 졸업수준의 재무회계와 원가회계, 세무회계(소득세,부가가치세)에 관한 지식을 갖추고, 기업체의 세무회계 책임자로서 전산세무회계프로그램을 활용한 세무회계 전반의 실무처리 업무를수행할 수 있는지에 대한 능력을 평가함.

(2) 검정방법

- 세무 및 회계의 이론과 실무지식을 갖춘 자가 30%의 비중으로 출제되는 이론시험문제(4지선다형, 객관식)와 70%의 비중으로 출제되는 실무시험문제(컴퓨터에 설치된 전산세무회계프로그램을 활용함)를 동시에 푸는 방식

- 답안매체로는 문제 USB메모리가 주어지며, 이 USB메모리에는 전산세무회계 실무과정을 폭넓게 평가하기 위하여 회계처리대상회사의 기초등록사항 및 1년간의 거래자료가 전산수록되어 있음

전산회계와 전산세무회계

- 답안수록은 문제 USB메모리의 기본DATA를 이용하여 수험프로그램상에서 주어진 문제의 해답을 입력하고 USB메모리에 일괄 수록(저장)하면 됨

종목 및 등급	시험방법	시험과목	평가범위	평가시간
전산회계 1급	이론시험	회계원리	당좌·재고자산, 유·무형자산, 유가증권, 부채, 자본금, 잉여금, 수익과 비용	60분
		원가회계	원가의 개념, 요소별·부문별 원가계산, 개별·종합(단일, 공정별)원가계산	
		세무회계	부가가치세법(과세표준과 세액)	
	실무시험		기초정보의 등록·수정 - 초기이월, 거래처 등록, 계정과목의 운용 거래자료의 입력 - 일반전표 입력, 결산자료 입력(제조업포함) 부가가치세 - 매입·매출거래자료 입력, 부가가치세 신고서의 조회 입력자료 및 제장부 조회	
전산세무 2급	이론시험	회계원리	당좌, 재고, 유·무형자산, 유가증권과 투자유가 증권 부채, 자본금, 잉여금, 수익과 비용	90분
		원가회계	원가의 개념, 요소별·부문별 원가계산, 개별·종합(단일, 공정별, 조별, 등급별) 원가계산	
		세무회계	부가가치세법, 소득세법(종합소득세액의 계산 및 원천징수부분에 한함)	
	실무시험		재무회계 원가회계 - 초기이월, 거래자료 입력, 결산자료 입력 부가가치세 - 매입·매출거래자료 입력, 부가가치세 신고서의 작성 원천제세 - 원천징수와 연말정산 기초	

(3) 평가범위

종목 및 등급	구분	과목	평가범위	세부내용
전산회계 1급	이론	재무회계 (15%)	1. 회계의 기본원리	회계의 기본개념, 회계의 순환과정, 결산 및 결산절차
			2. 당좌자산	현금 및 현금성자산, 단기금융상품, 매출채권, 기타 채권
			3. 재고자산	재고자산의 개요, 상품계정의 회계처리, 재고자산의 평가
			4. 유형자산	유형자산의 개요, 취득시의 원가결정, 보유기간 중의 회계처리, 유형자산의 처분, 감가상각
			5. 무형자산	무형자산의 개요, 무형자산의 상각
			6. 유가증권	유가증권의 개요, 유가증권의 매입과처분
			7. 부채	부채의 개요, 매입 채무와 기타의 채무
			8. 자본	자본금, 자본잉여금과 이익 잉여금, 이익잉여금처분계산서
			9. 수익과 비용	수익과 비용의 인식, 수익과 비용의 분류
		원가회계 (10%)	1. 원가의 개념	원가의 개념과 종류
			2. 요소별 원가계산	재료비, 노무비, 제조경비, 제조간접비의배부
			3. 부문별 원가계산	부문별 원가계산의 기초
			4. 개별원가계산	개별 원가계산의 기초
			5. 종합원가계산	종합원가계산의 절차, 종합원가계산의 종류(단일종합원가계산, 공정별종합원가계산)
		세무회계 (5%)	1. 부가가치세법	과세표준과 세액(세율, 거래징수, 세금계산서, 납부세액)
	실무	기초정보의 등록수정 (15%)	1. 거래처등록	거래자료 입력시 거래처 추가등록
			2. 계정과목의 운용	계정과목·적요의 추가설정 및 수정·변경, 경비 구분별 계정과목 운용(제조경비, 판매관리비), 계정과목의 통합
			3. 초기이월	전기분 거래처별 채권·채무의 잔액 등록
		거래자료의 입력 (30%)	1. 일반전표의 입력	거래내용의 지분 또는 증빙에 의해일반전표의 입력
			2. 입력자료의 수정·삭제등	입력된 자료를 검토하여 거래처.계정과목.적요.금액 등의 수정 및 삭제, 대차차액의 발생원인을 검토하여 정정
			3. 결산정리사항 입력	결산자료의 입력(제조업 포함)
			4. 감가상각비 계산	유·무형자산의 감가상각비 계산

전산회계와 전산세무회계

종목 및 등급	구분	과목	평가범위	세부내용
전산세무 2급	이론	부가가치세 (15%)	1. 매입·매출전표의 입력	부가가치세가 포함된 유형별(과세. 영세. 불공제 등)거래 자료의 입력
			2. 부가가치세 신고서의 조회	과세표준, 매출세액, 매입세액, 납부세액등의 조회
			3. 매입·매출처별 세금계산서 합계표의 조회	특정 매입·매출의 거래건수·금액 등의 조회
		입력자료및 제 장부 조회(10%)	1. 입력 자료의 조회	입력 자료의 검색, 대차차액의 원인 검토·수정
			2. 장부의 조회	계정과목이나 기간별 거래처의 잔액조회, 건수.월계.누계 등의 조회
			3. 재무제표에 대한 이해도	계정별 원장과 거래처원장의 잔액 불일치검토·수정, 재무제표의 표시방법
		재무회계 (10%)	1.회계의 이론적 기초	회계의 기본개념, 회계의 원칙
			2. 당좌자산	현금 및 현금성자산, 단기금융상품, 매출채권, 기타 채권
			3. 재고자산	재고자산의 일반, 원가결정, 원가배분, 재고자산의 평가
			4. 유형자산	유형자산의 일반, 취득시의 원가결정, 보유기간 중의 회계처리, 유형자산의 처분, 감가상각
			5. 무형자산	무형자산의 회계처리
			6. 유가증권과 투자유가증권	유가증권의 일반, 유가증권의 매입과처분,투자유가증권(투자주식, 투자채권)
			7. 부채	부채의 일반, 매입채무와 기타채무, 사채
			8. 자본	자본금, 자본잉여금과 이익잉여금, 이익잉여금처분계산서
			9. 수익과 비용	수익과 비용의 인식, 수익과 비용의 분류
			10. 회계변경과 오류수정	기본적인 회계변경과 오류수정
		원가회계 (10%)	1. 원가의 개념	원가의 개념
			2. 요소별 원가계산	재료비, 노무비, 제조경비, 제조간접비의배부
			3. 부문별 원가계산	부문별 원가계산의 기초, 부문별 원가계산의 절차
			4. 개별원가계산	개별 원가계산의 기초, 개별 원가계산의절차와 방법, 작업폐물과 공손품의 회계처리
			5. 종합원가계산	종합원가계산의 절차, 완성품환산량, 재공품의 평가방법, 종합원가계산의 종류 (단일종합원가계산, 공정별종합원가계산, 조별종합원가계산, 등급별종합원가계산)

[부록] 전산회계와 전산세무회계 자격증 안내

종목 및 등급	구분	과목	평가범위	세부내용
		세무회계 (10%)	1. 부가가치세법	총칙, 과세거래, 영세율적용과 면세, 과세표준과 세액, 신고와 납부, 경정징수와 환급
			2. 소득세법	종합소득세액의 계산, 원천징수와 연말정산의 관련 부분
	실무	재무회계 및 원가회계 (35%)	1. 초기이월	전기분 재무제표의 검토.수정
			2. 일반전표 입력	일반거래자료의 추가입력, 거래 추정에의한 자료 입력
			3. 입력 자료의 검토 · 수정	오류의 발생원인 검토.수정
			4. 결산자료의 입력	결산자료의 정리, 결산자료의 입력, 잉여금처분사항의 입력
			5. 입력자료 및 제장부의 조회	제장부의 검토 및 조회
		부가가치세 (20%)	1. 매입 · 매출거래 자료의 입력	유형별 매입 · 매출거래 자료의 입력
			2. 부가가치세신고서의 작성	부가가치세 과세표준의 제계산, 매입세액의 안분계산 및 정산, 가산세 적용, 각종부속서류 작성
		원천제세 (15%)	1. 사원등록 및 급여 자료입력	소득(인적)공제 사항등록, 수당 및 공제사항의 등록, 급여자료 입력
			2. 근로소득의 원천징수와 연말정산 기초	근로소득세의 산출, 원천징수이행상황신고서 작성, 연말정산 추가자료 입력, 원천징수영수증 작성

■ 저자소개 - 이장형 (Lee, JangHyung)

학력
중앙대학교 경영대학 졸업
고려대학교 경영대학원 경영학석사
경희대학교 대학원 경영학박사

경력
신한은행 자금부 근무, 대한상공회의소, 한국산업인력관리공단, 건설교통부, 한국교육과정평가원, 중소기업청, 조달청, 관세청, 한국연구재단, 한국산업기술평가원 등 평가 및 출제위원, 한국대학교육협의회 학문분류인문사회계열 위원장, 대구광역시 재난관리 심의위원, 경산시 납세자 보호위원장, 대구광역시 교육위원회 장학위원, 대림대학 경영정보과 교수(전), 대구대학교 회계학과 교수(현)

저서
회계정보시스템, 회계와 정보, 경영정보시스템, 경영학원론, 회계학원론, 컴퓨터 개론, ERP 콘서트 외 다수

논문
EDP내부통제가 회계정보시스템의 인지된 유용성에 미치는 영향 외 다수

학회
한국전산회계학회 회장, 한국경영학회 부회장, 한국산업경영학회 부회장 및 편집위원장, 한국상업교육학회 부회장, 한국경영교육학회 부회장, 동북아 관광학회 부회장, 한국회계학회 이사, 대한경영정보학회 이사, 한국전자상거래학회 이사, 한국전통상학회 이사, 한국기업경영학회 이사, 한국정보시스템학회 총무이사, 한국산업경제학회 이사, 한국산업정보학회 이사, 논문심사 및 편집위원 등

개인홈페이지   http://mcms.daegu.ac.kr/user/goodljh
이메일 주소   goodljh@daegu.ac.kr 또는 goodljh58@hanmail.net, goodljh58@naver.com

전산회계와 전산세무회계

초판 인쇄 2021년 02월 05일
초판 발행 2021년 02월 10일

지은이 이장형
발행처 도서출판 글로벌, 필통
발행인 신현훈
주　소 서울특별시 중구 충무로 54-10 (을지로3가)
전　화 02-2269-4913　**팩　스** 02-2275-1882
출판등록 제2-2545호
홈페이지 http://www.gbbook.com
ISBN 978-89-5502-816-4
가　격 18,000원

이 책은 저작권법에 따라 보호받는 저작물이므로 무단전제와 무단복제를 금지하며, 이 책 내용의 전부 또는 일부를 이용하려면 저작권자의 동의를 받아야 합니다.

잘못 만들어진 책은 구입하신 서점에서 교환해 드립니다.